秘傳

사주정설 四柱精說

白靈觀 著

明文堂

서(序)에 대신(代身)하여

유구한 역사의 흐름은 동·서양 복된 땅을 찾아 찬란한 문명의 꽃을 피웠다.

역사의 물줄기가 굽이치는 대로, 혹은 나일江 가에, 혹은 황하(黃河)의 유역(流域)에, 혹은 지중해변(地中海邊)의 아테네에, 혹은 로마의 언덕 위에, 문명의 화원(花園)은 다채롭게 이루어졌다.

지금부터 5천년 전 황하강(黃河江) 가에 피었던 수많은 꽃 중에, 미래를 점치는 작은 꽃이 있었다.

기쁨도, 슬픔도, 사랑도, 죽음도 그 망울에 담아 보는 꽃이었다.

꿈 많은 젊은이들이 그 미래를 맡겨놓고 마음 조이던 꽃이었다.

유방(劉邦)은 그 향기에 취해 괭이를 버리고 칼을 잡아 황제(皇帝)가 되었고, 천축(天竺)에서 온 달마대사(達磨大師)는 그것이 역하다고 9년간이나 면벽(面壁)하였다.

시간과 더불어 역사는 흘러가고 문명의 꽃은 시들었다 지고, 다시 피어갔다.

대서양 연안(大西洋沿岸)에 근대기계문명(近代機械文明)이 일어나 전세계를 질풍처럼 휩쓸 때 그 작은 꽃은 과학이라는 모진 낫에 잘려

흔적도 없이 사라져버렸다.

그러나 젊은이들의 가슴속에 꿈이 살아있는 한, 그 꽃은 언젠가 다시 피어날 것이다. 그 꽃의 편모(片貌)나마 찾아보려고 이 책은 엮어진 것이다.

시인은 인생을 음영(吟咏)하고, 가인(歌人)은 노래하고, 화가는 화폭에 담아볼 것이나, 이 책은 있는 그대로를 다만 미리 보여줄 뿐이다.

그것이 기쁨이 될런지, 슬픔이 될런지 모르겠으나, 궁극(窮極)에는 천명(天命)을 알고 인도(人道)를 지켜 행복을 찾는 길이 될 것이기에 저자(著者)는 아무 주저없이 이 책을 강호(江湖)에 보내려고 한다. 제현(諸賢)의 많은 질정(叱正)을 바라면서……

癸卯 晩春

著者 識

이 책을 엮음에 큰 도움이 된 책들의 이름을 적어 감사를 대신하고자 한다.

- 淵海子平
- 命理正宗
- 三命通會(萬有吾 著)
- 子平眞詮(沈孝瞻 著)
- 命理約言(陳素庵 著)
- 滴天髓(任鐵樵 編著)
- 滴天髓注補(徐樂吾 編著)
- 新命理探原(袁樹珊 著)

- 命學一得(徐樂吾 著)
- 命學秘解(白惠文 著)
- 命學講義(韋千里 著)
- 命理大全(熊稚川 著)
- 四柱推命學全集(阿部寫 作著)
- 四柱推命學(加藤大岳 著)
- 四柱推命學(高木乘 著)

목차
(目次)

제**1**편

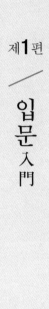

입문 入門

천명(天命)을 모르는 자는 군자(君子)가 아니다.

〈공자〉

제1장

서론(緒論)

1. 사주는 미신(迷信)인가?

근대과학의 발달로 인하여 삼라만상(森羅萬象)의 모든 현상을 그 원인과 결과를 과학적 방법에 의하여 구명(究明)하고, 그 원인과 결과 간의 필연적 관련성을 오관(五官)의 작용에 의하여 인식할 수 없을 때는, 이를 전부 미신으로 간주하여 배척하려는 경향이 지배적으로 되었다.

그러나 과학의 비약적 발달에 의하여 종래 통설이던 원자설(原子說)이 전자설(電子說)로 옮아가고, 하이젠베르크의 원리가 공표되고, 확정설(確定說)로부터 불확정설(不確定說)로 전진함에, 세계의 사조는 필연성과 우연성의 문제를 깊이 따지게 되고, 오늘날에 와서는 우연성을 보다 중요시하는 경향이 농후하게 되었다. 즉 최근 과학계의 통설이 되다시피 한 불확정성원리(不確定性原理)는 「현재의 가능한 관측(觀測) 수단(手段)으로는 세상 모든 것이 우연으로 밖에 보이지 않으며, 어떠한 법칙 및 원리도 그것은 항상 확률적(確率的)으로만 진실로 표현되는 것이므로, 그것이 절대적 필연성을 가진 것이라고 말할 수 있는 것은 하나도 없다.」라고 주장하고 있다.

일본의 운명학 연구가의 한 사람인 의학박사 오구시씨(大串氏)는 그가 운명학을 연구하게 된 동기를 다음과 같이 말하고 있다.

「우리 병원에는 여름에 많은 이질(痢疾)환자가 입원한다. 대개 같은 나이의 어린아이며 중환자들이다. 이들에 대하여 현대의학의 최첨단을 가는 치료법을 쓰고 만반의 주의와 성의 있는 간호를 해도 어떤 환자는 점차 쾌유하고, 어떤 환자는 여하한 치료를 해도 병세가 악화되어 죽고 만다. 이와 같이, 같은 병에 걸린 어린이를 같은 방법으로 치료해도 누구는 죽고, 누구는 산다는 사실을 과학적으로 어떻게 설명할 것인가? 입빠른 사람은 이를 적리균(赤痢菌)의 강독감염(强毒感染)이거나 허약체질의 탓이라고 말하겠으나, 왜 허약체질이냐, 왜 강독감염을 받았느냐의 근본적 원인은 그 이상 과학적으로 설명할 수 없다. '결국 팔자다, 운명이다.'라고 말할 수 밖에 더 있겠는가?」라고 말하고 있는데, 이것은 즉 우리들이 필연(必然)이라고 하는 것의 정체가 그 궁극(窮極)에 있어서는 우연(遇然)이라는 형태로 변하고 만다는 것을 여실히 입증(立證)해 주는 것이다. 요컨대 과학적 연구에 있어서의 「필연」이란 아주 한정된 범위 내에 있어서의 필연성에 불과하다. 고로 이 우주의 삼라만상은 과학적 개념에 있어서 우연성이 지배하고 있다고 결론을 지을 수가 있다.

사실 우리 인간들처럼 우연에 지배되고 있는 것도 드물다. 인간은 그 시작, 즉 출생부터가 우연이다. 하고 많은 생물 중 지구상의 인간으로 태어나고 위로는 고관대작(高官大爵)의 맏아들로부터 밑으로는 죽 한술 얻어 먹기 힘든 비천한 집 막내둥이로 태어나 기구한 인생행로를 거쳐 흙으로 돌아간다. 인간 사회에 있어 이 우연이라는 사실을 숙명(宿命), 또는 운명(運命)이라고 부른다.

이 우연, 숙명과 운명의 발견은 인간의 회의(懷疑)와 사색(思索)의 첫 걸음이었다. 거대한 운명의 작용력에 대하여 인간의 지력(智力)은 대항조차 할 수 없는 것인가? 숙명을 숙명으로만 체념하고 그에 순응해야 할 것인가? 그러나 우연과 숙명이 불가피하더라도, 그것은 너무나 중대하고 거창한 인간에 대한 압박이다. 이 압박으로부터 벗어나려는 인간의 몸부림은, 숙명의 본질이 우리가 과학적 방법으로 감각하고 이를 처리할 수 있는 필연성 너머에 있는 우연성에 있음을 밝히고, 이미 현상화(現象化)한 우연을 소급하여 이를 변환(變換)치는 못하더라도 이와 같은 우연을 낳게 한 유인력(誘因力)을 수단과 방법을 가리지 아니하고 구명(究明)하여 그 정체를 파악함에 의하여, 이후에 닥쳐올 우연성을 인간생활에 이용하려고 기도했다.

이런 기도는 우리 세대(世代)에 시작된 것이 아니라 아득한 옛날 밤하늘의 별을 고고 점(占)을 치는 그 이전부터 있었다. 운명에 대한 항거(抗拒), 즉 우연성에서 어떤 필연성을 찾으려는 인간의 노력과 연구의 역사는 길고 그 방법도 가지가지다. 이런 연구 중에서 우리 인간에게 가장 우연적 현상으로 간주되는 출생이라는 사실을 그 대상으로 한 것이 사주추명학(四柱推命學)이다.

필경 사주추명학은 현재 과학계에서 확률(確率)을 한계로 하여 그 이상 필연성이 답사(踏査)할 수 없는 신비(神秘)를 인간의 출생 년월일시(年月日時)를 기준으로 한 사학독특(斯學獨特)한 방법으로 구명하려는 것이다. 이 방법이 과연 정당한가 아닌가는 현재의 실증적(實證的) 과학이론(科學理論)으로는 증명할 수가 없다. 그러나 우연과 신비를 인정치 아니할 수 없게 된 현대 과학의 입장에서는 이 필연성을 초월해서 우연과 신비에 도전하는 인간의 노력을 경멸(輕蔑) 치는 못할 것이다.

어쨌든 현재로서는 사주추명학상의 숙명 연구 방법이 실증적 과학론에 부합할 수는 없다. 과학이 초고도로 발달되는 어느 장래에, 인간의 출생일시(出生日時)와 그 숙명 간의 필연적 관련성을 과학이 실증해 줄는지도 알 수 없는 일이다. 오늘날 우리는 물리학상의 실험식(實驗式)을 통계적(統計的) 방법에 의하여 얻고, 그 원인과 결과의 필연적 관련성을 궁극적(窮極的)으로 구명치 아니하고도 이용하고 있다. 이와 마찬가지로 사주추명학도 통계적 방법에 의하여 그 원칙을 얻었으므로, 원인과 결과의 필연적 관련성을 구명치 못하더라도 이를 충분히 이용할 수 있으며 또 미신이라고 단언할 수는 없을 것이다.

2. 사주의 기원(起源)과 그 변천(變遷)

사주추명학(四柱推命學)이란 사람의 생년월일시의 간지를 기준으로 해서 그 숙명을 예지(豫知)하는 방술(方術)이다. 고로 이것은 오성술(五星術), 구성법(九星法), 기학(氣學), 육임(六壬), 자미두수(紫微斗數) 등과 더불어 간지(干支)를 기준으로 하는 예언술, 즉 간지술(干支術)의 일종이다.

이와 같은 간지술은 갑을병정(甲乙丙丁) 등의 십간(十干)과 자축인묘(子丑寅卯) 등의 십이지(十二支)를 근거로 하는 것인데, 출생일시의 간지와 인간의 운명 간에 인과관계가 있느냐 하는 것은 앞서 말한 바와 같이 근대 과학적 개념으로는 실증하지 못한다. 그러나 이를 과학적으로 원인과 결과 간의 필연적 관련성을 입증못한다고 무조건 미신이라고 단언함은, 과거 3천 년간에 긍하여 연구에 연구를 거듭한 역사적 사실, 즉 경험과학과 통계과학의 부인 외엔 아무것도 아닌 무지(無知)라 할 것이다.

우리 인간의 생애에 있어서 가장 우연적 사실은 출생 그 자체라는 것은 아무도 부인 못할 것인데, 이 점으로 보면 인간의 숙명을 판단함에 있어 출생년월일시를 제일 먼저 주목함도 오히려 당연하다 하겠다. 그리고 이와 같은 점에 착안하여, 신비로운 숙명의 동인(動因)을 끝까지 탐구하여 이를 명백히 함에 의하여 숙명적 흉악을 제거하고 선미로 전환시키려는 철학적 사색과 심혈을 기울인 노력이 이미

3천 년 전부터 고대 중국에서 행하여졌다는 것이 현존하는 기록에도 남아 있다. 오늘날 보는 바와 같은 사주추명학의 발달은 3천 년 이상의 장시일에 걸친 제성현(諸聖賢) 및 제학사(諸學士)들의 연찬구명(研鑽究明)에 의하여 얻어진 결과의 집적(集積)에 의한 것이겠으나, 이를 하나의 체계(體系)를 세워 세상에 공표한 것은 중국의 태화서봉당(太華西峰堂)에 거주하던 서공승(徐公升)이라는 것이 통설이다.

서공승은 서자평(徐子平)이라는 이름으로 세상에 알려져 있다.

그것은 사주추명학이 사람의 숙명을 탐구하여, 만약 이에 태과(太過) 및 불급(不及) 등의 자질(資質)이 있으면, 이를 양도(良導)하여 마치 물의 표면이 평평한 것처럼, 사람의 생애도 평온하게 하려는 학술이므로「자평」이라는 말이 생겼고 사주추명학의 별명이 되었으며 나중에는 이 학술을 대성한 서공승의 통칭으로 화한 것이니라.

서공승은 연해자평(淵海子平)이라는 책을 편술하였는데, 연해자평은 사주추명학의 현존하는 서적 중 최고의 것이다.

서공승 이전의 사학(斯學)의 연구가를 살펴보면, 이미 중국의 전국시대(戰國時代)에 낙록자(珞珠子), 귀곡자(鬼谷子) 등이 이 학술을 연구하여 상당히 정밀한 영역에 도달하였고, 한(漢)나라 때에는 동중서(董仲舒), 사마리(司馬李), 동방삭(東方朔), 엄군평(嚴君平) 등이 있었고, 한말 삼국시대에는 관로(管輅), 진유곽, 진(晉)나라 때에는 곽박(郭璞), 북제(北齊)시대는 위령(魏寧) 등이 세상에 알려진 대가들이였으며, 그 뒤 당(唐)나라 때에는 원천강(袁天綱), 일행선자(一行禪子), 이허중(李

虛中) 등이 나서 사학(斯學)을 더욱 연구하여 실용화시켰다고 한다. 연해자평(淵海子平)에 의하면, 당나라의 이허중이가 사주팔자 중 년간(年干)을 중심으로 해서 오행의 생극(生剋)을 알아보는 법을 완성하였다고 한다. 그리고 오늘날 사주추명학상의 철칙이 되어 있는 일간(日干)을 중심으로 해서 오행의 생극을 구명하는 법은 서공승에 의하여 처음으로 창시된 것이라 한다. 어쨌든 사주추명학은 왕석(往昔)의 수다한 지현(智賢) 및 학자에 의하여 연구되어 수천 년의 장시일에 걸쳐 연찬전승(研鑽傳承)되는 동안에 그 방술(方術) 자체도 많은 변화를 거쳐 최초의 편술서(編述書)인 연해자평에 이르게 된 것이라고 상상된다.

한 가지 여기서 주목할 사실은 고래(古來)로부터 널리 행하여져 오던 오성술(五星術)이 당나라 때까지도 사주추명학과 막상막하의 세력을 다투더니 송(宋)나라 때 와서 「연해자평」이 공표된 후는 중국에서는 그 자취를 감추고 말았다는 것이다. 오성술에 관한 서적 중 가장 완비된 「과노성종(果老星宗)」이 현재까지도 전하여지기는 하나, 오성술은 그 확중률(確中率)이 사주추명학에 비하면 현저하게 낮다.

오늘날 중국에서는 약 천 년 전에 세상에 발표된 「연해자평」 자체도 중화식의 화려한 사조(詞藻)에 사로잡혀, 그 설명 방법이 요령부득하고 특히 외격(外格)에 속하는 체용격사주(體用格四柱)를 부질없이 비천록마격(飛天祿馬格)이니 임기용배격(壬騎龍背格)이니 하여 미사여구(美辭麗句)만 나열하고 그 진의를 설진(說盡)하지 못한 것이라고 비판하고 있다.

　연해자평이 공표된 후 신봉장씨(神峰張氏)가 쓴 벽류(闢謬) 명리정종(命理正宗)과 명나라 때 만유오(萬有吾)가 편찬한 삼명통회(三命通會) 등이 세상에 나왔으나 별로 큰 진전은 없더니, 명조(明朝)의 초기 유백온(劉伯溫)이 쓴 적천수(滴天髓)가 약 사오백 년 동안 비전(秘傳)되어 오다가 청나라 때 세상에 알려져 사주추명학상에 일대약진을 가져왔다.

　한국에 언제 연해자평이 전해졌는지 자세한 것은 알 수 없으나, 고려시대 송(宋)과 문물교류가 빈번한 것으로 미루어봐서 중국에 크게 뒤떨어진 것은 아니라고 추측된다. 그러나 현재까지도 대다수의 운명가들이 연해자평과 명리정종에만 집착하고 있으며, 상금(尙今)도 오성술(五星術)과 오색찬란한 화도(畵圖)로 엮어진 당사주(唐四柱)가 성행하고 있어, 중국에 비해 약 천년의 운명학상의 후진에 봉착하고 있다.

　아마 「연해자평」 및 「명리정종」 등의 조잡한 설명 방식에 의해, 사주추명학을 난삽(難澁)한 것으로 오해한 탓일 것이다. 하루속히 이 후진성에서 탈피해야 할 것이다. 이미 천여 년 전 중국에서 그 확증률의 평가가 끝난 오성술, 당사주 등에 얽매이지 아니할 수 없는 한국의 운명학상의 실정을 변혁하기 위해서는 하루속히 사주추명학의 수준을 높여야 할 것이다. 이에 졸저가 조금이라도 도움이 된다면 그 이상의 보람은 없을 것이다.

3. 숙명(宿命)과 행복(幸福)

숙명 및 운명이 절대적이냐 상대적이냐에 대하여 논자(論者) 간에 이론이 많다. 이 논쟁은 필경 숙명 및 운명의 정체가 뭣이냐에 귀착될 것이다.

철학상의 숙명 및 운명의 정의는 뭣이든 간에, 사주추명학상의 숙명 및 운명의 정의는 간단하고도 명백하다.

오행(五行)의 생극(生剋), 왕성(旺盛), 휴수(休囚), 제화(制化) 등의 법칙에 의하여 유도되는 예언적인 인간의 길흉화복(吉凶禍福)을 의미하는 것이다. 따라서 형이상학적(形而上學的) 절대적 숙명은 가정할 필요도 없으며, 신만이 알고 좌우할 수 있는 숙명은 사주추명학과 같이 현실적인 방술(方術)에는 유도될 필요가 없을 것이다.

사주추명학상의 법칙에 의하여 유도되는 운명 및 숙명은 절대적인가, 상대적인가?

이에 대하여 일본의 사주가 다가기죠(高木乘)는 그의 저서 「사주추명학」에서 「인간의 운명이란 전혀 그 사람의 출생년월일 여하에 의하는 것으로, 우리 운명가의 입장에서 보면 엄연히 예약되어 있는 것이나 다름없다.」 또 그는 「어린아이가 자라나는데 있어 그 부모가 양육해주는 것도 아니고, 부모에게 양육당하는 것도 아니며, 다만 생장(生長)하느냐, 아니하느냐의 예정적 법칙에 의할 뿐이다.」라고 말하고 있다.

17세의 장남과, 대학 졸업 직전의 차남을 잃고, 비탄과 번민 속에서 헤메다가 십여 년간의 신문기자 생활마저 청산하고 운명학에 몰두한 그는 운명을 절대적 숙명으로 보고 인간생활의 일체를 사주추명학에 의하여 설명, 해석하고 이 모든 것이 인간의 출생과 더불어 엄연히 예정된 것이라고 체념한다.

과연 이와 같은 절대적 운명론(運命論)이 타당할까?

생각하건대, 이와 같은 절대론이 진실이라면 우리 인간은 운명에 대하여 연구할 필요도 없고, 따라서 자기의 숙명 및 운명이 여하한 것인지 알 필요도 없을 것이다. 그것은 인간생활의 일체가 모두 숙명에 의하여 지배된다면, 숙명에 대한 연구 자체가 전혀 무가치하고 무의미하게 되는 까닭이다. 즉 어떤 사람에게 요절(夭折)한다는 숙명적 암시가 있을 때, 이것이 절대적이라면 여하한 섭생(攝生), 치료(治療)도 전혀 그 효과가 없을 것이므로, 일체의 희망과 노력을 인간으로부터 빼앗아갈 것이다. 또 입신출세의 숙명적 암시가 있는 사람은 그것이 여하한 경우에도 절대적 사실로 나타난다면 그 사람에게는 노력 및 고심은 고사하고 때가 올 때까지 누워서 낮잠을 자거나 극단적으로 범죄를 해도 좋다는 결론이 나오게 된다.

이와 같이 우리 인간으로부터 일체의 노력과 향상심(向上心)을 빼앗고, 나아가서 인간을 타락시키는 절대적 숙명론에는 절대로 찬성할 수 없다.

절대론자는 우리 인간이 그것을 원하든 아니하든, 또 인간에게 유익하든 무익하든지 간에 숙명이 절대적 사실로 나타나는 이상, 이 엄연한 사실을 부인할 수 없으며 인간의 정신적 구제는 종교적으로 해결해야 한다고 주장한다.

사주추명학상의 제법칙에 의하여 유도되는 숙명적 암시가 대개 사실로 나타나는 것은 저자도 부인하지 아니하나, 그것이 절대적이라고는 생각치 아니하며 우리 인간의 노력으로 변경할 수 있으리라고 확신한다.

중국 명나라 시대의 진사 원료범(袁了凡)이 쓴 음즐록(陰騭錄)에 다음과 같은 실험담(實驗談)이 기재되어 있다.

「내가 어떤 노인을 만나 나의 운명을 감정 받았더니 장중(掌中)을 가리키듯 일일이 명달(明達)하고, 나의 수명은 53세 8월 14일 축시에 병사한다고 하여, 세상만사 모두 운명이라 체념하고 마음 편하게 지내오는데, 하루는 운국선사(雲國禪師)를 만났더니 선사의 말씀이 비록 사람의 명수(命數)가 생의 조석까지 전부 일정하더라도 그 사람의 행실에 의하여 운명도 파산(破算)할 수 있는 것이다. 이와 같이 생시에 결정된 천명을 한평생 움직일 수 없다면 선행을 한들 무슨 덕이 있겠으며, 악행을 행한들 무슨 화가 있겠는가? 그 후 나는 용맹심을 일으켜 적선음덕을 행하고 정신수양을 하여 53세라는 천수(天壽)도 이 책을 쓰는 지금 69세까지 무난하게 지나게 하였다.」

우리 인간은 출생 시 어떤 우연에 의하여—적어도 자기 힘이나 노력으로는 알지도 못하고, 따라서 그것을 좌우할 수도 없는 사정 속에서—남녀의 성별은 물론, 빈부, 강약, 현우(賢愚) 등 선천적 조건을 가지고 세상에 태어난다. 그리고 이 선천적 여러 가지 조건은 사람의 장래에 오래도록 영향을 미친다. 그러나 출생 후의 추이(推移)에 따라서는 출생 시의 조건을 배제 및 변경하여 빈천을 부귀로, 병약을 건장(健壯)으로 전환시킬 수 있다. 사주추명학의 제법칙에 의하여 유도되는 숙명 및 운명도 이 선천적 조건의 하나에 불과할 것인데, 이것이 사람의 전생애에 강력한 영향을 미칠 수 있을망정 전혀 변경 및 전환 못시킬 것은 아닐 것이다. 그렇다면「숙명」도 출생 시 정하여진 천명이라고 볼 것이 아니라, 출생 시 주어진 숙명적 암시 내지 하나의 경향으로 볼 것이다.

이와 같이 숙명을 하나의 숙명적 암시 내지 유인력으로 본다면, 이에 대처할 방책은 저절로 생겨난다. 즉 흉(凶)의 유인이 있으면 그 유인력보다 더 큰 힘 및 노력으로 그 흉을 없애고 일보 전진하여 길(吉)로 이끌 수 있을 것이다. 그 방법은 일의 종류와 때의 여하에 의하여 여러 가지가 강구될 것이다. 가령 병약하여 단명(短命)의 숙명이 있으면 그 사람은 우선 건강에 주의하여 섭생 및 운동에 유의하면 될 것이고, 숙명적으로 고과운(孤寡運)을 타고난 여성은 뭣보다도 인정 있고 온순한 남편을 택하여 성심껏 봉사하여 가정의 화목에 유의하면 될 것이다.

모 관상가는 다음과 같은 흥미 있는 말을 하고 있다.「간문(奸門)이 좋지 아니하면 부부궁이 나쁜데, 소위 구시대의 인습 속에 살아왔다고 볼 수 있는 중년 부인들은 어지간히 간문이 나뻐도 이혼까지는 아니한 여성이 대부분인데, 신사조(新思潮)에 젖었다고 볼 수 있는 젊은 여성들은 간문이 좀 나뻐도 대개 이혼을 하고 있다.」

이와 같은 결론은 저자도 사주 감정을 통해 체험한 바 있는데, 이것은 숙명이 하나의 유인력에 불과하다는 것을 단적으로 증명하는 것이라고 볼 수 있을 것이다.

우리 인간은 경험을 존중하고 체험을 귀중히 여긴다. 경험과 체험은 그 자체로서 귀중한 것이 아니라 과거의 실패, 차질(蹉跌), 오산 등 쓴 경험을 살려 장래의 선도에 유용하는데 처음으로 그 보람이 있는 것이다. 사주추명학은 이와 같은 경험의 선용에 앞서, 실패, 차질, 오산 등이 일어나기 전에 이를 미리 찰지(察知)하여 그 유인력을 저지(沮止)하고, 이를 선으로 전환시키는데 그 가치와 진가가 있는 것이다. 또 여기에 우리 운명가의 참다운 사명이 있을 것이다.

공자는 자기 명을 모르는 자는 군자(君子)가 아니라고 말씀하셨는데, 우리 인간들이 천명을 알고 분수를 지켜서 안심입명(安心立命)할 때 참다운 행복을 누릴 수 있을 것이다. 부운 같은 욕망을 좇아 분마(奔馬)처럼 한평생을 보내어, 나라에 패익(稗益)하는 일 없이 허생낭사(虛生浪死)하는 것도 모두 자기 분수를 모르는 소치일 것이다. 운명학은 비록 소도(小道)이나 세도인심(世道人心)을 교화하여 안심입명케 하여, 위로는 국가 간에 전쟁을 없애고, 밑으로는 개인 간에 쟁탈을 없게 하여 각자의 천명과 분수를 지켜서 광명한 세상을 만들어 보려는 유위한 학문이며, 또 여기에 그 사명이 있는 것이다.

제2장

사주(四柱)를 정하는 법

1. 십간(十干)과 십이지(十二支)

사주추명학(四柱推命學)에서는 사람의 생년, 생월, 생일 및 생시의 간지(干支)가 상호작용하여 그 운명(運命)을 좌우하는 것으로 본다. 각 생년, 월, 일, 시는 간지 두 자로 되어 있으므로 총 8자(字)가 된다. 사람의 운명을 사주팔자라고 하는 것도 여기에 기인한다.

사주추명학에 있어서는

년의 간지를 년주(年柱)

달의 간지를 월주(月柱)

날의 간지를 일주(日柱)

시의 간지를 시주(時柱)라 한다.

년, 월, 일, 시 등 사주의 간지를 정하는 법을 알기 전에 사주팔자를 구성하고 있는 간지가 뭣인가 알아보자.

간지(干支)를 사용하기에 이른 기원 및 그 근거에 대하여 사학의 태종되는 연해자평(淵海子平)에 다음과 같이 기술되어 있다.

「중국의 황제(皇帝) 때에 치우(蚩尤)가 나와 세상을 어지럽게 함에 황제께서 심히 백성의 고생을 걱정하여 마침내 치우와 탁록(涿鹿) 들에서 싸워 이를 쳐죽이다. 그러나 유혈이 백리에 뻗쳐 이것을 다스리기 어려움에 황제는 목욕재계(沐浴齋戒)하고 하늘에 비니, 하늘이 이를 가상히 여겨 십간, 십이지를 나리시다. 황제는 십간을 원(圓)으로 포(布)하여 천형(天形)을 상징하고, 십이지를 방(方)으로 포하여 지형(地形)을 상징하고, 그 빛을 합하여 직문(職門)에 명하여 이를 널리 펴지게 하니 그 후는 잘 다스려지도다. 후일 대요씨(大撓氏)가 나와 세상 일을 걱정하여 가로대, 아—황제가 성인으로서도 오히려 악살(惡殺)들을 능히 다스리지 못하였거늘 후세에 재해(災害)를 장차 어찌하리오—라고 탄식하여 마침내 십간, 십이지를 합하여 육십갑자(六十甲子)를 배성하도다.」라고 기술되어 있다. 이것을 우리 현대인들이 그대로 받아들일 것은 못되나, 어쨌든 천지간 대우주의 자연율(自然律)을 푸는 기호로서 사용하고자 만든 것 같다.

십간은 甲乙丙丁戊己庚辛壬癸(갑을병정무기경신임계)의 십종이오, 십이지는 子丑寅卯辰巳午未申酉戌亥(자축인묘진사오미신유술해)의 십이지종이다.

자세한 설명은 뒤로 미루고 우선 십간, 십이지의 음양(陰陽)과 그

것이 속하는 오행(五行)을 표시하면 다음과 같다.

```
           (목)  (화)  (토)   (금)   (수)
     ┌ 양 ― 甲   丙   戊     庚     壬
간 ─┤
     └ 음 ― 乙   丁   己     辛     癸

     ┌ 양 ― 寅   午   辰戌   申     子
지 ─┤
     └ 음 ― 卯   巳   丑未   酉     亥
```

그리고 이와 같은 양간과 양지, 음간과 음지를 순차로 각각 조합하면 소위 육십갑자(六十甲子)가 된다.

육십갑자는 다음과 같다.

육십갑자표									
甲子	乙丑	丙寅	丁卯	戊辰	己巳	庚午	辛未	壬申	癸酉
甲戌	乙亥	丙子	丁丑	戊寅	己卯	庚辰	辛巳	壬午	癸未
甲申	乙酉	丙戌	丁亥	戊子	己丑	庚寅	辛卯	壬辰	癸巳
甲午	乙未	丙申	丁酉	戊戌	己亥	庚子	辛丑	壬寅	癸卯
甲辰	乙巳	丙午	丁未	戊申	己酉	庚戌	辛亥	壬子	癸丑
甲寅	乙卯	丙辰	丁巳	戊午	己未	庚申	辛酉	壬戌	癸亥

간과 지의 결합에 있어서 양간과 음지, 음간과 양지는 결합되는 일이 없다.

예컨대 甲丑이나 乙寅의 결합은 될 수 없다. 고로 간지의 결합은 위의 표대로 육십종에 한한다.

따라서 여하한 사람의 생년월일시도 이 육십종의 어느 것에 해당한다. 또 이 육십종도 甲子, 乙丑……의 순서대로…… 壬戌, 癸亥에 이른다.

사주추명학이란 결국 사주에 있어서의 이 간지의 결합에 의한 변화의 궁리다.

2. 생년의 간지를 정하는 법

간지가 뭣인지 안 다음은, 생년월일시의 간지를 어떻게 정하는가를 알아야 한다. 이것은 보통 만세력(萬歲曆)에 의하여 정하는데, 독자는 만세력을 준비하여 참조하여 주기 바란다.

사주의 간지를 정하는데 있어서 우선 년(年)의 간지부터 정하는 것이 순서이다. 년의 간지는 정하기 가장 용이한데, 년의 간지는 금년의 간지로부터 생년에 이르기까지 육십갑자를 거꾸로 더듬어가면 된다.

예컨대 서기 1953년생의 간지를 알려면, 금년(서기 1963년)부터 10년 전에 해당하므로, 금년의 간지 癸卯를 기준으로 하여 육십갑자의 순을 역으로, 壬寅, 辛丑, 庚子, 己亥, 戊戌, 丁酉, 丙申, 乙未, 甲午, 癸巳로 더듬어가면, 10년 전 癸巳가 서기 1953년의 간지임을 알 수 있다.

여기에 주의할 것은 만세력의 생년은 음력을 표준으로 하여 정한 것이며, 또 구년(舊年)과 신년(新年)의 구별은 정월 초하루를 표준으로 하는 것이 아니라 입춘(立春)을 기준으로 하는 것이다. 고로 다 같이 1953년에 출생하였더라도 입춘 전에 출생할 때는 년지는 癸巳가 아니라 1952년의 간지인 壬辰이 된다. 입춘은 양력에 의하면 대체로 2월 4일이나 해에 따라서는 전후 일양일의 차이는 있다. 또 같은 입춘 당일에 출생한 경우라도 그 해의 간지를 쓸 것인가, 그 전해의 간지를 쓸 것인가는 입춘 절입의 시각(時刻)에 의하여 결정된다. 만약 오후 3시에 절이 바뀐다면 3시 전에 출생한 사람은 입춘일에 출생하였더라도 전년의 간지를 쓰게 된다.

3. 생월의 간지를 정하는 법

생월의 간지는 만세력에 있는 각 월의 월건(月建)에 의한다. 생월의 간지를 정함에 있어 특히 주의해야 할 것은 년의 간지를 정할 때 입춘을 기준으로 하듯이, 각 월의 간지를 정함에 있어서도 절입(節入) 시기를 표준으로 한다. 고로 가령 서기 1933년 3월 11일생의 사람은 3월의 절입 날이 3월 11일 청명(淸明) 시부터이므로 생일의 간지는 3월의 월건(月建) 丙辰에 의하나, 3월 10일생의 사람은 비록 3월에 출생하였더라도 3월 절입 전이므로 2월의 월건인 乙卯로 그 생월의 간지를 삼는다.

각 월의 절입 시기는 다음과 같다.

1월 — 입춘(立春)	2월 — 경칩(驚蟄)
3월 — 청명(淸明)	4월 — 입하(立夏)
5월 — 망종(芒種)	6월 — 소서(小暑)
7월 — 입추(立秋)	8월 — 백로(白露)
9월 — 한로(寒露)	10월 — 입동(立冬)
11월 — 대설(大雪)	12월 — 소한(小寒)

각 절입 일시는 만세력에 기입되어 있으므로, 이를 참조하면 된다.

각 월의 간지는 만세력을 참조하면 알 수 있으나 만세력 없이 생월의 간지를 알 수 있는 법이 있다. 우선 월지는 어느 해를 막론하고 고정되어 있으므로, 이를 암기해 두면 된다.

1월의 월지 — 寅	2월의 월지 — 卯
3월의 월지 — 辰	4월의 월지 — 巳
5월의 월지 — 午	6월의 월지 — 未
7월의 월지 — 申	8월의 월지 — 酉
9월의 월지 — 戌	10월의 월지 — 亥
11월의 월지 — 子	12월의 월지 — 丑

이상이 매월의 고정 월지이다.

다음 월간도 일정한 법칙에 의하여 정해진다. 이 법칙은 우선 오행(五行)을 설명한 후에 제시함이 이해에 용이하겠으나, 체계상 부득이 여기에 설명한다.

오행에 간합(干合)이 있는데, 다음과 같다.

甲己 ― 토(土)   乙庚 ― 금(金)

丙辛 ― 수(水)   戊癸 ― 화(火)

丁壬 ― 목(木)

즉 甲과 己가 합하여 본래의 오행을 떠나 토가 된다는 것이다. (원래 甲은 오행이 목이다) 자세한 설명은 차후로 미루고, 우선 여기서는 甲과 己가 간합이 되면, 그 오행이 토가 된다는 것임을 알면 된다.

또 오행의 **상생법(相生法)**이 있다. 즉 **목**은 화를 생하고, **화**는 토를 생하고, **토**는 금을 생하고, **금**은 수를 생하며, **수**는 목을 생한다.

본론에 돌아가서, 매월의 간(干)은 그 년간의 오행을 생하는 오행 중 양간부터 시작한다. 예컨대 甲과 己가 년간인 해는, 토를 생하는 것은 화이므로 丙丁戊己…… 순으로 월간이 시작된다. 따라서 甲이나 己의 간을 가진 해에 있어서 정월의 간지는 丙寅, 2월의 간지는 丁卯, 3월의 간지는 戊辰이 된다. 독자의 이해를 돕기 위해 다른 예를 더 들어보면, 금년 癸卯년의 매달의 간지는 戊癸의 간합이 화(火)이므로, 화를 생하는 것은 목이므로 목의 양간인 甲으로부터 시작된다.

따라서 정월의 간지는 甲寅이고, 2월의 간지는 乙卯, 3월의 간지는 丙辰이 된다.

독자의 편의를 위해 월간지조견표(月干支早見表)를 다음에 게시한다.

월간지조견표(月干支早見表)												
월	1월	2월	3월	4월	5월	6월	7월	8월	9월	10월	11월	12월
절입일 년간	입춘	경칩	청명	입하	망종	소서	입추	백로	한로	입동	대설	소설
甲己년	丙寅	丁卯	戊辰	己巳	庚午	辛未	壬申	癸酉	甲戌	乙亥	丙子	丁丑
乙庚년	戊寅	己卯	庚辰	辛巳	壬午	癸未	甲申	乙酉	丙戌	丁亥	戊子	己丑
丙辛년	庚寅	辛卯	壬辰	癸巳	甲午	乙未	丙申	丁酉	戊戌	己亥	庚子	辛丑
丁壬년	壬寅	癸卯	甲辰	乙巳	丙午	丁未	戊申	己酉	庚戌	辛亥	壬子	癸丑
戊癸년	甲寅	乙卯	丙辰	丁巳	戊午	己未	庚申	辛酉	壬戌	癸亥	甲子	乙丑

4. 생일의 간지를 정하는 법

생년 및 생일의 간지를 구하기는 이상 설명한 바와 같이 용이하나, 생일의 간지는 생년 시의 달력 없이 알기 불가능하다. 그러나 현실에 있어서 생년의 달력을 후일에 가서 구하기는 사실상 곤란하므로 생일의 간지는 만세력에 의할 수 밖에 없다. 이하 생일의 간지를 알아내는 법과 만세력을 보는 법, 두 가지를 같이 설명해보자.

예컨대 서기 1923년, 즉 癸亥년 1월 8일생(음력)의 생년, 월, 일의 간지를 알려면 다음과 같다.

癸亥년의 입춘의 절입일은 전년 壬戌년 12월 20일이므로 년주(年柱)의 간지는 癸亥이고, 경칩의 절입일은 1월 19일이므로 1월 8일은 입춘 후 경칩 전에 해당한다. 고로 월주(月柱)의 간지는 甲寅이다. 생일의 간지를 알려면 만세력을 참조하여야 하는데, 癸亥년 1월의 만세력을 보면 다음과 같이 기재되어 있다.

申

正月 · 小 庚午

辰

이것은 1월은 작은 달로서 29일까지 있다는 것을 표시하는 동시에 (음력의 큰 달은 30일이다) 초 1일의 간지는 庚申이고, 11일은 庚午, 21일은 庚辰이라는 것을 표시한다.

따라서 1월 8일의 간지를 알려면 1일의 간지 庚申부터 차례로 계산하면 된다. 즉 2일의 간지는 辛酉, 3일은 壬戌, 4일은 癸亥, 5일은 甲子, 6일은 乙丑, 7일은 丙寅, 8일은 丁卯가 된다. 따라서 癸亥년 1월 8일의 간지는 다음과 같다.

癸亥 (년주)

甲寅 (월주)

丁卯 (일주)

여기에 주의할 것은 각 년의 구분은 입춘, 각 월의 구분은 그 절입

시를 표준으로 하듯이, 날의 경계는 子시를 기준으로 한다. 즉 전일의 오후 11시부터 당일 오후 11시 전까지는 그날의 간지를 쓰고, 전일 오후 11시 전에 출생 시는 전일의 간지를 쓰며 당일 오후 11시 후에 출생 시는 다음 날의 간지를 일주의 간지로 삼는다.

5. 생시의 간지를 정하는 법

시의 간지는 월주(月柱)의 간지와 같이 시지(時支)는 항상 일정하고, 시간(時干)은 일간(日干)에 의하여 결정된다. 사주에 있어서의 시는 오늘날 우리들이 쓰는 시간과 다르다. 즉

　子시 — 전일 오후 11시 ~ 당일 오전 1시 전

　丑시 — 당일 오전 1시 ~ 오전 3시 전

　寅시 — 오전 3시 ~ 오전 5시 전

　卯시 — 오전 5시 ~ 오전 7시 전

　辰시 — 오전 7시 ~ 오전 9시 전

　巳시 — 오전 9시 ~ 오전 11시 전

　午시 — 오전 11시 ~ 오후 1시 전

　未시 — 오후 1시 ~ 오후 3시 전

　申시 — 오후 3시 ~ 오후 5시 전

　酉시 — 오후 5시 ~ 오후 7시 전

戌시 — 오후 7시 ~ 오후 9시 전

亥시 — 오후 9시 ~ 오후 11시 전

　시의 간(干)은 만세력에도 쓰여져 있지 아니하므로, 다음에 게재하는 시간조견표를 항상 참조해야 한다. 그러나 월간을 아는 법과 같이 조견표 없이 알 수 있는 방법이 있다. 즉 일간의 간합(干合)의 오행을 극(剋)하는 양(陽)인 오행부터 子시의 시간을 시작하면 된다. 오행의 상극(相剋)은 다음과 같다.

목극토, 토극수, 수극화, 화극금, 금극목

　고로 오늘 乙未일은 乙庚간합하여 금이 되므로 (본장 제3항 월간을 정하는 법에서 간합은 설명했다) 화극금하여 화중 양간인 丙이 첫 번째 시간이 된다. 오늘 새벽 영(零)시에 출생한 사람의 시주의 간지는 새벽 영시는 子시에 해당하므로 丙子이며, 아침 8시, 즉 辰시의 시주의 간지는 丙子, 丁丑, 戊寅, 己卯, 庚辰순으로 더듬어 庚辰에 해당함을 알 수 있다.

　여기 사실상 곤란한 문제가 있다. 그것은 출생 시를 모르는 사람이 많다는 것이다. 이런 경우 부모의 사망 시를 출생 시로 삼는 비논리적 방법을 쓰는 사주도 있으나, 사주추명학의 연구가 어느 정도 깊어지면 출생 시 정도는 유년시절(幼年時節)을 여하히 보냈는가를 참작하여 정할 수 있으므로, 과거를 물어 추측함이 가하다.

일의 간별에 따라 시의 간지를 표시하면 다음과 같다.

시간지조견표(時干支早見表)												
시간\일지	子	丑	寅	卯	辰	巳	午	未	申	酉	戌	亥
甲己일	甲子	乙丑	丙寅	丁卯	戊辰	己巳	庚午	辛未	壬申	癸酉	甲戌	乙亥
乙庚일	丙子	丁丑	戊寅	己卯	庚辰	辛巳	壬午	癸未	甲申	乙酉	丙戌	丁亥
丙辛일	戊子	己丑	庚寅	辛卯	壬辰	癸巳	甲午	乙未	丙申	丁酉	戊戌	己亥
丁壬일	庚子	辛丑	壬寅	癸卯	甲辰	乙巳	丙午	丁未	戊申	己酉	庚戌	辛亥
戊癸일	壬子	癸丑	甲寅	乙卯	丙辰	丁巳	戊午	己未	庚申	辛酉	壬戌	癸亥

이상으로서 여러분은 사주의 년, 월, 일, 시의 간지를 구하는 법을 다 알았을 것이다. 사주의 간지는 사람의 운명을 판단함에 있어서 기준되는 것이므로, 만일 팔자 중 하나만 틀려도 전혀 다른 운명을 판단하게 된다.

고로 독자 여러분은 신속, 정확하게 사주의 간지를 찾아내도록 수련을 쌓아야 한다. 여러분의 수련을 돕기 위해 다음에 연습문제 몇 가지를 제시한다.

예1 서기 1933년 4월 3일 오전 9시(음력)

년 癸酉
월 丙辰
일 癸亥
시 丁巳

4월생이나 입하(立夏) 전에 출생하였으므로 丙辰 월생으로 된다.

예2 서기 1960년 1월 4일 오후 11시 30분생(음력)

년 己亥
월 丁丑
일 己未
시 甲子

• 서기 1960년 庚子년생이나, 입춘이 1월 9일날 절입하므로 년 및 월주의 간지는 己亥, 丁丑이 된다.
• 1월 4일 일주의 간지는 戊午이나 오후 11시 후에 출생하였으므로 다음 날 간지인 己未가 된다.

여기서 한 가지 부언할 것은 현재 시중에서 판매되고 있는 만세력(萬歲曆) 중에는 일자(日字)의 계산이 부정확하거나 오식(誤植)이 있는 것도 많은데, 사주추명학은 사주(四柱)의 간지(干支)를 기준으로 하여 숙명을 예지(豫知)하므로 만세력이 부정확하면 운명 감정은 그 근본부터 불가능하게 된다. 고로 독자 여러분은 정확한 만세력을 선정하여야 할 것이다.

6. 대운(大運)을 정하는 법

년, 월, 일, 시, 사주의 간지는 그 사주를 가진 사람의 운명이 어떠한 것인가를 아는 기준이 되나, 사주에 의하여 약속된 운명이 어느 시기에 닥쳐올 것인가는 대운(大運)에 의하여서 알 수 있다.

이 대운은 생월의 간지를 기준으로 하여 정하는 것인데, 년간이 양에 속하는 남자와 년간이 음에 속하는 여자의 대운은 순행(順行)하고, 년간이 음에 속하는 남자와 년간이 양에 속하는 여자의 대운은 역행(逆行)한다. 즉 甲子년, 丙寅월생 남자의 대운은 丁卯, 戊辰, 己巳의 순으로 순행하고, 乙丑년, 戊寅월생 남자의 대운은 丁丑, 丙子, 乙亥, 甲戌의 순으로 역행한다. 또 乙丑년 戊寅월생 여자의 대운은 己卯, 庚辰, 辛巳, 壬午의 순으로 순행하고, 甲子년 丙寅월생 여자의 대운은 乙丑, 甲子, 癸亥, 壬戌의 순으로 역행한다. 이상 순행하는 대운을 「순운」이라고 하고, 역행하는 대운을 「역운」이라고 한다.

대운은 순행 또는 역행하여 십 년마다 변하는데 몇 살 때마다 변하는가는 행운세수(行運歲數)에 의한다. 이 행운세수를 아는 법은 다음과 같다.

• 양년(陽年)생 남자와 음년(陰年)생 여자의 대운, 즉 「순운」은 그 생일부터 다음 달 절입(節入) 날짜까지의 일수(日數)를 삼분(三分)한다.
• 음년생 남자와 양년생 여자의 대운, 즉 「역운」은 그 생일부터 그 달의 절입 날짜까지의 일수를 삼분(三分)한다.

이 일수의 계산에 있어서 정밀하게 생일 및 절입의 시간까지 따져야 할 것이나, 보통 시간은 계산에 넣지 않고 생일을 가산(加算)하면 절입일을 빼고, 생일을 빼면 절입일을 가산하는 편법(便法)을 쓴다. 그리고 일수를 삼분함에 있어서 정수(整數)를 얻을 수 없을 때에는 하루가 남으면 그것을 빼고 이틀이 남으면 삼분한 수에 1을 더 가한다. 즉 일수가 4일이면 행운세수는 1이 되고, 일수가 5일이면 행운세수는 2가 된다. 그리고 행운세수가 2면 2세, 12세, 22세……마다 대운이 변한다.

[예1] 甲子년 1월 15일생 (남자)

년 甲子
월 丙寅
일 戊辰
시 壬子

순운이므로 대운은 월주간지에 이어 丁卯, 戊辰, 己巳, 庚午, 辛未 순으로 진행한다.

1월 15일은 입춘 후인데 다음 절기는 경칩이다. 甲子년의 경칩은 2월 2일 寅시이므로 생일부터 절입일까지의 일수는 16일이다. 이를 삼분하고 일사이입(一捨二入)하면 행운세수는 5가 된다.

5세 丁卯
15세 戊辰
25세 己巳
35세 庚午
45세 辛未
55세 壬申
65세 癸酉

예2 甲子년 1월 15일생 (여자)

    년 甲子
    월 丙寅
    일 戊辰
    시 壬子

역운이므로 대운은 乙丑, 甲子, 癸亥, 壬戌로 역행한다. 甲子년의 입춘 절입시는 1월 1일 巳시이므로 생일부터 입춘 절입시까지의 일수는 13일이다.

따라서 행운세수는 4이다.

     4세 乙丑
    14세 甲子
    24세 癸亥
    34세 壬戌
    44세 辛酉
    54세 庚申

제3장

오행(五行)

1. 오행이란 뭣인가?

오행(五行)이란 목(木), 화(火), 토(土), 금(金), 수(水) 다섯 가지를 말한다. 사주추명학은 십종의 천간(天干)과 십이종의 지지(地支)를 음과 양 및 오행으로 분류하여 그 상호관계에 의해 사람의 운명을 예지하는 것이다.

고로 사주추명학의 사상적 기초는 오행에 있는 것이다.

우리 동양의 전통적 사상은 우주만상(宇宙萬象)이 오행에 의하여 이루어졌다고 믿어 왔으며, 세상사 어느 것이나 이 오행의 작용이라고 생각해 왔다.

이 오행에 대하여 고금을 통해 학자 간에 여러 가지 논의가 전개되고 있는데, 본서는 이에 대한 연구가 목적이 아니므로 옛사람들이 사색 방법의 한 형식으로 수립한 오행설(五行說)이 뭣인가에 대한 설명으로서 그치겠다.

연해자평(淵海子平)은 오행의 발생에 대하여「太易, 水를 生하고, 太初, 火를 生하고, 太始, 木을 生하고, 太素, 金을 生하고, 太極이 土를 生하였다.」라고 설명하고 있다. 그러나 오늘날 일반적으로 오행은 역경(易經)에 유래한 것이라고 믿어지고 있다. 즉 화는 역경에서 말하는 태양(太陽)에서, 목은 소양(少陽)에서, 수는 태음(太陰)에서, 금은 소음(少陰)에서 유래하고, 토는 이 모든 것을 포함한 것이라 한다.

생각하건대, 역경에서 음양설이 시작되었다는 사실로 미루어 봐서 오행설은 역경에서 유래한 것이라고 보는 것이 타당할 것이다. 마치 천지창생(天地創生)의 혼돈(渾沌)에 제하여 오행이 생긴 것처럼 설명하는 연해자평의 오행소생설(五行所生說)은 후세에 분식(粉飾)된 우화(寓話)에 불과하다고 봐야 할 것이다.

「오행설」은 오행을 다음과 같이 설명한다.

목 방각(方角)은 동(東)에 해당하고, 계절로 보면 봄에 해당하고, 하루로 치면 아침에 해당한다. 기(氣)는 생기(生氣)이고, 색은 청색(靑色)이고, 성질은 인(仁)이다.

화 방각은 남(南), 계절은 여름, 하루로 치면 낮에 해당한다. 기는 왕기(旺氣)이고, 색은 적(赤)이고, 성질은 예(禮)이다.

금 방각은 서(西), 계절은 가을, 하루로 치면 저녁에 해당하고, 기는 숙살지기(肅殺之氣)이고, 색은 백(白)이며 성질은 의(義)이다.

수 방각은 북(北), 계절은 겨울, 하루로 치면 밤이고 기는 사기(死氣)이며, 색은 흑(黑)이고 성질은 지(智)이다.

토 방각은 목화금수 사방의 중앙이며, 계절도 각 계절의 중앙이며 하루로 치면 해가 중천에 와있는 대낮을 말하다. 기는 둔하고 색은 황색(黃色)이며 성질은 신(信)이다.

2. 오행의 생극(生剋) 및 왕쇠(旺衰)

전항에서 오행의 성질이 뭣인가 알았는데, 오행 간에는 그 성질 작용이 서로 친화(親和), 상생(相生)의 관계에 있는 것과 배반(背反), 상극(相剋)되는 것이 있다. 전자를 「상생」이라 하고, 후자를 「상극」이라 한다.

전장 월간지를 구하는 법 및 시간지를 구하는 법에서 설명하듯이, 오행의 상행, 상극은 다음과 같다.

　　상생 목이 화를, 화가 토를, 토가 금을, 금이 수를, 수가 목을 생한다.
　　상극 목이 토를, 토가 수를, 수가 화를, 화가 금을, 금이 목을 극한다.

사주추명학이란 결국 생년, 월, 일, 시의 간지의 오행 간의 상생,

상극를 보고 운명의 길흉(吉凶)을 판단하는 것이므로, 이상 말한 오행의 개념 및 상생 상극의 법칙을 철저히 암기함이 사주추명학 해득의 첩경이다.

오행은 계절에 따라 왕성해지기도 하고 쇠약해지기도 한다. 즉

목 봄〔寅卯辰월〕에 가장 왕성하고 겨울〔亥子丑월〕에도 수생목(겨울에는 수가 왕하다)하여 왕성하다. 여름〔巳午未월〕에는 화가 성하는 계절이므로 그 기운을 화에게 빼앗겨서 쇠퇴하며, 가을〔申酉戌월〕에는 목을 극하는 금이 왕성한 계절이므로 가장 쇠약해진다.

화 여름에 가장 왕성하며 봄에도 목생화이므로 왕성하다. 가을에는 쇠약해지며, 겨울에는 가장 쇠약해진다.

금 가을에 가장 왕성하며, 토가 성하는 사계절〔四季節 : 辰未戌丑월〕에도 성한다. 겨울과 봄에는 쇠약하며, 여름에는 가장 쇠약해진다.

수 겨울에 가장 왕성해지며, 가을철에도 왕성하다. 봄에는 쇠약해지며, 여름과 사계절에는 가장 쇠약해진다.

토 사계절〔辰未戌丑월〕에 가장 왕성하며 여름에도 왕성하다. 가을과 겨울에는 쇠약해지며, 봄에는 가장 쇠약해진다.

제4장

제합(諸合) 및 제살(諸煞)

1. 사주의 단식판단(單式判斷)

사주를 보는 법은 우선 사주팔자의 오행 상호 간의 생화극제(生化
剋制)와 육신(六神) 및 십이운성(十二運星)의 동태의 선악(善惡)을 규명
하고, 제합(諸合) 및 제살(諸煞)을 찾아, 그것이 암시하는 숙명 및 운명
을 판단하는 것이다. 앞의 오행의 생화극제 및 육신 등의 동태에 의
하여 길흉(吉凶)을 판단하는 법은, 이를 복식판단(複式判斷)이라 하고,
뒤의 제합 및 제살을 찾아 숙명을 아는 방법은, 이를 단식판단(單式判
斷)이라고 한다.

이런 명칭이 붙게 된 것은 복식판단은 사주팔자 전체를 종합판단
하여야 하는 데 반하여, 단식판단은 일주 또는 년주를 기준으로 해서
합(合) 또는 살(煞)을 찾아내면 되는 까닭이다.

간명법(看命法)은 우선 복식판단을 행한 다음, 단식판단을 하는 것

이므로, 후자는 전자에 부수되는 방법에 불과하다. 따라서 복합적 판단 방법을 설명한 후 단식 판단법을 기술하는 것이 원칙이겠으나, 후자는 전자를 설명하는 전제가 되는 것이 많으므로 설명의 편의에 따라 후자를 먼저 설명한다.

단식판단은 복식판단에 부수될뿐 아니라 그 자체의 종류도 10여 종이므로 그 전체적 종합판단을 등한히 해서는 아니된다. 따라서 몇 가지 흉살(凶煞)이 있더라도, 다른 길살(吉煞)이 있으면 그 흉살의 불길한 숙명적 암시를 무시해도 좋다.

단식 판단법에는 형(刑), 충(沖), 파(破), 해(害) 등의 살(煞)과 간합(干合), 삼합(三合) 등의 제합(諸合)이 있다.

2. 간합(干合)

간합(干合)은 사학(斯學)에서 부부유정(夫婦有情)의 상(象)이라고 칭하는 것으로 음양화합의 이치를 방법화한 것이다. 십간 중 다섯 개의 양간(陽干)은 각각 그 순위를 5계단씩 떨어져서 특정한 음간(陰干)과 다음과 같이 합이 된다.

甲 ― 己 (토) 중정지합(中正之合)
乙 ― 庚 (금) 인의지합(仁義之合)

丙一辛 (수) 위엄지합(威嚴之合)

丁一壬 (목) 인수지합(人壽之合)

戊一癸 (화) 무정지합(無情之合)

년, 월, 일, 시의 천간 상호 간에 이와 같은 간합이 있을 경우〔예컨
대 甲일생의 년간에 己가 있거나, 己일생의 월간에 甲이 있을 경우
甲己의 간합이 된다.〕어떤 운명에 처할 것인가는 각 간합마다 다르
다.

(1) **甲己의 합** 이 간합이 있는 사주는 그 분수를 지키며, 마음이
넓어 타인과 다투지 아니하고 세상 사람들의 존경을 받는다. 그러나
드물게 의무를 지키지 아니하고 간지(奸智)에만 능하고 박정한 사람
도 있다. 특히

甲일생으로서 己의 간합이 있는 자는 신의는 있으나 지능이 부족
하다.

己일생으로서 甲의 간합이 있는 자는 신의가 없으며 목소리가 탁
하고 코가 낮은 경향이 있다.

(2) **乙庚의 합** 과감, 강직한 성질을 가지고 인의(仁義)가 두텁다.
그러나 사주 중에 육신(六神)의 편관(偏官)과 십이운성(十二運星)의 사
(死)나 절(絶)이 있으면(제2편을 참조) 용감하기는 하나 천한 경향이
있다.

乙일생으로서 庚과 간합이 있으면 예의에 소홀하고 결단성이 없다.

庚일생으로서 乙과 간합이 있으면 자비심(慈悲心)이 없으면서 의(義)로운 일만 과장하고 치아가 튼튼한 것이 특징이다.

(3) **丙辛의 합**   의표(儀表)에 위엄이 있으나 편굴(偏屈)한 경향이 있고, 성질은 잔인하고 색을 좋아한다.

丙일생으로서 辛의 간합이 있으면 지혜는 남보다 뛰어나나 사모(詐謀)를 잘 쓰며 예의가 문란하다.

辛일생으로서 丙의 간합이 있으면 대망(大望)을 품은 자는 거의 없고 몸집도 작다.

(4) **丁壬의 합**   감정에 흐르기 쉽고 색을 좋아하여 고결(高潔)하지 못하다. 만일 십이운성의 사 또는 절이 있거나 육신의 편관 또는 함지살(咸池煞)이 있으면 음란으로 파가(破家)한다. 여자도 음사(淫邪)를 좋아하고 대개 늦게 결혼하거나 나이 많은 사람에게 시집을 간다. 그리고 평생 중 전반(前半)이 좋으면 후반(後半)이 나쁘고, 전반이 나쁘면 후반이 좋다.

丁일생으로서 壬과 간합이 있으면 소심(小心)하고 질투심이 강하며, 몸이 마르고 키가 큰 사람이 많다.

壬일생으로서 丁과 간합이 있으면 성질이 편굴하고 노(怒)하기 잘하며, 신의가 없으며 몸집은 크다.

(5) **戊癸의 합**　용모는 아름다우나 박정하고 남자는 평생 정식 결혼
하지 않는 자가 많으나 여자는 미남(美男)과 결혼한다는 암시가 있다.

戊일생으로서 癸의 간합이 있으면 총명하며 일견 다정한듯하나
내심은 무정하고 얼굴이 붉은 사람이 많다.

癸일생으로서 戊의 간합이 있으면 지능 정도가 낮고 질투심이 많
으며, 하는 일은 시작뿐이지 끝이 없으며, 남자는 늙은 여자와 결혼
하고 여자는 늙은 남자에게 시집간다.

3. 육합(六合) 및 삼합(三合)

육합(六合)은 지합(支合)이라고도 하는데, 이것은 간합과 전혀 동일
한 이유에 의한 것으로 이기상합(理氣相合)하는 지와 지가 화합하는
것이다.

子 — 丑 (토)　　　寅 — 亥 (목)

戌 — 卯 (화)　　　辰 — 酉 (금)

申 — 巳 (수)　　　午 — 未　(이것은 육합하더라도 타 오행으
　　　　　　　　　　　　　　　로 변치 아니한다.)

이와 같은 육합이 사주에 있으면 — 예컨대 생일의 지지가 子이고
년지가 丑인 경우, 일지와 년지는 지합이 된다—어떤 운명이 작용하

는가는 사주 속에 길성(吉星)이 있으면, 그것이 육합이 되면 더욱 길하고 흉성(凶星)이면 더욱 흉해진다. 그 외 제2편에서 많이 활용된다.

또 삼합(三合)은 간합, 육합과 같이 십이지 중의 세 개의 지가 그 성정(性情)에 따라 서로 화합 보조(輔助)하여 결합한 것으로서, 다만 틀리는 점은 결합하는 요소가 음양의 두 개가 아니라 세 가지 지지가 융합하여 그중 중심되는 지지의 오행으로서 삼합 전체의 오행으로 하는 점이다.

申子辰　삼합하여 수국(水局)이 된다.
巳酉丑　삼합하여 금국(金局)이 된다.
寅午戌　삼합하여 화국(火局)이 된다.
亥卯未　삼합하여 목국(木局)이 된다.

사주 중에 삼합이 있는 경우,

甲申　(생년)
壬子　(생월)
庚辰　(생일)

이때 申子辰은 삼합하여 수국이 된다. 申과 辰은 오행이 금과 토이나 삼합함으로써 오행이 수에 가깝게 된다. 따라서 사주에 수가 많음으로써 길한 경우에 삼합수국이 있으면 대길해지며, 수가 있으면 불길한 경우에는 수국인 삼합이 있으면 더욱 불길해진다.

4. 형(刑)

간합 및 육합, 삼합은 십이지지가 서로 친화견인(親和牽引)하는 것을 표시한데 반하여, 앞으로 설명할 형(刑), 충(沖), 파(破), 해(害)는 지지가 서로 상극배척(相剋排斥)하는 것을 표시하는 것이다. 그러나 오행의 상극과 이 형충파해가 다른 점은 전자는 오행의 성질이 서로 배반한다는 것을 단적으로 표시한데 대하여, 후자는 이를 보다 세부적으로 분석 복잡화한 것인 관계상, 지지 상호 간의 상극을 그 극해(剋害) 정도에 따라 형, 충, 파, 해로 분류한 것이다.

형(刑)에는 다음과 같은 네 가지가 있다.

(1) 지세지형(持勢之刑)

寅一巳　巳一申　申一寅

(2) 무은지형(無恩之刑)

丑一戌　戌一未　未一丑

(3) 무예지형(無禮之刑)

子一卯　卯一子

(4) 자형(自刑)

辰一辰　午一午　酉一酉　亥一亥

이와 같은 형이 사주 속에 있으면 ― 예컨대 생일의 지지가 寅이고 생월의 지지가 巳이면 일지가 월지를 형하는 것이 되고, 생일의 지지가 丑

이고 생년의 지지가 未이면 년지가 일지를 형하는 것이 된다. ― 어떤 운명이 작용하는가는 다음과 같다.

지세지형(寅巳申) 이 형이 있는 자는 자기의 세력을 믿고 저돌(猪突)하여 일을 좌절시키며, 십이운성 중 장생(長生), 건록(建祿), 제왕(帝旺) 등 (이에 대한 자세한 설명은 제2편에서 한다.) 왕성한 십이운성이 사주 중에 같이 있으면 정신이 강용(剛勇)하고, 안색도 또한 윤기 있어 좋다. 그러나 사(死)나 절(絶)과 같은 약한 십이운성이 있으면 교활 비굴한 자가 많으며 재앙(災殃)을 만나기 쉽다. 특히 여자는 이 형이 있으면 고독하다.

무은지형(丑戌未) 이 형이 있으면 성질이 냉혹하고 따라서 친구 및 은인을 해치고 적에 내통을 잘한다. 특히 십이운성의 사나 절이 있으면 은혜를 원수로 갚고 불의비도(不義非道)를 예사로 한다. 여자는 이 형이 있으면 임신 중 곤란 받는 일이 적지 않다.

무예지형(子卯) 이 형이 있으면 성질이 횡폭하고 화애한 기분은 조금도 없으며 예의를 무시하고 타인에게 불쾌감을 준다. 이 형과 더불어 십이운성의 사나 절이 있으면 마음이 혹독하여 육친을 해하는 흉조에게 불쾌감을 준다. 이 형과 더불어 십이운성의 사나 절이 있으면 마음이 혹독하여 육친을 해하는 흉조(凶兆)가 있으며 특히 여자는 남편으로부터 형을 받으며 모자간도 화목치 못하다.

자형(辰午酉亥)　이 형이 있는 자는 대개 자주독립의 정신이 박약하고 무슨 일에 대하여서나 열성을 가지지 못하고 시종일관하지 못한다. 반면 쓸데없이 자기 주장을 내세워 적을 사기 잘한다. 그 성격도 침울하고 내심험독(內心險毒)하며, 십이운성의 사나 절이 있으면 생각이 천박하고 심하면 불구자가 된다. 또 사주의 생시에 자형이 있으면 그 자식이 병약하고 생일에 있으면 처에게 질병이 있다.

　　이상 설명한 것이 사주 속에 형이 있을 경우의 운명 판단 방법이나, 이것은 어디까지나 형 하나만의 운명에 작용하는 영향력을 판단한 것이므로, 형 외에 다른 길성(吉星)이 있으면 형으로 인한 흉조(凶兆)는 모두 길조(吉兆)로 변할 수 있는 것이다. 따라서 독자 여러분은 형이나 앞으로 설명할 여러 살(煞)이 운명 판단의 독립된 기준이 아니라 소박한 소재에 지나지 않는다는 것을 인식해주기 바란다.

5. 충(冲)

　　형, 충, 파, 해는 결국 오행상극의 세분화요, 서로 배반되는 오행의 극해 정도의 표시인데, 그 극해의 정도가 가장 심한 것이 이 충이다. 충에는 다음 여섯 가지가 있다.

　　　　子―午　丑―未　寅―申
　　　　卯―酉　辰―戌　巳―亥

사주지지의 상호 대조 속에 충이 있으면 다음과 같은 운명이 작용한다.

- 월지와 일 또는 시지, 년지와 시지가 서로 충되면 광폭, 망은 또는 장환(長患)의 경향이 있다.
- 년지와 월지가 충되면 조업(祖業)을 떠나고 생가(生家)에 있지 못한다.
- 월지를 충하면 부모와 동거하지 않는다.
- 일지와 시지가 서로 충하면 처자를 극한다.
- 년지와 일지가 서로 충되면 부모와 화목치 못하고, 일지와 시지가 서로 충하면 자식과 화목치 못한다.
- 천간이 동일하고 지지가 서로 충이 될 때(예컨대 甲申월과 甲寅일) 항상 심로(心勞)가 많고 조업을 깨뜨린다.
- 공망(호亡)을 충할 때에는 화(禍)가 변하여 길하게 된다.
- 卯와 酉의 충은 친한 사람을 배반하고 걱정이 그치지 아니한다.
- 子와 午의 충은 항상 일신이 불안전하다.
- 巳와 亥의 충은 쓸데없이 남의 일을 걱정한다.
- 寅과 申의 충은 다정다감(多情多感)한 경향이 있다.
- 丑과 未의 충은 매사 지체됨이 많다.
- 酉일생으로서 사주 중에 亥가 있고, 형충이 또한 있으면 술로 인해 패가망신할 수가 있다.

- 여자는 일시에 辰戌의 충이 있으면 고독하다.
- 일지가 충이 되고, 사주 중에 간합이 있는 여자는 항상 고생이 그치지 아니한다.

6. 파(破)

파(破)는 다음과 같다.

子 — 酉　午 — 卯　申 — 巳
寅 — 亥　辰 — 丑　戌 — 未

사주 중에 파가 있으면 다음과 같은 운명의 암시가 있다.

- 월과 일지의 파는 처궁이 나쁘다.
- 년을 파하면 양친과 일찍 헤어지기 쉽다.
- 월지를 파하면 변동이 심하다.
- 일지를 파하면 일신고립하고 처자의 연이 박하다.
- 시를 파하면 만년(晩年)에 불행해진다.

7. 해(害)

해(害 또는 穿)는 다음과 같다.

子一未 丑一午 寅一巳
卯一辰 申一亥 酉一戌

사주 속에 해가 있으면 일반적으로 가족에게 극해가 있는 경향이 있는데, 다음과 같다.

- 일과 시에 해가 있으면 노년(老年)에 이르러 잔질(殘疾)이 있다.
- 월에 해가 있으면 고독박명(孤獨薄命), 특히 여자는 그 암시가 깊다.
- 寅과 巳의 해가 이중으로 있으면, 불구폐질(不具廢疾)이 될 경우가 있다.
- 卯와 辰, 丑과 午의 해는 장생, 건록, 제왕 등 왕성한 십이운성과 같이 있으면 노하기 쉽고 인내력이 없으면서도 남에게 지기 싫은 성질이 있으나 사(死)·절(絶)과 같은 약쇠한 십이운이 있으면 잔상경복(殘像傾覆)이 많다.
- 酉일 戌시생은 농아(聾啞)가 되는 수가 있으며, 머리나 얼굴에 악창(惡瘡)이 있는 수가 많다.

육합, 삼합, 형, 충, 파, 해 일람표											
	子	丑	寅	卯	辰	巳	午	未	申	酉	戌	亥
子		합		형	삼합		충	해	삼합	파		
丑	합			파	삼합	해	형충			삼합	형	
寅						형해	삼합		형충		삼합	합파
卯	형				해		파	삼합		충	합	삼합
辰	삼합	파		해	형				삼합	합	충	
巳		삼합	형해						합형파	삼합		충
午	충	해	삼합	파			형	합			삼합	
未	해	형충		삼합			합			형파		삼합
申	삼합		형충		삼합	합형파						해
酉	파	삼합		충	합	삼합					형	해
戌		형	삼합	합	충		삼합	형파		해		
亥			합파	삼합		충		삼합	해			형

8. 공망(空亡)

육십갑자(六十甲子)의 일순(一旬) 중에는 각각 그 순(旬) 중에 포함되지 아니한 지지가 두 개씩 있다. 그 이유는 육십갑자란 십간 십이지를 양과 양, 음과 음끼리 서로 결합하여 이루어진 까닭이다. 사주추명학에서는 이를 「위(位)는 있으나 록(祿)이 없다.」고 칭하는데 이것이 즉 공망(空亡)이다. 예컨대 甲子 순에서 甲과 子, 乙과 丑, 丙과 寅, 丁과 卯 순으로 조합하다 보면 지지의 戌과 亥가 이 순에서 제외된다. 이것이 즉 공망이다.

육십갑자 전부에 대한 공망은 다음과 같다.

공망조견표(空亡早見表)										공망
甲子	乙丑	丙寅	丁卯	戊辰	己巳	庚午	辛未	壬申	癸酉	戌亥
甲戌	乙亥	丙子	丁丑	戊寅	己卯	庚辰	辛巳	壬午	癸未	申酉
甲申	乙酉	丙戌	丁亥	戊子	己丑	庚寅	辛卯	壬辰	癸巳	午未
甲午	乙未	丙申	丁酉	戊戌	己亥	庚子	辛丑	壬寅	癸卯	辰巳
甲辰	乙巳	丙午	丁未	戊申	己酉	庚戌	辛亥	壬子	癸丑	寅卯
甲寅	乙卯	丙辰	丁巳	戊午	己未	庚申	辛酉	壬戌	癸亥	子丑

그리고 생일의 간지를 중심으로 해서 타주(他柱)의 간지를 대조하여 공망을 조사한다. 예컨대 甲戌일에 낳은 사람의 생월이 乙酉라면 酉는 甲戌의 공망에 해당하므로, 이 사주는 생일에서 생월이 공망된다고 한다.

사주에 공망이 있으면 여하한 운명이 작용하는가는 공망이라는 글자가 표시하듯이 본래의 사주상의 숙명이 헛되게 되는 것이다. 예컨대 길성(吉星)이 있더라도 그것이 공망되면 그 길성이 작용을 못하게 되며, 반대로 흉성(凶星)이 공망되면 흉조가 사라지며 때로는 길조조차 나타나게 된다.

또 사주의 어느 지지가 공망되느냐에 따라 다음과 같이 운명도 달라진다.

- 년지를 공망하면 항상 고생이 그치지 않고, 하는 일은 실적이 나타나지 아니하며 발전을 하기 힘들다.
- 월지를 공망하면 형제가 드물며 있어도 힘이 되지 아니한다.
- 시지를 공망하면 자식이 없거나 있어도 도움이 안된다.
- 년지와 월지를 같이 공망하면 처자와 이별한다.
- 년, 월, 시지 전부를 공망하면 오히려 귀(貴)한 사주가 되며 길하다.
- 공망 당한 지지가 육합이 되면 공망으로서의 작용을 못한다.
- 서로 충하는 지지를 공망하면 충으로 인한 흉은 길조로 변할 때가 많다.

9. 양인(羊刃)

양인은 다음과 같다.

일간	甲	乙	丙	丁	戊	己	庚	辛	壬	癸
양인	卯	辰	午	未	午	未	酉	戌	子	丑

양인은 형벌(刑罰)을 맡은 살(煞)로서 강렬(剛烈), 황폭(荒暴), 성급(性急) 등을 나타낸다. 따라서 사주 중에 양인이 있으면 인생행로에 장해가 많다. 그러나 강렬, 황폭을 나타내는 별이므로 때로는 드물게 보는 불세출(不世出)의 괴걸(怪傑), 열사(烈士)가 되는 수도 있으며, 특히 군인으로서 이름을 날리는 수가 많다. 그러나 이 경우에도 이상한 곤액(困厄), 험조(險阻)가 따르는 것은 말할 것도 없다.

이 양인이 사주 중의 어디 있는가, 또 어떤 육신 또는 십이운성과 연결되느냐에 의하여 다음과 같이 운명이 작용한다.

- 년지에 있으면 조업을 파(破)하고 은혜를 원수로써 갚는 경향이 있다.
- 월지에 있으면 편굴(偏屈)한 성질이 있다. 그러나 월과 일지에 있는 양인은 그 작용력이 좀 약하다.
- 시지에 있으면 처자를 해치고 만년(晩年)에 재화(災禍)를 만나기 쉽다. 그러나 사주 중에 편관(偏官―제2편에서 설명한다)이 있으면 이 흉조가 억제된다.
- 일지에 양인이 있고 시에 편인(偏印)이 있으면 처가 난산(難産)한다.
- 겁재(劫財)와 양인이 동주(同柱)에 있으면 조선(祖先)의 집에 있지 아니하며, 또 외면은 겸양유화(謙讓柔和)한 듯하더라도 내심은 무자비한 성질을 가질 수가 있으며 가정도 적막하다.

- 정재(正財)와 양인이 동주에 있으면 재물로 인하여 사회적 오욕(汚辱)을 입는 수가 있다.

- 천성(天星)의 겁재 또는 상관(傷官)과 양인이 동주에 있으면 만년에 큰 재난을 만나는 경향이 있으며, 패가망신하는 자가 적지 않다.

- 인수(印綬)와 양인이 동주에 있으면 비록 명예는 높더라도 장환(長患)을 앓는다.

- 십이운성의 사, 절과 양인이 동주에 있으면 성급, 황폭하고, 목욕(沐浴)과 같이 있으면 악병(惡病) 때문에 고생하는 수가 많다.

- 사주 중에 양인이 서너 개 있으면 농아맹자(聾啞盲者)가 되는 수가 있다.

- 사주 중에 삼합이 있고 양인이 있으면 출생지를 떠나 원지(遠地)에 가서 사는 경향이 있다.

- 양인 많은 남자는 처궁이 자주 변한다.

- 일지에 상관(傷官)과 양인이 같이 있는 여자는 자칫 잘못하면 악사(惡死)하는 경향이 있다.

- 사주 중에 상관 및 인수와 양인이 있는 여자는 그 자식에 해가 있다.

- 여자로서 양인이 두 개 있으면 권병(權柄)이 있으며, 세 개 있으면 황음(荒淫)하여 그 수치스러운 것을 모를 정도라 한다.

10. 비인(飛刃)

비인(飛刃)은 다음과 같다.

일간	甲	乙	丙	丁	戊	己	庚	辛	壬	癸
비인	酉	戌	子	丑	子	丑	卯	辰	午	未

즉 비인은 양인과 충되는 지지이다.

예컨대 甲간의 양인은 卯이므로 卯와 충되는 酉가 즉 비인이다.

비인은 운명에 작용하는 것이 양인과 거의 비슷하나 그 힘은 양인만큼 강렬하지는 못하다. 비인의 특성을 알면 무슨 일에 열중하기 쉬우면서도 싫증도 쉽게 나는, 즉 지속성이 없는 것이다. 고로 사주 속에 비인이 있으면 모험을 좋아하다가 파산하거나, 혹은 모험으로 일시 요행을 얻었더라도 그것이 오래 가지 못한다.

11. 괴강(魁罡)

괴강(魁罡)은 모든 사람을 제합하는 강렬한 살(煞)로, 대귀부(大貴富), 엄격, 총명 및 황폭(荒暴), 살생(殺生), 극빈(極貧), 재앙(災怏) 등 길흉 공히 극단으로 운명에 작용한다.

괴강은 다음 네 가지로서 사주의 년, 월, 일, 시 어느 기둥에 있어도 무방하다.

庚辰, 壬辰, 戊戌, 庚戌

괴강이 사주 속에 있는 여자는 일반적으로 용색(容色)이 아름다우나 그 마음은 고집이 세서 남편과 참다운 화합을 할 수 없어 이혼하거나 또는 과부가 되거나 병으로 신음하는 수가 많다. 그러나 남자는 이론적 토론을 좋아하며 그 성질은 지나치게 결벽(潔癖)하다. 만일 괴강이 사주 속에 여러 개 있으면 오히려 이상하게 발달하여 부귀(富貴) 양자를 구비하는 자가 많다.

괴강이 생일의 지간에 있는 자 중 庚戌 및 庚辰일생은 사주 속에 정관(正官) 및 편관(偏官), 戊戌 및 壬辰일생은 정재(正財) 및 편재(偏財)가 있으면 극도로 곤궁(困窮)할 수가 있다.

또 괴강이 형충되면 이상한 화(禍)를 당할 염려가 있다.

12. 금여(金輿)

금여(金輿)는 다음과 같다.

일간	甲	乙	丙	丁	戊	己	庚	辛	壬	癸
금여	辰	巳	未	申	未	申	戌	亥	丑	寅

금여살은 온후(溫厚), 유순(柔順), 절의(節義), 음덕(蔭德), 양연(良緣) 등을 특성으로 하고 자연의 행복을 받을 암시가 많다. 즉 항상 면모(面貌)에 화애한 기운이 있으며 몸가짐에 절도가 있고 세상 사람의 도움을 받는 수가 많다. 특히 남자는 발명의 재간이 있고 처가의 도움을 받는다. 여자는 대체로 미인이며 결혼운도 좋다.

특히 일 또는 시지에 있으면 시종 편안하게 지내며 친근자를 돕고, 남녀 공히 좋은 배우자를 만나고 자손도 또한 번창(繁昌)하는 경향이 있다. 황족(皇族)들의 사주에 금여가 많다.

13. 암록(暗祿)

암록(暗祿)은 다음과 같다.

일간	甲	乙	丙	丁	戊	己	庚	辛	壬	癸
암록	亥	戌	申	未	申	未	巳	辰	寅	丑

암록이 사주 중에 있으면 한평생을 통해 재물이 떨어지지 아니하고, 항상 뜻밖에 귀인을 만나 위험에서 벗어난다. 성질도 영리하고 남이 모르는 복록(福祿)이 있으며 자기를 도와주는 사람이 많다.

14. 천을귀인(天乙貴人)

천을귀인(天乙貴人)은 다음과 같다.

일간	甲	戊	庚	乙	己	丙	丁	壬	癸	辛
귀인	丑 未			子 申		亥 酉		巳 卯		午 寅

사주 중에 천을귀인이 있으면 다음과 같은 운명이 작용한다.

- 사주 중에 귀인이 있으면 지혜가 있고 총명하며 흉(凶)이 변하여 길하여진다.
- 귀인을 형, 충, 파, 해, 공망해서는 아니되며, 이를 범하면 한평생 고생이 많다.
- 귀인이 왕성한 십이운성과 같이 있으면 한평생 복이 많으며 사, 절 등 약한 십이운성과 동거하면 복이 없다.
- 귀인이 있는 천간이 간합되거나 귀인이 합이 되면 널리 사회의 신용을 얻으며, 출세가 빠르고 한평생 형벌을 받지 아니한다.
- 귀인과 괴강이 사주에 있으면 성질이 활발하고 경우에 밝으며 여러 사람의 존경을 받는다.
- 귀인과 십이운성인 건록이 같이 있으면 글을 잘한다.

15. 천덕귀인(天德貴人) 및 월덕귀인(月德貴人)

천덕귀인(天德貴人)은 다음과 같다.

월지	寅	卯	辰	巳	午	未	申	酉	戌	亥	子	丑
천덕	丁	申	壬	辛	亥	甲	癸	寅	丙	乙	巳	庚

월덕귀인(月德貴人)은 다음과 같다.

월지	寅	午	戌	亥	卯	未	申	子	辰	巳	酉	丑
월덕	丙			甲			壬			庚		

천월이덕(天月二德)이 사주 중에 있으면 길한 사주는 더욱 길해지고, 흉한 사주는 그 흉이 감해진다. 그러나 이덕(二德)이 형충되면 무력해져서 이와 같은 길조는 사라진다.

일주나 시주에 이덕이 있고 형, 충, 파, 해 되지 아니하면 한평생 형벌이나 도난을 당하지 아니한다. 여자가 이 덕을 구비하면 성질이 온순하고 정조가 있으며 한평생 산액(産厄)을 받지 아니한다.

16. 장성(將星) 및 화개(華蓋)

일지	寅	午	戌	申	子	辰	巳	酉	丑	亥	卯	未
장성		午			子			酉			卯	
화개		戌			辰			丑			未	

장성(將星) 및 화개(華蓋)가 있으면 다음과 같은 운명이 작용한다.

- 장성이 사주 중에 있으면 문무(文武) 겸비하며 높은 벼슬에 오른다. 일반적으로 장성이 있는 사주는 관계에 출입하며, 장성과 편관 또는 양인이 동주하면 손에 생살지권(生殺之權)을 잡으며, 재성 (財星)과 동주하면 국가재정을 장악한다.
- 화개가 사주에 있으면 문장이나 예술에 능하며 지혜가 뛰어난다.
- 화개와 인수(印綬)가 동주하면 큰 학자가 된다. 화개가 공망을 만나면 총명하기는 하나 출가지인(出家之人)이 된다.

17. 역마(驛馬)

일지	寅	午	戌	申	子	辰	巳	酉	丑	亥	卯	未
역마		申			寅			亥			巳	

역마(驛馬)는 주로 일지를 중심으로 해서 판단하나 년지도 참고로
한다.

역마는 다음과 같은 작용을 한다.

- 사주 중의 길신(吉神)이 역마에 해당하면 비약적 발전을 할 기쁨
  이 있고 적어도 매사 순조로히 움직인다.
- 사주 중의 흉신(凶神)이 역마에 해당하면 풍파를 만나 분주 다사
  하다.
- 역마가 충되면 역마가 길신에 해당하면 더욱 길하고, 흉신에 해
  당하면 더욱 흉하다.
- 역마가 합이 되면 매사가 더디다.
- 일지가 역마에 해당하면 항상 분주 다사하다.
- 사주 중에 역마가 많으면 종신토록 분주하게 돌아다닌다.
- 역마가 공망되면 주거(住居)가 불안하다.
- 역마와 함지(咸池)가 동주하거나 충되면 타향에 나가 객사할 수
  가 있다.
- 역마와 정재(正財)가 동주하면 현처(賢妻)를 얻는다.

18. 도화(桃花) (일명 咸池, 일명 敗神)

일지	寅	午	戌	巳	酉	丑	申	子	辰	亥	卯	未
도화		卯			午			酉			子	

사주 중에 도화(桃花)가 있으면 다음과 같은 작용을 한다. 도화는 원칙으로 일지를 표준해서 정하나 때로는 년지를 중심으로 정할 때도 있다.

- 사주 속에 도화가 있으면 특히 일주와 시주에 있으면 남녀 불문하고 호색인 경향이 있다.
- 도화가 있는 남자는 강개지심(慷慨之心)이 있고, 여자는 풍류(風流)를 좋아한다. 특히 남자는 도화가 있고 일지가 관성(官星)이면 처갓집 덕으로 치부(致富)한다.
- 도화가 장생, 건록, 제왕 등 왕성한 십이운성에 해당하면 용모가 아름답다. 그러나 일지와 시지에 모두 도화가 있으면 주색으로 패가한다.
- 도화가 사, 절 등의 쇠약한 십이운성에 해당하면 교활(狡猾)하고 배은망덕(背恩忘德)하고 유탕(遊蕩)하다.
- 여자 사주에 역마와 도화가 동주하면 음란하여 수치를 모를 정도이며 정부와 타향으로 도망갈 수가 있다.
- 일지나 시지에 도화가 양인과 동주하면 학식이 있고 재주가 좋

으나 항상 몸이 약하다. (이때는 년지를 표준하여 도화를 정한다.)

- 도화는 형(刑)이나 합이 되는 것을 기피하며 공망되면 오히려 길하다.

- 도화와 편관이 동주하면 박복하고, 정관과 동주하면 복록(福祿)이 있다.

19. 고신(孤神), 과숙(寡宿) 및 격각살(隔角煞)

년지	子	丑	寅	卯	辰	巳	午	未	申	酉	戌	亥
고신	寅	寅	巳	巳	巳	申	申	申	亥	亥	亥	寅
과숙	戌	戌	丑	丑	丑	辰	辰	辰	未	未	未	戌

고신(孤神) 및 과숙(寡宿)은 앞의 표와 같으며, 격각살(隔角煞)은 시지가 일지와 한 자(字) 격(隔)한 것을 말한다. 즉 격각살은 子일 寅시, 丑일 卯시, 寅일 辰시 등이다.

이 살(煞)들이 있으면 다음과 같은 운명이 작용한다.

- 고신이 사주 속에 있으면 처를 극하며 고독하다.

- 과숙이 사주 속에 있으면 육친(六親)과 인연이 박하다.

- 과숙이 화개와 동주하면 남녀 다 중이 될 팔자다.

- 시지에 과숙이 있으면 자식들이 불초하다.
- 과숙이 역마와 동주하면 타향에 나가 방탕(放蕩)하게 지낸다.
- 과숙이 공망을 만나면 년소하여 고생이 있다.
- 격각살이 있으면 주로 형벌을 당한다.

20. 문창성(文昌星)

문창성(文昌星)은 다음과 같다.

일 간	甲	乙	丙	丁	戊	己	庚	辛	壬	癸
문창성	巳	午	申	酉	申	酉	亥	子	寅	卯

문창성이 사주 속에 있으면 사주 속의 흉성(凶星)을 길하게 만들며, 또 지혜가 있으며 총명과인하고, 문채(文采)가 있으며 풍류(風流)를 즐긴다. 그러나 문창성이 충되거나 합이나 공망되면, 그 작용을 못한다.

제**2**편

원
리
原
理

운명(運命)을 아는 자는 하늘을 원망치 아니하며
자기를 아는 자는 남을 원망치 아니한다.

〈유향〉

제1장

육신(六神) 및 십이운성(十二運星)

1. 육신(六神)이란?

지금까지는 사주의 천간 및 지지를 있는 그대로 상호 대조하여 간합, 삼합 및 형, 충, 파, 해 등을 찾아내어 운명에 작용하는 영향력을 감정(鑑定)하였는데, 이것은 간지를 그대로 소재(素材)로 하여 판단하는 것이므로 단식판단이라 할 수 있다.

본장에서 설명하려는 육신 및 십이운성법(十二運星法)은 간지를 상호 대조하여 그 사이에 일어나는 운명에 대한 작용력의 경중(輕重) 및 왕쇠(旺衰)를 육신 및 십이운성으로 표시하고, 그것이 사주조직에 있어서의 위치를 대조하여 미치는 영향력을 판단하는 것이다. 이것을 간합 및 형충 등의 단식판단법에 대한 복식판단법(複式判斷法)이라 한다.

육신 및 십이운성은 일간을 각주(各柱)의 간지와 대조하여 그 사이에 일어나는 운명에 대한 작용력을, 이를 추상(抽象)하는 성명(星名)으로서 표시한 것인데, 이것은 어디까지나 오행을 기초로 하는 것이므로 본편 「제2장 용신 및 격국」과 「제3장 간명비법」에서 설명하는 오행에 의한 운명감정법과 별개의 것이 아니라, 음양 및 오행의 생극(生剋)을 그것이 표시하는 숙명암시(宿命暗示)의 대표적 성정(性情)으로 기술한 것이므로 오행의 대명사(代名詞)라 할 것이다.

그리고 육신 및 십이운성에 의한 운명 판단법은 세밀하므로 직접 오행에 의한 운명 감정법 다음에 설명할 것이나 오행에 의한 운명 감정법을 해설하는 전제되는 사항이 많으므로 설명의 편의상 육신 및 십이운성을 먼저 설명한다.

육신은 일간을 기준으로 하여 이것을 사주의 천간과 지지를 대조하여 그 대조에 의하여 일어나는 운명적 작용을 표시한 것인데, 일간과 천간을 대조하여 표시하는 육신을 천성(天星)이라고 하고, 지지를 대조하여 표시하는 육신을 지성(地星)이라 한다.

육신에는 비견(比肩), 겁재(劫財), 식신(食神), 상관(傷官), 편재(偏財), 정재(正財), 편관(偏官), 정관(正官), 편인(偏印), 인수(印綬)의 10종이 있다. 10종이므로 십신(十神)이라 칭(稱)해야 할 것이나, 오행상 비견 및 겁재는 격(格)을 이루지 못하므로 제외하고 편재 및 정재와 편인 및 인수는 편정(偏正), 서로 작용이 같다 하여 재성(財星) 및 인성(印星)으로 통일하여 여섯 가지로 합하여 육신이라고 하는 것이다.

육신은 일간을 중심으로 하여 사주상의 전 간지와 대조하여 표시하는 것이므로 이에 의하여 추출(抽出)되는 운명적 암시는 십여 항에 달할 것이다. 이것을 전부 동일하게 감정하려면 각 항의 운명적 암시는 서로 상반되는 것도 있어 사주에 의하여 판단되는 운명이 어느 것인지 알 수 없고 모순과 혼란에 빠지게 된다.

이 혼란의 대부분은 사주상의 각주(各柱)가 표시하는 구획(區劃)을 이해하지 못한데서 일어나는 것이므로, 여기에 이에 대한 설명을 하여 둔다.

년의 간지 ─ 사주 중 년의 간지가 표시하는 운명은 한평생을 통한 것이며, 이를 대인관계로 비추어보면 존장(尊長) 및 상사(上司)를 말한다.

월의 간지 ─ 주로 성년(成年) 후의 운명을 표시하여 대인관계로 보면 형제자매 및 친구, 동료 등을 말한다.

일의 간지 ─ 일의 간지를 중심으로 하여 타간지를 대조하므로 일주는 지지만 대조의 대상이 된다. 일의 지지가 표시하는 운명은 주로 청년시대와 결혼 및 배우자의 일신상의 문제다.

시의 간지 ─ 주로 유년과 노년의 운명과 재운 및 건강을 보며 대인관계로는 자손 및 하인 관계를 표시한다.

2. 육신표출법(六神表出法)

육신에는 비견, 겁재, 식신, 상관, 편재, 정재, 편관, 정관, 편인, 인수의 10종이 있는데, 일간(日干)과 타주의 천간을 대조한 때에는 천성(天星)이라 하고, 일간과 지지를 대조한 때에는 지성(地星)이라고 한다. 따라서 육신에는 천성과 지성 두 가지가 있다.

우선 천성인 육신을 찾아내는 법을 알아보자.

비견   일간과 오행이 동일하고 음양이 또한 같은 것.
겁재   일간과 오행이 동일하나 음양이 다른 것.
식신   오행상 일간이 생하는 것으로 음양이 같은 것.
상관   일간이 생하는 것으로 음양이 다른 것.
편재   오행상 일간이 극하는 것으로 음양이 같은 것.
정재   일간이 극하는 것으로 음양이 다른 것.
편관   오행상 일간을 극하는 것으로 음양이 동일한 것.
정관   일간을 극하는 것으로 음양이 다른 것.
편인   오행상 일간을 생하는 것으로 음양이 동일한 것.
인수   일간을 생하는 것으로 음양이 다른 것.

이상 10개 항목을 암기해두면 즉각 육신을 알 수 있다.

예 甲을 일간으로 하여 육신을 찾아보면 다음과 같다.

甲   甲과 甲은 동일한 간이므로 비견이다.
乙   甲과 오행은 같으나 음양이 다르므로 겁재이다.

丙　丙의 오행은 화이므로 「목생화」하여 목인 甲이 丙을 생하며, 음양이 동일한 양이므로 식신이 된다.

丁　丁의 오행은 화이나 음양이 甲과 다른 음이므로 상관이다.

戊　오행이 양토이므로 양목인 甲에서 戊를 대조하면 「목극토」 되어 편재에 해당한다.

己　오행이 음토이므로 일간인 양목 甲이 극하며 음양이 다르므로 정재가 된다.

庚　양금이므로 「금금목」하여 甲목을 극한다. 또 음양이 서로 양이므로 편관에 해당한다.

辛　오행상 금이므로 목인 甲을 극하나 음양이 다르므로 정관이다.

壬　오행이 수이므로 「수생목」하여 甲을 생하여 음양이 다 양이므로 편인이 된다.

癸　오행이 음수이므로 인수가 된다.

己를 일간으로 하여 육신을 찾아보면 다음과 같다.

甲　오행이 己토를 극하는 목에 해당하고 음양이 서로 다르므로 정관이 된다.

乙　음토를 극하는 음목이므로 편관이 된다.

丙　양화인 丙은 「화생토」하여 음토인 己를 생하는 것이므로 인수이다.

丁　丙과 같은 화이나 음화이므로 편인이 된다.

戊　己와 동일한 토이나 음양이 서로 다르므로 겁재이다.

己　서로 음양 오행이 같으므로 비견이 된다.

庚　양금이므로 「토생금」하여 己토가 생하고 음양이 서로 다르므로 상관이다.

辛　음금이므로 식신이 된다.

壬　양수이므로 「토극수」하여 己토가 극하는 것으로 음양이 서로 다르므로 정재이다.

癸　음수이므로 편재가 된다.

육신조견표(六神早見表)									
육신 천간	비견	겁재	식신	상관	편재	정재	편관	정관	편인	인수
甲	甲	乙	丙	丁	戊	己	庚	辛	壬	癸
乙	乙	甲	丁	丙	己	戊	辛	庚	癸	壬
丙	丙	丁	戊	己	庚	辛	壬	癸	甲	乙
丁	丁	丙	己	戊	辛	庚	癸	壬	乙	甲
戊	戊	己	庚	辛	壬	癸	甲	乙	丙	丁
己	己	戊	辛	庚	癸	壬	乙	甲	丁	丙
庚	庚	辛	壬	癸	甲	乙	丙	丁	戊	己
辛	辛	庚	癸	壬	乙	甲	丁	丙	己	戊
壬	壬	癸	甲	乙	丙	丁	戊	己	庚	辛
癸	癸	壬	乙	甲	丁	丙	己	戊	辛	庚

사주 조직에 관하여 육신을 표시하는 예를 들면 다음과 같다.

• 丙子년 1월 20일 卯시생(남자)

　식신　丙子
　편관　庚寅
　　　　甲子
　상관　丁卯

대운(大運)을 비교하여 육신을 표시하는 법도 같다.

　정관　辛卯　　8세
　편인　壬辰　18세
　인수　癸巳　28세
　비견　甲午　38세
　겁재　乙未　48세
　식신　丙申　58세
　상관　丁酉　68세

• 乙亥년 1월 20일 卯시생(여자)

　정재　乙亥
　편인　戊寅
　　　　庚午
　인수　己卯

　인수　己卯　　4세

비견　庚辰　14세

겁재　辛巳　24세

식신　壬午　34세

상관　癸未　44세

편재　甲申　54세

정재　乙酉　64세

지성(地星)인 육신을 찾는 법은 다음과 같다.

지성도 천성(天星)과 마찬가지로 일간과 지지를 대조하여 표출(表出)하는데, 지지를 간(干)으로 고쳐서 육신을 표출하는 점이 다르다.

육신은 어디까지나 간(干)과 간(干)을 상호 대조하여 표출하는 것이므로 지지의 경우 그 지(支)가 보유하고 있는 상의(象意), 이기(理氣)에 따라 이를 간으로 환화(換化)하여 일간과 대조한다.

고로 지지가 여하한 간으로 환화되느냐 하는 것을 십이지 전부에 대하여 알아야 하는데, 여기 문제되는 것은 하나의 지가 각각 하나의 간으로 환화되는 것이 아니라, 하나의 지는 그것이 보유하고 있는 상의와 이기에 의하여 두 가지 이상 네 가지의 간으로 환화될 수 있다는 것이다.

원래 지(支) 속에는 간(干)이 들어있는데, 이를 지장간(支藏干)이라한다. 간은 하늘을 상징(象徵)하고 지는 땅을 상징하는데, 대지(大地)가 초목을 키우고 백과(百果)를 풍숙(豊熟)하게 하는 것은 하늘의 양기(陽氣)를 받아들였다고 보는 것이 음양지도(陰陽之道)이므로, 사주에서도 땅의 상징인 지(支) 속에 하늘의 상징인 간(干)을 포함한 것으로 보는 것이다. 이것이 지장간이다.

장간(藏干)은 여기(餘氣), 중기(中氣), 정기(正氣)로 삼분된다. 여기는 앞순위의 지의 오행과 동일한 간을 취하여 지의 절기는 변했으나 아직도 앞절기의 지의 영향하에 있는 것을 나타내고, 중기는 여기부터 정기에 이르는 중간의 기(氣)로서 그 지가 삼합(三合)하여 오행화하는 간을 취한 것이고, 정기는 그 지가 지닌 오행과 동일한 간을 취했다.

이 여기, 중기, 정기의 각간이, 보유되는 지내에서의 구간을 장간분야(藏干分野)라고 하는데, 그 분야는 십이지마다 다르다.

각 지의 장간 및 장간 분야는 다음과 같다. 장간 분야는 지지를 월지에 해당시켜 볼 때의 편의를 위하여 30분 비율(比率)로 표시했다.

장간 분야표(藏干 分野表)					
지	여 기		중 기		정 기	
子	壬	10·35		—	癸	20·65
丑	癸	9·30	辛	3·10	己	18·60
寅	戊	7·23	丙	7·23	甲	16·54
卯	甲	10·35		—	乙	20·65
辰	乙	9·30	癸	3·10	戊	18·60
巳	戊	5·17	庚	9·30	丙	16·53
午	丙	10·35	己	9·30	丁	11·35
未	丁	9·30	乙	3·10	己	18·60
申	己	7·20	戊 3·10 壬 3·10		庚	17·60
酉	庚	10·35		—	辛	20·65
戌	辛	9·30	丁	3·10	戊	18·60
亥	戊	7·23	甲	5·17	壬	18·60

지성(地星)은 이상 지장간 중 어느 장간을 선택하여, 이를 일간과 대조하여 육신을 찾아내야 할 것인데, 지장간 중 계절에 따라 여기, 중기, 정기의 간을 교대로 취하여야 한다는 주장도 있으나, 계절의 하시를 막론하고 지지의 오행을 표시하는 정기(正氣)의 간으로서 지지의 간화된 것으로 합이 타당하다. 이것이 간결하면서도 오행의 원리에 부합하며 또 널리 쓰여지고 있다.

이 방법에 의한 지성의 표출법을 예시하면 다음과 같다.

일간이 甲이라면

子　정기는 癸이므로 인수가 된다.
丑　정기는 己이므로 정재가 된다.
寅　정기는 甲이므로 비견이 된다.
卯　정기는 乙이므로 겁재가 된다.
辰　정기는 戊이므로 편재가 된다.
巳　정기는 丙이므로 식신이 된다.
午　정기는 丁이므로 상관이 된다.
未　정기는 己이므로 정재가 된다.
申　정기는 庚이므로 편관이 된다.
酉　정기는 辛이므로 정관이 된다.
戌　정기는 戊이므로 편재가 된다.
亥　정기는 壬이므로 편인이 된다.

癸酉년 4월 3일 己시생

사주	간지	장간	천성	지성
년	癸酉	(辛)	비견	편인
월	丙辰	(戊)	정재	정관
일	癸亥	(壬)	―	겁재
시	丁巳	(丙)	편재	정재

3. 비견(比肩)

비견은 형제, 친구, 조카, 남편의 첩(妾)을 표시하고, 그 특성으로서는 분가(分家), 양자(養子), 독립(獨立), 이별(離別), 분리(分離) 등이다. 자존심이 강하고 과단독행(果斷獨行)하여 자기의 주장을 고집하여 타인과 불화쟁론(不和爭論)에 빠지고 나아가 비방불리(誹謗不利)를 초래하기 쉽다. 그리고 심성(心性)이 고독하여 사회에 나가 사람들과 교제하기를 싫어한다.

- 사주에 비견이 과다(過多)하면
  1. 형제자매와 서로 싸우고 친구와도 서로 분리되고,
  2. 남자는 처자와 여자는 남편과 이별하고,
  3. 평생을 통해 노고(勞苦)가 많고 여자와 인연이 없다.
- 비견(比肩)이 형, 충, 파, 해되면 형제 및 친구의 도움이 없다.

- 비견이 공망(空亡)되면 남자는 부친과 인연이 없고 극처(剋妻)하며, 여자는 남편 및 자식과 인연이 박하고, 형제는 서로 불화하여 동거하지 못한다.
- 사주의 천성과 지성이 모두 비견이면 두 집안을 관장(管掌)하든지 양자로 가기 쉬우며, 부친과 인연이 박한 경향이 있다.
- 비견과 동주에 겁재가 있으면 형제, 부부간에 구설과 고정(苦情)이 있으며, 친척 또는 타인으로 인하여 손해 보기 쉽고, 부친과 사별하며, 결혼이 늦는 경향이 있다.
- 년간에 비견이 있으면 자기와 손위의 형님 또는 누님이 있거나 양자가 될 팔자며, 월간에 비견이 있으면 반드시 형제자매가 있다.
- 월지에 비견이 있으면 사주에 관살이 없는 한 성질이 다소 난폭하다.
- 시간에 비견이 있으면 자기의 상속자가 양자인 경우가 많다.
- 비견이 묘(墓), 사(死), 목욕(沐浴)과 동주(同柱)에 있으면 형제가 일찍 죽는 일이 있다.

甲	甲	癸	戊
子	午	亥	申
목욕	사	장생	절

위의 사주는 시간의 甲목이 비견이 되는데 甲일에서 子는 목욕에

해당한다.

고로 형을 일찍 사별하고, 동생도 중년에 사별하였는데 한평생을 통해 형제 덕이 전무하였다.

- 여자 사주에 비견이 많으면, 색정(色情)으로 인한 번뇌(煩惱)가 많으며, 가정불화도 종종 있다.
- 비견과 겁재가 동주(同柱)에 있으면, 부부가 불목(不睦)하다.
- 여자 사주에 비견 겁재가 강하면 독신으로 지내는 수가 많으며, 첩(妾)이 되는 수도 있다.
- 여자 사주에 비견이 강하고 관살이 약하면 부부간의 애정이 희박하며, 비견이 천간에 많으면 다정하여 실정(失貞)하기 쉽다.

4. 겁재(劫財)

겁재는 비견과 같이 형제, 이복형제, 남편의 첩을 표시하는 육신으로서 그 특성은 교만불손(驕慢不遜)하고 쟁투폭려(爭鬪暴戾)를 의미한다. 따라서 타인을 너무 낮춰보는 버릇이 있을 뿐만 아니라 부부가 서로 상극하여 배우자가 변하는 경우가 많다. 특히 야망만 커서 투기와 요행(僥倖)을 바라고 그것으로 인하여 손재, 파산하고 이산, 고정(苦情)을 초래하기 쉽다.

따라서 사주 중에 겁재가 많으면 남녀 공히 배우자와 자녀를 극해하고 형제, 자매, 친구 간에 불화를 일으키기 쉬우며 세상의 불신 및 비방을 초래하기 쉽다.

사주 중에 편인이 있으면 이와 같은 특성은 더욱 강해지나 반면 정관이 있으면 폭열(暴烈)한 특성은 제압되어 손실이 이익으로 변하고 불손이 고매(高邁)한 성격으로 전환된다. 그러나 대체로 나쁜 특성을 완전히 없앨 수는 없으며, 따라서 특히 공동사업 등에는 가장 부적합하다는 암시가 있다.

- 사주 중에 겁재가 특히 많으면 남자는 처를, 여자는 남편을 극하고 구설수가 많다. 특히 남자는 겁재와 비견이 사주의 대부분을 차지하면 화류계(花柳界)에 있는 여성을 정처(正妻)로 삼는 경우가 많다.
- 사주 중의 어느 기둥의 천성과 지성이 모두 겁재면 부친을 일찍 사별하고 부부 또한 이별할 수가 있으며, 타인과 공동사업을 경영하면 반드시 파탄을 초래한다.
- 사주 중 이주(二柱)에 겁재와 양인이 같이 있으면 외면은 화려해 보여도 내면은 곤고(困苦)하며 가정 또한 적막하다. 혼담(婚談) 또한 파하기 쉬우며 재물로 인하여 화를 입는 경우를 종종 당한다.
- 사주상 어디든지 겁재가 있으면 혼담은 한 번만으로 정해지지 아니하며, 형제 중에 이복형제가 있는 수가 많다.

- 년 또는 월중에 겁재가 있으면 장자(長子)는 못된다.
- 겁재와 상관이 같은 기둥에 있으면 만심만정(滿心慢情)하여 무뢰한(無賴漢)이 되며, 또 이것이 시주(時柱)에 있으면 자손에게 해로운 일이 있다.
- 겁재, 상관과 양인이 동주(同柱)하면 계옥(繫獄), 검난(劍難) 또는 변사(變死)의 재화(災禍)를 당하지 아니하면 단명하거나 극빈할 경우가 많다.

5. 식신(食神)

식신은 남자에게 장인(丈人), 장모(丈母), 조카 및 손자를 의미하고 여자에게는 자식, 손자 및 친정의 조카를 의미한다.

식신은 그 특성이 의식주가 풍부함을 의미하고 소득, 봉록(俸祿), 자산, 가재(家財) 등이 윤택함을 나타낸다. 또 신체가 풍비(豊肥)하고 성질이 명랑화창(明朗和暢)하며 복록(福祿)이 많다.

그러나 일면 앉아서 자식들의 공양을 받는다는 뜻이 있으므로, 적극적으로 대사업을 경영하기에는 힘이 모자라는 유감이 있다. 인의 도덕(仁義道德)의 이념이 깊고 자녀와 인연이 많은 것은 이 육신의 미점(美點)이나 심미적(審美的) 성능을 가지고 가무(歌舞)를 즐기는 일면 색정(色情)에 빠지기 쉬운 결점이 있다.

비견을 만나면 이상과 같은 특성은 더욱 강화되는 반면, 편인을 만나면 약화되어 특성인 인덕길경(仁德吉慶)도 허무하게 된다.

- 사주에 식신이 너무 많으면 자식복이 없으며, 여자는 호색(好色)으로서 과부가 되거나 첩노릇을 한다. 특히 양일(陽日)생은 창녀(娼女)가 되기 쉬우며, 음일(陰日)생은 기생 또는 여급(女給)이 되기 쉽다.
- 사주 속에 식신이 넷이나 있으면 신체가 허약하고 부모 덕이 없다.
- 식신이 많고 편관이 아주 희미하면 자식이 없고 신체가 허약하다.
- 사주에 식인이 하나만 있으면 팔자가 좋으며, 그리고 일지에 정관이 있으면 부귀한다. 월지에 건록(建祿) — 이것은 다음 장 십이운성에서 설명한다 — 을 만나면 크게 발달할 팔자며 생시에 건록이 있을 때도 또한 같다.
- 월주에 식신이 있고 시주에 정관이 있으면 크게 발전할 팔자며, 특히 관리(官吏)로서는 크게 출세한다.
- 일지에 식신이 있으면, 사주 속에 편인이 없는 한, 처첩(妻妾)의 신체가 비대하며 마음이 관후하다.
- 월지에 식신이 있는 신강이면 신체가 비대하고 명랑하며 음식을 좋아한다.
- 사주에 식신이 있고 편인이 없으면 한평생 큰 도난(盜難)을 당하지 않는다고 한다.

- 식신이 편인에 의하여 극해(剋害)되면 다음과 같은 경향이 있다.

  1. 신체가 왜소(矮小)하거나 추하며, 한평생 곤고하지 아니하면 단명하고 성사되는 일이 없다.

  2. 여자는 산액(產厄)이 있으며 규방(閨房)이 공적(空寂)하다.

  3. 시주에 식신과 편인이 같이 있으면, 유아(幼兒) 때 젖이 부족했던 일이 있다.

  4. 식신이 편인을 많이 만나면 늙어서 먹을 것이 부족하거나, 음식물 중독 또는 아사(餓死)할 경우가 있다.

- 여자 사주의 시주에 식신과 건록 또는 제왕이 같이 있으면 그 자식이 반드시 크게 발달한다.

- 사주에 식신이 있고 비견, 겁재 등이 이를 생왕(生旺)하게 하고 편인이 없거나 식신이 형충파해되지 아니하면 부귀하고 덕망이 있으며 신체 건강하여 한평생을 행복하게 지낼 수 있다. 고로 고서(古書)에도 식신유기(食神有氣)면 승재관(勝財官)이라고 식신이 아름다운 사주를 재관이 있는 사주보다 더 높이 평가하고 있다.

戊 戊 庚 庚
午 辰 辰 申

丙 乙 甲 癸 壬 辛
戌 酉 申 未 午 巳

이 사주는 시지의 午화, 즉 인수가 토를 생하고 戊와 辰토가 다시 식신, 즉 庚·申금을 생하여 식신이 대단히 왕성하다.

고로 일찍 관도에 올라 한평생 관운이 그치지 아니하였으며, 30여 년 동안 재상(宰相)을 지냈다.

- 식신이 형충되면 유년시(幼年時) 어머니의 젖이 부족한 일이 있지 아니하며 어머니와 이별할 수가 있으며, 식신이 사, 절, 병 또는 목욕 등의 십이운성을 만나면 자식이 불효하지 아니하며 극자(尅子)하는 일이 있다.

  또 이상과 같이 식신이 형충되거나 사, 절, 목욕 등의 십이운을 만나거나 편인에 의하여 극파(尅破)되면 직업이 미천(微賤)하고 박복하다.

- 사주의 년간에 식신이 있고 지지에 비견이 있으면 왕왕 부잣집 양자로 갈 수가 있으며, 혹은 경제적 재능이 있거나 타인의 도움을 받는다. 그러나 지지에 겁재가 있으면 남의 흉사(凶事)로 인하여 이득(利得)할 수가 있다.

- 식신과 편관이 동주(同柱)에 있으면 노고(勞苦)가 많고, 다시 사주에 편인이 있으면 큰 재해(災害)를 당한다.

- 사주에 식신, 겁재와 편인이 같이 있으면 요사(夭死)한다.

- 식신 편관이 있고 양인을 만나면 비범한 인물이다. 그러나 양인이 여러 개 있으면 평생 노고가 많다.

- 신왕(身旺) ─ 이것은 다음 「제2장 용신 및 격국」에서 설명한다 ─

이고 사주에 식신과 재가 있으면 여러 사람의 애고(愛顧)를 받아 매사를 성공시키며 또 염복(艶福)이 있다. 여자는 자식 중에 효자가 있다.

6. 상관(傷官)

상관은 조모(祖母) 또는 외조부(外祖父)를 나타내고, 남자에게는 첩의 어머니, 여자에게는 자식들을 의미한다.

상관은 교만하여 사람을 얕보는 특성이 있다. 고로 비록 내심은 온정을 품고 또 예술적 소질이 있더라도 타인의 오해와 비방을 받기 쉬우며, 세인의 반대, 방해, 경쟁, 실권(失權), 소송(訴訟) 등을 야기하기 쉽다. 만약 사주에 인수 또는 편인이 있으면 이상과 같은 흉조(凶兆)는 제압되며 무사하나 비견 또는 겁재가 있으면 상관의 특성은 가일층 증가된다.

- 사주에 상관이 많으면 자식을 극해한다. 그러나 신왕이면 종교가, 예술가 또는 음악가로서 이름을 얻는다.
- 사주에 상관만 많고 정관이 없으면 관골(觀骨)이 높고 눈썹이 거칠며 눈빛이 예리하다. 그리고 재예(才藝)가 있고 음악을 즐기나 인품은 교만(驕慢)하다.

- 사주에 상관만 있고 인수가 없으면 욕심이 많으며, 재(財)가 없으면 비록 잔재주는 있으나 빈천(貧賤)하다.
- 상관과 겁재가 같이 있으면 재산을 목적으로 결혼하는 탐욕(貪慾)에 찬 사람이다.
- 상관, 겁재 및 양인이 있고 다시 상관 삼합(三合)이 있으면 조상의 이름을 더럽히는 수가 있다.

예를 들면, 다음과 같은 사주다.

丁　甲　壬　庚
卯　寅　午　戌

寅午戌 삼합하고 그 오행이 화이므로 상관이 되며 丁·午 또한 甲일에서 보면 상관이다.

- 년주의 천성, 지성이 모두 상관이면 단명하며 부귀하더라도 길지 못한 경향이 있다.
- 년간이 상관이면 부모 덕이 많지 아니하며 생가에 오래 머물지 아니한다.
- 년주와 월주에 상관이 있으면 부모처자가 완전할 수 없으며, 다시 겁재가 있으면 생가가 빈천하고 평생 노고가 많다.
- 월주의 천성과 지성이 모두 상관이면 형제의 버림을 받고 부부

이별수가 있다.

- 년주에 상관이 있고, 월주에 재가 있으면 복록이 있다.

- 년주와 시주에 상관이 있으면 남녀를 불문하고 그 자식에게 해로운 일이 있다.

- 일지에 상관이 있으면 처자가 완전하기 곤란하며, 비록 뜻은 높으나 예술적 재능은 없다. 그러나 시주에 재성이 있으면 소년시절에 영달(榮達)한다.

- 시주에 상관이 있으면 자손이 해롭다.

- 상관과 정관이 같이 있으면 호색다음(好色多淫)한 경향이 있다.

- 상관과 양인이 동주(同柱)에 있으면 남의 집 하인 노릇을 하기 쉬우며 부친에게 해로운 일이 있다. 그러나 사주 속에 재가 없으면 남달리 아름다운 것을 좋아하며 사물에 대하여 영민하다.

- 상관과 십이운성의 사(死)가 동주하면 성질이 우유부단(優柔不斷)하고 질투심이 강하다.

- 삼명통회(三命通會)에 의하면, 월주에 상관이 있고 또 상관삼합이 있으며, 형충파해와 관성(官星)이 없는 경우와 월지 및 시주에 상관이 있고 사주에 관성이 없는 경우, 이를 「상관상진(傷官傷盡)」이라고 하여 상관상진된 사주에 인수와 재가 있으면 극귀(極貴)한다고 한다. 후세의 운명가(運命家)들이 이를 그대로 저서(著書)에 기재하고 있으나 이를 그대로 신봉하기 힘들며 다만 하나의 경향으로 참작하여야 할 것이다.

그리고 상진한 사주에 재가 없으면 비록 성질이 기민하고 예술적 재능이 있으나 심성이 거만하고 음험(陰險)하여 남의 기탄(忌憚)을 받는 일이 많다.

- 여자 사주에 상관이 있으면 다음과 같은 경향이 있다.
  1. 사주에 상관만 많고 재가 없으면 부부 해로(偕老)하기 힘들다.
  2. 상관과 편인이 동주하면 자식과 남편 복이 없는 경향이 있다.
  3. 년주에 상관이 있으면 산액(産厄)이 있으며,
  4. 일지에 상관과 양인이 같이 있으면 그 남편이 횡사(橫死)한다.
  5. 상관이 많으면 혼담에 장해가 많으며 결혼 후 이별수가 있으나, 상관이 공망(空亡)되면 이를 면할 수 있다.
  6. 상관만 있고 관성이 없는 여자는 정조관념(貞操觀念)이 강하며, 그 남편이 죽은 후에도 수절하는 수가 많다.

7. 편재(偏財)

편재는 남자에게는 아버지와 첩 또는 처의 형제들을 의미하고, 여자에게는 아버지와 시어머니를 의미하며 시주에 있는 편재는 손자를 의미한다.

이 육신의 특성은 강개(慷慨)의 정신이 있고, 좀 변굴(變屈)한 점이 있으나 자성(資性)이 담백하고 수식이 없다. 일견 재복이 많은 것 같아도 산실(散失)도 빠른 고로 단순히 금전의 출입이 빈번함을 의미함에 불과하다.

의로운 일에는 돈을 아끼지 아니하며 돈복과 여자복은 많으나 반대로 이로 인하여 재화(災禍)를 당할 수도 많으니 조심할 일이다.

남자는 풍류심(風流心)이 있어 외첩(外妾)을 두거나 여난(女難)을 당하기 쉬우며, 여자는 아버지 또는 시어머니로 인하여 고생하는 수가 많다.

남녀 불문하고 타향에 나가 출세하는 경향이 많다.

식신 또는 상관이 있으면 이와 같은 특성은 더욱 강해지나 비견이 있으면 약화된다.

- 사주에 편재가 많으면 다욕다정(多慾多情)하고 주색을 좋아하며 처보다 첩을 더 사랑한다. 그리고 양자로 가거나 타향에 나가 성공하는 수가 많다.
- 년주에 편재가 있으면 집안 재산이 반드시 자기 소유로 돌아오며, 또 능히 조상의 업무를 계승한다. 그러나 상속이 좀 늦어지는 경향이 있다.
- 년주의 천성과 지성이 모두 편재면 양자로 간다.
- 편재는 월주에 있는 것이 가장 좋으며, 타주에도 또 편재가 여러 개 있으면 박복하다.
- 월주에 편재가 있고 시주에 겁재가 있으면, 선부후빈(先富後貧)

하는 경향이 있다.

- 시간에 편재가 있고 사주 중에 겁재 또는 비견이 있으면, 가산을 탕진하고 상처한다.
- 신왕이고 편재 또한 왕성하면 실업가로서 크게 성공한다.
- 편재가 왕성하고 사주에 천월이덕(天月二德)이 있으면, 그 부친이 현명하고 명망이 있으며 유복한 사람이다.
- 편재가 천간에만 있으면 의로운 일에 재산을 희사하며 술 혹은 계집을 좋아한다.
- 천성과 지성이 모두 편재면 재복과 여복(女福)이 많으며 경제적 수완이 있다. 이것이 월주에 있으면 고향을 떠나 성공한다.
- 편재와 편관이 동주에 있으면 부친 덕이 없으며 여자로 인하여 손재(損財)하기 쉽다. 편재와 비견이 동주하여도 마찬가지다.
- 편재와 장생(長生)이 동주하면 부자(父子)가 화목하다.
- 편재와 묘(墓)가 동주하면 부친을 일찍 사별한다.
- 편재와 목욕(沐浴)이 동주하면 부친이 풍류(風流)를 즐긴다.
- 년주에 편재와 비견이 동주하면 부친이 타향에서 사망하는 수가 있다.
- 편재를 공망하면 부친 덕이 없으며 여자 관계도 오래 가지 못한다.
- 여자로서 편재가 사주에 많으면 오히려 재복이 없으며, 또 편재와 쇠(衰)가 동주하면 남편과 일찍 사별하는 경향이 있다.

8. 정재(正財)

정재는 백부 또는 백모를 표시하여 남자에게는 처를 의미하고, 여자에게는 시어머니를 의미한다.

또 정재는 명예, 번영, 자산(資産) 또는 신용을 의미하고, 복록(福祿)과 길상(吉祥)을 나타낸다. 그 정신은 정의와 공론(公論)을 존중하고 시비를 분명히 하며 의협심(義俠心)이 강하다. 그리고 명랑하여 주색을 좋아하며, 결혼운이 좋은 반면 색정에 빠질 염려가 있다.

즉 정재가 있으면 양처(良妻)를 얻어 복록을 누리나, 정재가 많으면 여색으로 인하여 파재하며, 생모를 극해하고 생가를 계승하지 못하기 쉽다.

사주 중에 겁재가 있으면 이와 같은 길상(吉祥)은 허무하게 되나, 식신이 있으면 경복(慶福)이 더욱 증가된다.

- 월지에 정제가 있으면 성격이 독실단정(篤實端正)하고 인망이 있으며 매사를 성실 원만하게 처리한다. 그리고 일반적으로 검소하고 저축심이 있으나 정재와 묘가 동주하면 인색하여 수전노(守錢奴)라는 이름을 듣는다.
- 사주에 정재가 많으면
  1. 정(情)으로 인하여 손재하기 쉬우며 엄처시하(嚴妻侍下)에 있게 된다.
  2. 또 어머니와 이별하기 쉬우며, 신약(身弱)이면 재산을 모으기

힘들며 비록 배운 것은 있으나 빈한(貧寒)하게 된다.

- 년간에 정재가 있으면, 조부(祖父)가 부귀(富貴)한 사람이다.
- 년과 월주에 정재와 정관이 있으면 부귀할 집안에 태어난다.
- 월간에 정재가 있으면 부지런하다.
- 일지에 정재가 있으면 처의 내조(內助)가 있다.
- 시간에 정재가 있으면 자수성가하나 그 성질이 조급하다. 또 그 정재가 형충파해되지 아니하고 겁재가 없으면 처자가 길하다.
- 정재는 천간에 있는 것보다 지지에 있는 것이 좋으며 지지 중 월지에 있는 것이 가장 좋으며, 그 다음은 일지와 시지다. 특히 월지에 있으면 호문숙녀(豪門淑女)를 처로 맞이한다.
- 천성이 정관이고, 지성이 정재면 고귀한다.
- 사주에 정재와 식신이 가까이 있으면 처의 내조가 있으며 또 정관과 가까이 있으면 현처를 맞이한다.
- 사주 중에 정재와 비견이 있고, 정재가 도화살 또는 목욕과 동주하면, 그 처가 다정하여 부정(不貞)하다. 그리고 정재가 쇠, 묘 또는 절(絶) 등의 십이운성과 동주하면, 처의 신체가 허약하거나 우매(愚昧)하며 그렇지 아니하면 반드시 재가(再嫁)한다.
- 정재와 겁재가 동주하면 부친덕이 없거나 빈곤하며, 인수와 동주하면 지망(志望)을 성취하기 힘들다.
- 정재가 공망되면 재화를 얻기 힘들며 처연이 박하다.
- 여자 사주에 정재와 정관, 인수가 있으면 재색(才色)을 겸비한다.

- 여자 사주에 정재가 너무 많으면 반대로 빈천하다.
- 여자 사주에 정재와 인수가 너무 많으면 음란(淫亂)하거나 천부(賤婦)가 된다.
- 사주 중의 정재와 인수가 서로 파(破)가 되면 시어머니와 사이가 좋지 못하다.

9. 편관(偏官)

편관은 일명 칠살(七煞)이라고도 하는데, 이것은 남자에게는 자식 또는 백모(伯母), 조부(祖父), 사촌형제 등을 표시하고, 여자에게는 정혼(正婚) 외의 남편 또는 남편의 형을 의미한다.

편관의 특성은 권병(權柄), 완강(頑剛), 투쟁, 성급(性急), 흉폭(凶暴), 고독(孤獨) 등이다.

사람에 따라서는 권력(勸力)을 믿고 행패를 부려 비난을 사는 경향이 현저하나 일면 협기(俠氣)가 있어, 여러 사람의 두목(頭目), 군인 또는 협객(俠客)이 될 가능성이 많다. 오늘날 대귀(大貴) 또는 대부(大富)하는 사람 중에 편관이 있는 사주를 가진 이가 많다.

사주 속에 식신(食神)이 있으면 흉폭(凶暴) 등의 편관의 특성은 억제되어 길상(吉祥)만을 초래하나 편재가 있을 때에는 특성이 억제되지 않고 더욱 증가된다.

- 년주에 편관이 있을 때 장남(長男)으로 태어나면, 부모에게 불리한 일이 있다.
- 월주에 편관과 양인이 동주하면 어머니와 일찍 이별한다.
- 일지에 편관이 있으면 성질이 조급하나 총명영리(聰明怜悧)하다. 그러나 묘(墓)와 동주하면 매사에 걱정이 많으며 즐거움이 적다.
- 시주에 편관이 있으면 성질이 강직하고 불굴(不屈)의 기상이 있다. 그러나 아들은 늦게야 얻게 된다.
- 사주에 편관과 식신이 있으면 대귀하지 아니하며 큰 부자가 된다. 그러나 신약(身弱)이거나 식신이 너무 많으면 오히려 빈한하게 지낸다.
- 편관과 편재가 동주하면 아버지와 인연이 박하다.
- 편관과 인수가 사주에 있으면 큰 일을 할 팔자며 때때로 자기를 중심으로 큰 세력을 만든다. 그리고 인수보다 편관이 성하면, 무관(武官)으로 출세하고 인수가 성하면 문관(文官)으로 출세하는 경향이 있다.
- 편관, 양인 및 괴강(魁罡)이 동주하면 군인으로 크게 공명(功名)을 세운다.
- 편관과 편인이 동주하면 외국을 편력(遍歷)하지 아니하며 행상인이 될 팔자다.
- 사주에 정관과 편관이 같아 있으면 관살혼잡(官煞混雜)이라 하

여 사람됨이 잔꾀에 능하고, 호색다음(好色多淫)하며 의외의 재화(災禍)를 당하거나 잔근심이 그치지 아니한다. 그러나 합관유살(合官留煞) 또는 합살유관(合煞留官)이 되면 오히려 귀격(貴格)이 된다. — 이것은 「제2장 용신과 격국」 「3. 관살」에서 다시 자세히 설명한다.

편관과 공망이 동주하면 윗사람의 애고(愛顧)를 받기 힘들며, 여자는 남편과 인연이 박한 경향이 있다.

• 여자 사주에 편관이 많고 다시 정관이 있으면 반드시 재가할 팔자며 부모 덕이 박하다. 사주에 편관이 다섯 개 있으면 창부(娼婦)가 된다고 한다.

• 사주에 편관이 많고 다시 정재와 편재가 있으면 남편 외에 밀부(密夫)를 두는 경우가 많다.

• 여자 사주에 정관이나 편관은 남편을 의미하는 것이므로, 정관이나 편관이 하나 있는 것이 가장 좋으며 관살혼잡이 되면 실절(失節)할 염려가 있다. 특히 관살혼잡되고 다시 삼합(三合)이 있으며, 음란(淫亂)하여 그 정부(正夫)를 알아보지 못할 정도라 한다.

• 여자 사주에 편관이 있는 지지(地支)가 충되면 부부가 불화(不和)한다.

• 여자 사주에 편관이 하나 있고 식신과 양인이 있으면 팔자는 좋으나 그 성질이 강강(剛强)하여 남편을 고히 시중 못한다.

• 정·편관이 동주하고 다시 사주에 비견과 겁재가 많으면 자매(姉

妹)가 한 남편을 서로 다툰다고 한다. 즉 남편이 축첩한다.

- 戊午, 丙午, 壬子일생으로 사주에 편관이 있으면 남편과 이별수가 있는데, 첩이 되거나 간호원 또는 조산원이 되면 면한다고 한다.

- 편관이 왕성하고 신약이면 고독하고, 반면 편관이 극히 약하고 다시 합(合)이 되어 다른 육신으로 화하면 천격(賤格)이다.

- 여자 사주에 편관과 목욕이 동주하면 남편이 풍류호색(風流好色)이고, 장생과 동주하면 귀부(貴夫)와 인연이 있고, 묘와 동주하면 사별한다.

10. 정관(正官)

정관은 남자에게는 자식과 조카를 의미하고, 여자에게는 정부(正夫)와 조모(祖母)를 의미한다.

특성은 품행이 단정하고 재지발신(才智發伸)하며 장상(長上)을 존경하는 것 등이다. 또 가계(家系)가 정통(正統)이며, 명예 및 신용이 있으며, 자비심이 많고 용모단려(容貌端麗)하고 인품이 순정(純正)하다.

이와 같이 정관은 길상을 나타내는 육신이나 사주에 너무 많을 때는 오히려 해로워서 곤궁을 면치 못하며, 여자는 일부종사(一夫從事)하기 힘들다.

사주에 정재 또는 편재가 있을 때는 길조가 더욱 증가되나, 상관이 있을 때는 길조는 사라지고 오히려 권위 및 명예가 손상되고 상속(相續) 및 자식에게 해로운 일이 생긴다.

- 정관이 사주에 많을 때는 가계(家計)가 풍족치 못하며, 큰 재화를 당한다.
- 정관이 하나만 있고 편관 및 상관이 없으면, 독후강직(篤厚剛直)한 군자가 된다.
- 년주에 정관이 있으면 장남으로 태어나거나 차남으로 태어나더라도 일가의 후계자(後繼者)가 된다. 그리고 청년시대부터 발달하는 경향이 있다.
- 월지(月支)에만 정관이 있으면 일생 빈곤하지 않으며 인수가 있고, 형충파해가 없으면 부귀하고 다시 정관대운을 만나면 대귀 또는 대부할 팔자다.
- 월주에 정관이 있으면 장남이 아닌 경우가 많으며 한평생 노고가 적다.
- 일지에 정관이 있으면 자수성가하며 성질이 명민하여 임기응변하는 재주가 있고, 현처와 인연이 있다.
- 시주에 정관이 있으면 주로 만년(晩年)에 발달하며 현량(賢良)한 아들을 둔다.
- 대체로 사주에 정관이 눈에 띄면 그 용자(容姿)가 아름답고 음성

이 명랑하다.

- 정관이 사주에 있더라도 인수가 없으면 명리(名利)를 얻기 힘들다.
- 장생과 동주하면 학식이 있다.
- 여자 사주에 형충파해와 상관 및 편관이 없고 정관과 재만 있으면, 남편 덕이 있으며 천월덕(天月德)과 천을귀인(天乙貴人)이 있으면 더욱 좋다.
- 정관과 장생이 동주하면 귀부(貴夫)와 인연이 있으며, 목욕과 동주하면 남편이 호색이며 사, 묘, 절 및 공망과 동주하면 남편 덕이 없다.
- 사주에 정관이 너무 많으면 부부간이 불화하며 독신 아니면 무기(舞妓)가 되거나 심하면 여급(女給) 또는 창녀가 된다.
- 정관과 역마가 동주하면 신체의 이동이 많고, 도화와 동주하면 남편의 성질이 온순하다.
- 정관이 합이 되면 애교가 있으며 다정하다. 또 인수가 많으면 규방(閨房)이 적막하다.

11. 편인(偏印)

편인은 계모 및 유모를 의미하고, 남자에게는 첩의 아버지 또는 어머니의 형제를 나타내고, 여자에게는 어머니의 형제를 나타낸다.

이 육신의 특성은 복수(福壽)를 해치고 식신을 파극한다. 이것이 편인을 도식(徒食)이라고 부르는 소이이다. 편인은 또한 파재(破財), 실권(失權), 병재(病災), 이별(離別), 고독(孤獨), 박명(薄命), 색난(色難) 등을 의미한다. 고로, 사주에 편인이 많으면 어떤 형태로서도 불행은 찾아오기 마련이다.

또 성질도 처음에는 부지런하나 곧 권태를 느껴 나중에는 태만하여져서 매사를 용두사미(龍頭蛇尾)로 끝내기 쉽다. 비록 도량은 넓으나 변덕이 많은 단점이 있다. 그러나 편업(偏業)에는 적합한 점이 있어 학자, 예술가, 의사, 승려, 배우 등으로 이름 있는 사람들의 사주에는 편인이 많다.

편인이 관살을 만나면 이와 같은 특성이 증가되나 편재를 만나면 억제된다.

- 사주 중에 편인이 많으면 일찍 부모와 이별하고, 처자와도 인연이 박하여 재화가 있거나 명예를 해치는 일이 있다. 특히 여자의 경우에는 더욱 심하다.
- 사주 중에 편관과 식신이 있고 편인을 만나면 재복이 한결 같지 아니하며 신체가 왜소(矮小)하다.
- 년주에 편인이 있으면 조업(祖業)을 파하는 경향이 있으며, 양(養)과 동주하면 계모에 의하여 양육된다.
- 월지에 편인이 있으면 의사, 배우, 운명가, 이발사 등 편업에 적

합하다. 그러나 쇠, 병, 사, 절 등의 십이운성과 동주하면 인기(人氣)가 없고 또 사주에 식신이 있으면 손윗사람이 방해를 받으며 신체가 허약해진다.

- 월지에 편인이 있고 사주에 재와 관살이 있으면 부귀한다. 특히 편재가 있으면 편인의 흉조(凶兆)는 없어진다.

- 일지에 편인이 있으면 남녀를 불문하고 결혼운이 나쁘며 다시 사주에 식신이 있으면 유아시(幼兒時) 어머니의 젖이 부족했던 일이 있다.

- 사주에 편인과 인수가 있으면 두 가지의 직업을 가지는 경향이 있다.

- 편인과 비견이 동주하면 타인의 양자가 되거나 계모가 있을 수 며, 겁재와 동주하면 타인으로 인하여 실패가 많으며 혼담에 장해가 있다.

- 편인과 장생이 동주하면 생모와 인연이 박하고, 목욕과 동주하면, 계모의 양육을 받을 수가 있는데, 그 계모가 부정(不貞)한 경향이 있다.

- 편인과 관대(冠帶)가 동주하면 甲, 丙 등 양일(陽日)생은 어릴 때 아버지와 이별수가 있으며, 乙, 丁 등 음일(陰日)생은 계모 또는 의모(義母)와 양육을 받는다.

- 편인과 건록이 동주하면 비록 부귀하는 집안에 태어났더라도 13세 전후하여 부친과 이별하며 집안이 영락(零落)된다. 그리고

의사나 학자에 적합하다.

- 편인과 제왕이 동주하면 계모로 인하여 고생하며 쇠, 병, 사, 절, 묘 등과 동주하여도 편친(片親)과 이별할 수가 있으며 노고가 많다.

- 여자 사주에 편인이 많고 다시 식신이 있으면 자식에게 해가 많다. 그리고 유산 등 산액(産厄)이 있다.

- 천성과 지성이 모두 편인이면 남편과 인연이 박하고, 상관과 동주하면, 남편 및 자식과 인연이 없다.

12. 인수(印綬)

인수는 남자에게는 어머니 및 장모를 의미하고, 여자에게는 어머니와 사촌형제들을 의미한다. 그리고 남녀 공히 손자를 의미할 때도 있다.

인수는 지혜, 학문 및 총명 등의 특성이 있으므로, 인수가 있으면 자기 멋대로 하는 결점도 있기는 하나 인의(仁義)를 알고 자비심이 있으며, 또 종교를 경신하고 군자 및 대인의 풍격(風格)이 있으며, 그 자질이 온후단정(溫厚端正)하여 신망을 얻으며 자산풍부, 복수쌍전(福壽雙全), 무병식재(無病息災), 산업진흥, 가도번영, 생애안락 등의 경향이 있다.

사주에 정재가 있으면 이와 같은 길상이 감퇴되나, 정관이 있으면 길조가 더욱 증가된다.

- 사주에 인수가 너무 많으면,
  1. 남자는 처와 이별수가 있으며, 자식은 그 수가 적거나 불효하다.
  2. 여자는 어머니와 이별수가 있다.
  3. 인수가 많은 것은 어머니가 많은 것을 의미하므로, 서모가 있거나 유모가 있었다는 것을 의미한다.
- 년간에 인수가 있고 초년 대운(大運)이 양호하면 양가(良家)의 자손이다.
- 년간에 인수가 있고 월간에 겁재가 있으며, 인수가 쇠, 병, 사 등 쇠약한 십이운성과 동주하면, 비록 상속인의 자격은 있으나 아우가 대신 상속하게 된다.
- 월간에 인수가 있고 이것이 형충되면 외가(外家)가 영락한다.
- 월주에 인수가 있고 이것이 형충되지 아니하면 문장으로 이름을 떨칠 수 있으며, 월지에 인수가 있으면 그런 경향이 더욱 많으며, 성질이 총명하고 말이 적으며 용모와 인격이 고상한다. 그리고 사주에 관살이 있으면 부귀한다.
- 시주에 인수가 많고 관살이 없으면, 예술(藝術)로서 이름을 떨치나 고독한 경향이 있다.

- 시주에 인수가 있으면 자식복이 있으며 자신은 교묘(巧妙)한 재주가 있다.
- 신왕(身旺) 사주에 인수가 많으면 자식이 적고 빈고(貧孤)하다.
- 인수 있는 사주에 정재가 많으면 어머니와 이별수 있으며 매사에 막힘이 많다. 그리고 재운을 만나면 악사(惡死)한다.
- 인수와 비견이 동주하면 형제 또는 친구를 위해 진력(盡力)하는 일이 많고, 겁재와 동주하면 진력하더라도 결과가 좋지 못하다.
- 인수와 식신이 동주하면 타인의 존경과 신용을 받으며 이익이 많다. 편재와 동주하면 가정이 원만하고 사업상 이익이 많다.
- 인수와 상관이 동주하면 어머니와 의견충돌이 있으며 정재와 동주하면 처와 어머니 사이가 나쁘다.
- 인수와 관살이 동주하면 명리(名利)가 많고 여자는 남편과 자식복이 있다.
- 편인과 동주하면 결단심이 없으며, 양인과 동주하면 심신(心身)에 괴로운 일이 많다.
- 인수와 장생이 동주하면 부모가 단정하고 어머니가 현명하거나 타인의 은애(恩愛)를 많이 받는다.
- 인수와 관대가 동주하면 양가의 자손이며, 목욕과 동주하면 직업상 과실이 많고, 어머니가 청상과부로 지내는 수가 있다.
- 인수와 건록이 동주하면 가운(家運)이 좋을 때 출생하였으며, 제왕과 동주하면 부친이 데릴사위인 경우가 있다.

- 인수와 사, 묘, 절, 병과 동주하면, 부모 덕이 박하다.
- 인수가 왕성하고 신왕이면 주색을 좋아한다.
- 여자 사주에 인수가 많으면 남편과 일찍 이별하고 자식과도 인연이 없으며 시부모와도 사이가 나쁘다.
- 인수와 정재가 있으면 시어머니와 뜻이 맞지 아니한다.
- 여자 사주에 인수가 있고 정재가 너무 많으면 음란하거나 천부(賤婦)가 된다.
- 여자 사주에 관성이 경미하고 인수가 왕성하면 남편 대신 생존 경쟁에 시달리며 늙어서 남의 집 살이를 한다.
- 여자 사주에 인수와 상관 및 양인이 동주하면 부자(夫子)와 인연이 없으며 여승(女僧)이 된다고 한다.

13. 십이운성(十二運星)

십이운성(十二運星)이란, 장생(長生), 목욕(沐浴), 관대(冠帶), 건록(建祿), 제왕(帝旺), 쇠(衰), 병(病), 사(死), 묘(墓), 절(絶), 태(胎), 양(養)을 말한다.

이 십이운성은 그 영향력이 육신에 비하면 미미하며, 대개 육신과 결합하여 숙명에 작용을 한다. 십이운성이 어떠한 작용을 하는가는 앞에 설명한 육신의 각 항에서 대개 말했으므로, 여기서는 우선 십이운성을 찾는 법을 알아보자.

십이운성은 십간과 십이지의 상호대조에 의하여 표출되는데, 지성인 육신을 찾는 법과 다른 점은 지성의 육신을 찾을 때는 지장간 중 중기와 대조하였는데, 십이운성을 찾을 때는 지장간을 추출(抽出)하지 아니하고 그대로 대조하는데 있다.

각 일간과 지지의 대조에 의하여 표출되는 십이운성은 다음과 같다.

운성 일간	장생	목욕	관대	건록	제왕	쇠	병	사	묘	절	태	양
甲	亥	子	丑	寅	卯	辰	巳	午	未	申	酉	戌
乙	午	巳	辰	卯	寅	丑	子	亥	戌	酉	申	未
丙戊	寅	卯	辰	巳	午	未	甲	酉	戌	亥	子	丑
丁己	酉	申	未	午	巳	辰	卯	寅	丑	子	亥	戌
庚	巳	午	未	申	酉	戌	亥	子	丑	寅	卯	辰
辛	子	亥	戌	酉	申	未	午	巳	辰	卯	寅	丑
壬	申	酉	戌	亥	子	丑	寅	卯	辰	巳	午	未
癸	卯	寅	丑	子	亥	戌	酉	申	未	午	巳	辰

십이운성조견표(十二運星早見表)

이상 십이운성조견표에서 보는 바와 같이 지지의 정기(正氣)와 동일한 십간(十干)은 그 지지에서 건록이 된다. 즉 寅의 정기는 甲이므로 甲일에서 寅은 건록에 해당되며, 卯의 정기는 乙이므로 乙일에서 卯를 대조하면 건록이 된다. 그리고 甲, 丙, 戊 등 양간은 건록, 제왕 등 순(順)으로 나가고 乙, 丁, 己 등 음간은 건록, 관대 등 역(逆)으로 나간다. 이것만 알고 있으면 십이운성의 표출은 조견표를 보지 아니하고도 용이하게 할 수 있다.

여기서 한 가지 주의할 것은 십이운성은 일간에서 사주의 각 지지를 보고 표출할 뿐만 아니라, 때로는 년월시 등의 천간에서 지지를 대조하여 표출하는 경우도 있다.

십이운성의 표출법을 예시하면 다음과 같다.

시	일	월	년
丁	癸	丙	癸
巳	亥	辰	酉
태	제왕	양	병

시	일	월	년
丙	甲	乙	癸
寅	子	卯	卯
건록	목욕	제왕	제왕

심효첨(沈孝瞻)은 그의 명저 자평진전(子平眞詮)에서 십이운성을 설명하기를 십간기운의 매월마다의 성쇠를 표시하는데 있어, 사람의 출생 및 사망에 비유한 것이라 한다.

즉 장생은 인간의 출생과 같고, 목욕은 출생 후 태아 시의 때를 씻는 것과 같고, 관대는 연장하여 성복(成服)하는 것과 같고, 건록은 나라에 출사(出仕)하여 국록을 먹는 것과 같고, 제왕은 사람이 장성(壯

盛)의 극에 달한 것과 같고, 쇠, 병, 사는 극성(極盛)한 후 노쇠하여 사망하는 과정과 같고, 묘는 사후 묘 중에 묻힌 것과 같으며, 절은 묘에 묻힌 후 그 형체가 절무하게 된 것과 같다. 그리고 태는 다시 그 기운이 돋는 것을 인간의 모체에 태기가 생긴 것과 비유한 것이고, 양은 그 태기가 모체에서 자라는 것에 비유한 것이라 한다.

이와 같이 십간의 기운의 성쇠를 사람의 출생 및 사망에 비유한 것이 십이운성이라는 설은 널리 신봉되고 있으나, 실상 乙목은 亥에 사(死)가 되고 午에 장생이 되나, 乙목의 기운은 오행상생의 법칙에 의해 亥수를 만나면 午화를 만난 때보다 몇 배나 더 왕성해진다. 고로 이 설은 신용할 것이 못된다.

그리고 이 십이운성법(十二運星法)은 오늘날 그 발상지인 중국에서는 별로 취해지지 아니하고 있으며, 다만 일본에서만 사주가들이 널리 쓰고 있다. 고로 십이운성에 대한 이 이상의 자세한 설명은 생략한다.

제2장

용신(用神) 및 격국(格局)

1. 강약(强弱)

사주추명학에 있어서 운명 감정의 중추적 작용을 하는 것은 사주
상의 오행(五行)의 조화(調和) 여부를 보고 운명의 길흉을 판단하는
방법이다.

앞에서 설명한 제살(諸煞), 제합(諸合), 육신 및 십이운성에 의한 운
명 감정법도 궁극적으로는 오행의 조화 여부를 살(煞), 육신 등의 이
름을 빌려 설명한 것에 불과하다. 본장 및 다음 장에서는 직접 오행
의 조화 여부에 의하여 운명의 길흉을 판단하는 방법을 설명한다.

이 방법은 앞서 말한 바와 같이 간명법(看命法)의 중심이 되는 것으
로, 사주팔자는 우선 이 방법에 의하여 길흉선악(吉凶善惡)이 판단된
연후, 제살, 육신, 및 십이운성 등에 의한 감정법이 적용되어야 한다.
예컨대 사주의 오행의 조화가 잘 되어 인격자(人格者)라고 판단되면

비록 양인(羊刃), 도화(桃花) 등의 악살(惡煞)이 있더라도 비인격자(非人格者)라고 판단해서는 아니되며, 반대로 천월덕(天月德) 등의 길신(吉神)이 있으면 금상첨화(錦上添花)로 훌륭한 인격자이며 자비심이 많다고 판단하여야 한다. 결국 살, 육신 등에 의한 감정법은 직접 오행에 의한 감정법에 부수되는 것에 불과하다.

오행의 조화 여부에 의하여 숙명의 길흉을 판단하는 방법은 한 마디로 말해서 사주상의 음양과 오행의 태과(太過) 및 불급(不及)을 관찰하여 운명의 선악을 감정하는 것으로, 태과 및 불급이 없는 오행의 중화(中和)를 존숭(尊崇)한다.

오행의 조화는 우선 사주팔자의 기준이 되는 일간, 즉 일주(日主)의 오행부터 되어야 한다. 일주의 오행이 甲 또는 乙목인 경우, 사주상의 목기(木氣)는 지나치게 강왕(强旺)해서도 아니되며, 반대로 쇠약(衰弱)해도 못쓴다.

만일 일주가 지나치게 왕성하면 파재(破財), 손처(損妻) 등의 흉악이 있으며 지나치게 일주가 쇠약하면 병고(病苦), 빈천(貧賤) 등의 흉운을 만나기 쉽다.

일주가 왕성하고 강력한 것을 신강(身强)이라 하고, 쇠약하고 무력한 것을 신약(身弱)이라고 한다.

신강 및 신약을 구별하는 표준은 다음과 같다.

• 우선 출생월(出生月)이 일주가 왕성한 달인가 아닌가를 살핀다. 이

것은 제1편 제3장에서 설명한 「오행의 왕쇠」에 의한다. 즉 월령 (月令) — 이것은 출생월의 별명이다 — 이 일주의 오행이 왕성 해지는 달인가, 쇠약해지는 달인가 관찰한다. 예컨대 일간이 甲 일이면 춘동절(春冬節)은 왕성하고, 하추절(夏秋節)에는 쇠약해 진다.

- 일주가 생조(生助)되면 신강이고, 일주가 극해(極害)되면 신약이 다. 일주가 생조된다 함은 일주의 오행과 동기(同氣) 또는 상생 (相生)하는 오행 즉 인수, 편인, 비견, 겁재, 양인 등을 만나는 것 을 말한다.

극해된다 함은 일주의 오행과 상반되는 오행 즉 정관, 편관, 정 재, 편재 등을 만나는 것을 말한다.

일주의 오행을 누출시키는 오행, 즉 식신 또는 상관을 만나면 기운이 누출되어 일주가 약해진다.

- 일주가 지지에 십이운성의 장생, 건록, 제왕 등을 만나면 득기 (得氣)하였다 하여 강해지고, 병, 사, 절 등을 만나면 실기(失氣) 하였다 하여 약해진다. 그러나 이것은 양일간(陽日干)인 경우에 만 적용된다고 봐야 할 것이다.

또 일주가 지지의 장간 속에 오행상 동기(同氣)를 만나면 강해지는 데, 이를 통근(通根)하였다고 한다.

신강 및 신약의 판단은 이상의 여러 표준을 종합하여 결정하여야 하는데, 실제상 구별하기 곤란한 경우가 있으며, 소위 사주의 대가(大家)들도 틀리는 경우가 왕왕 있다.

대체로 사주팔자 중의 일주를 생조하는 육신과 극해, 누설시키는 육신의 수를 비교하여 그 다과에 의하여 신강 및 신약을 판단하되, 중점은 월령에 두어야 하며, 또 천간보다 지지의 육신이 그 작용력이 강하다. 또 삼합, 육합 및 간합되어 타오행으로 화(化)하는 것도 고려하여야 한다.

이상 설명한 일주의 강약에 관한 법칙은 사주 속의 다른 육신의 강약에도 적용된다.

甲 甲 丙 甲
子 子 寅 寅

寅월은 일주인 甲목이 가장 왕성한 달이며, 년주 및 시간에 동기(同氣)가 있고 일지 및 시지에 子수가 있어 오행 상생의 법에 의해 목을 생하는 반면, 월간의 丙화 하나만이 일주의 기운을 누출시키므로 신강이다.

丁 甲 丁 辛
卯 寅 酉 亥

이 사주는 酉월, 즉 甲목이 쇠약해지는 달에 출생하고 일주를 극해하는 두 개의 금과 누출시키는 두 개의 화(火)가 있는 반면 일주를 생조하는 두 개의 목과 한 개의 수뿐이므로 일견 신약인 것 같으나, 일주를 극루(剋漏)하는 육신은 대개 천간에 있고, 생조하는 육신은 지지에 있으므로 신왕이다.

$$\begin{matrix} 丁 & 癸 & 丙 & 癸 \\ 巳 & 亥 & 辰 & 酉 \end{matrix}$$

이 사주는 일주를 극해하는 네 개의 화토(火土)와 생조하는 세 개의 수금(水金) 및 진유(辰酉) 육합이 있어 생조하는 육신과 극해하는 육신의 세력이 비등하나 월령이 일주가 쇠약해지는 때라 신약이다.

$$\begin{matrix} 癸 & 壬 & 辛 & 辛 \\ 卯 & 寅 & 丑 & 巳 \end{matrix}$$

丑월 수왕지절(水旺之節)에 출생하고 천간이 전부가 일주를 생조하는 육신뿐이나, 지지가 전부 일주를 극루(剋漏)하는 육신뿐이므로 신약이다.

2. 용신(用神) 및 격(格)

용신(用神)은 사주팔자의 음양 및 오행의 조화를 위해 소용되는 육신을 말한다. 가령 사주가 심히 신약이면 일주를 생조하는 육신이 필요하고, 신왕이면 반대로 일주를 억제하거나 왕성한 기운을 누출시키는 육신이 필요한데, 이것이 즉 용신이다. 이 용신의 사주상의 위치, 강약 및 어느 육신에 해당하느냐에 의하여 운명의 길흉화복(吉凶禍福)이 결정되므로, 용신은 숙명 감정상의 관건(關鍵)이다. 고로 용신을 모르고서는 사주를 풀 수가 없다.

용신을 찾는 법은 일정치 아니하며, 본장(本章) 및 차장(次章) 전반에 걸쳐 설명하겠으나 그 대략적인 기준은 다음과 같다.

(1) **억부(抑扶)**   일간을 생조하는 육신이 많으면 신왕이며, 신왕이면 오행의 조화상 일주를 극루(剋漏)하는 육신이 필요한데, 이것이 즉 용신이다. 반대로 일간을 극루(剋漏)시키는 육신이 많으면 신약인데, 이때는 일간을 생조하는 육신이 용신이다.

(2) **병약(病藥)**   신약사주에 일주를 생조하는 육신이 있으나 이를 파극하는 육신이 있으면, 이를 사주의 병이라고 하고, 파극하는 육신을 억제하는 육신을 약이라고 한다. 병이 있는 사주는 약이 용신이 된다.

(3) **조후(調候)**   세상 만물이 난조(暖燥) 및 한습(寒濕)의 조화에 의

하여 이루어지듯이 사주도 난조 및 한습의 조화가 필요하다. 따라서 사주가 과하게 한습하거나 난조하면 한·난·조·습을 조화시키는 육신이 용신이 된다.

(4) **전왕(專旺)**　사주의 오행이 어느 일방으로 편중(偏重)되어 그 세력이 극히 왕성하여 억제하기 곤란할 때에는 그 세력에 순응하는 육신이 용신이다. 종격(從格), 화격(化格) 등 외격(外格)에 속하는 사주는 모두 같다.

(5) **통관(通關)**　서로 대립하는 육신의 그 강약이 비슷할 때에는 두 육신 간을 오행 상생의 원리에 의하여 소통(疏通)시키는 육신이 용신이 될 때가 있다.

실제로 대다수의 사주는 억부, 병약, 전왕들에 속하며, 조후 및 통관 등은 드물다. 억부 병약 및 전왕은 본장에서, 조후 및 통관은 간명비법(看命秘法)에서 자세히 설명한다.

용신은 인간의 정신(精神)과 마찬가지로 사주의 중추(中樞)가 된다. 사주팔자가 길하기 위해서는 용신이 건전(建全)하여야 한다. 인간의 정신이 건전하여야 인간으로서의 소임을 다할 수 있듯이 용신이 건전하여야 부귀영화 및 수복(壽福)을 누릴 수 있다.

용신이 건전하기 위해서는 용신이 강왕(强旺)하여야 하며, 타육신에 의해 파극되지 아니하고 형충되지 아니하여야 한다. 만일 타육신에 의해 파극되더라도 사주에 약이 있어 용신을 파극하는 육신을 억제하면 무방하다. 또 용신이 형충되더라도 서로 형충하는 지지의 어느 일방이라도 다른 지지와 삼합 또는 육합되면 형충은 해소된다. 용신이 강왕하기 위해서는, 일주의 강약을 정할 때와 마찬가지로 월령이 왕성해지는 달에 해당하고 사주상의 타육신에 의해 생조(生助)되면 된다.

용신 외에 격(格)이 있다.

사주를 그 간지에 의하여 구별하면 무려 518,400가지나 된다. 그러나 이를 팔자 중 가장 작용력이 큰 월지를 중심으로 해서 구별해 보면 불과 10여 가지 유형으로 구분할 수 있다. 이 유형을 격이라고 한다.

격은 다음과 같이 정한다.

1. 월지의 정기(正氣)가 천간에 나타나 있으면, 그것이 표시하는 육신에 의한다.

2. 천간에 월지의 정기가 나타나 있지 아니한 때에는, 만약 여기(餘氣)나 중기(中氣)가 나타나 있으면 그에 의한다.

3. 월지의 지장간이 투출되어 있지 아니하거나 또는 투출되어 있더라도 다른 육신에 의하여 파극(破剋)되어 쓸모가 없으면, 월지의 정기가 표시하는 육신에 의한다. 이상 외에 외격(外格)에 속하는 사주는 월지의 여하를 불문하고 그 격에 따른다.

이와 같이 격은 사주 중 오행의 태와 불급을 따지지 아니하고 다만 월지를 중심으로 해서 가장 그 기세가 왕성한 오행에 따라 명명(命名)한 것이다. 고로 격은 간명법(看命法)상 사주를 분류하는 편의에 의하여 그 유형에 붙인 명칭에 불과하다.

壬 丁 丙 辛
寅 亥 申 未

庚 辛 壬 癸 甲 乙
寅 卯 辰 巳 午 未

이 사주는 청(淸)나라 말기의 광서(光緖) 황제의 사주다. 월지의 申금이 왕성하므로 정재격(正財格)이다. 일주(日主), 즉 丁화는 申월에 쇠약하고 사주에 금수가 4개 있으므로 신약이다. 고로 용인은 일주를 생조하는 인성(印星 = 인수 및 편인) 및 비겁(比劫 = 비견 및 겁재)이 되어야 할 것인데, 이 사주의 시지에 寅목, 즉 인수가 있으므로 이것이 용신이다. 寅목은 亥수와 육합하여 왕성해지고 申금이 충하지 못한다.

대운(大運)도 용신과 화합(和合)하여야 길선(吉善)한데, 두 살부터 10년간은 乙未운이다. 乙은 그 오행이 용신과 같은 목이고, 未토는 일지의 亥와 삼합하여 목으로 화하였다. 고로 왕자로서 호강하였고 甲午운은 일주가 생조되어 청나라 황제로 등극(登極)하였다.

그러나 32세부터 10년간은 壬辰 대운인데, 壬수는 일주를 극해하고 辰토는 일주의 기운을 누출시키므로 불길하다. 38세 戊申년은 상관과 정재이므로 일주는 극도로 약해지고, 설상가상으로 申이 용신인 寅을 충하여 붕(崩)하였다.

```
丁 丁 癸 己
未 巳 酉 未
丁戊己庚辛壬
卯辰巳午未申
```

이것은 청나라 말기의 효웅(梟雄) 원세개(袁世凱)의 사주이다. 丁화는 酉에 쇠약하나 사주에 화기(火氣)가 많아 신왕이다. 고로 왕성한 일주의 기운을 극루시키는 육신이 용신인데, 월간의 癸수는 己토에 의해 파극되었으므로 월지의 酉금이 용신이 된다.

酉금은 己, 未토가 생조하므로 왕성하다. 이와 같이 용신이 왕성하여야 복록(福祿)이 있는 법이다. 또 사주의 격도 지장간이 투출되지 아니하였으므로 편재격(偏財格)이다.

丁卯 대운을 만나기 전에는 일로 토운이므로 토생금하여 용신이 왕성해져서 청나라 조정(朝廷)의 요직을 역임하고 나중에는 청나라를 타도하고 중화민국의 초대 총통(總統)이 되고 다시 황제까지 자칭하는 등 극귀(極貴)를 누렸다. 그러나 丁卯 대운은 오행이 화목이므로 용신인 酉금을 극하고 卯가 또 충하므로 대흉운인데 59세 丁巳년은 화가 성하여 용신을 극하고, 일주가 더욱 왕성하여져서 서거(逝去)하였다.

3. 관살(官煞)

관살(官煞)은 정관과 편관을 말한다. 편관은 칠살(七煞)이라고도 하는데, 정관과 칠살의 약자나 관살이다. 정관과 칠살은 육신(六神)의 성정(星情)상 서로 다른 성질을 가지나 오행상 그 작용은 대체로 같다.

오행상 관살의 역할 및 작용은 다음과 같다.

• 신왕(身旺)이고 재가 약하면 관살이 사주 속에 있거나 대운을 만나면 길하다. 그것은 관살이 비견 및 겁재를 억제하고 재성(財星=정재와 편재)을 보호하기 때문이다. 반대로 재성이 많고 신약이면 관살이 없어야 길하다. 그것은 관살이 비견 및 겁재를 극해서 신약이 더욱 신약으로 되기 때문이다.

```
癸 丙 辛 乙
巳 子 巳 巳
```

巳월생 丙화가 년월 및 시지에 巳, 즉 건록을 만나 신왕이며 월간의 일점 辛금이 불에 싸여 녹아버릴 듯한데 癸子수가 화를 극하고 辛금을 보호하여 길한 사주가 되었다.

• 신약에다 인성(印星), 즉 인수와 편인이 약하면 관살을 만나야 사주가 길해진다. 그것은 관살이 인성을 생조하기 때문이다.

```
丁 辛 甲 戊
酉 卯 寅 寅
```

寅월생 辛금이라 쇠약한 데다가, 년간의 戊토는 甲寅목이 극하고, 시지의 酉금은 군목(群木)이 충하여 더욱 약해졌다. 천만다행으로 시간의 丁화가 목기를 누출시켜서 戊토를 생조하고 있다. 즉 편관이 쇠인(衰印)을 생조하고 생조된 인수가 다시 辛금을 생조하여 극심한 신약을 구조하고 있다.

• 신약에다 인수마저 약하면 관살을 만나야 사주가 길하다. 반대로 신약사주에 인성이 지나치게 왕성하면, 관살을 만나면 사주가 불길해진다. 그것은 신약이라도 인성이 심히 왕성하면 신왕이 되는데, 신왕이면 식신이나 상관이 왕성한 일주의 기운을 누출(漏出)시켜야 오행이 조화되는데, 인수가 식상(食傷) 즉 식신이나 상관을 직접 파극(破剋)하므로 왕성한 기운을 누출시킬 수 없게 된다. 또 인수가 왕성할 때 관살을 만나면 관살이 인수를 생조하여 왕성한 인수가 더욱 왕성하여져서 사주가 불길해진다.

```
乙 丙 乙 癸
未 子 卯 卯
```

인수가 사주 속에 4개나 있어 丙화의 기운을 돕고 있는데, 丙

화의 동기(同氣)가 사주 속에 있으면 이 왕성한 목기를 흡수하여 시지의 未토, 즉 상관을 통해 누설(漏泄)시킴으로써 수기(秀氣)를 유행(流行)시킬 수 있는데, 목기와 상관 사이를 전도(傳導)할 화기(火氣)가 없어 乙·卯목이 직접 未토를 극하고 있다. 따라서 목기는 억제되어야 하는데, 관살 즉 癸·子수는 수생목하며 목기를 더욱 왕성하게 해주므로 사주는 더욱 불길해진다.

• 사주 속에 관살 및 재성과 인성이 있을 때 신왕이면 관살이 용신이 되고, 신약이면 인수가 용신이 되는 것은 이상 말한 바와 같으나, 재성과 인성이 양립하여 그 세력이 막상막하일 때에는 사주 속에 관살이 있거나 관살운을 만나야 사주가 길해진다. 그것은 재생관, 관생인하여 오행이 일기상통(一氣相通)하여 조화되기 때문이다.

戊	乙	壬	甲
寅	巳	申	申

戊丁丙乙甲癸
寅丑子亥戌酉

이 사주는 중국의 재상(宰相)의 사주이다. 乙목이 申월에 출생하고 사주에 재관(財官)이 많아 신약이다. 그러나 월간의 인수가 일주 및 그 동기(同氣)를 생조하고 있다.

시간이 정재가 인수를 극해할 듯하나 甲·乙목이 이를 막고 申금이 오행상생의 원칙에 의해 토생금, 금생수하여 인수와 정재 간을 소통시키고 있다. 따라서 신약사주에 정관이 왕성하여 인수가 용신인데, 용신인 인수가 강력하여 사주팔자가 대길(大吉)해졌다.

초년 癸酉 대운은 지지가 酉금이라, 일주를 극해하여 불길할 것 같으나 사주의 壬수가 금을 수로 화하게 하여 오히려 길하였다.

甲운은 乙목의 동기이므로 길운이다. 戌은 토운이므로 용신인 壬수를 극해서 불길할 것 같으나, 년 월지의 申금이 상생유통(相生流通)시켜 대과(大過)없이 지냈다. 乙亥운 이후는 용신이 왕성해져서 대길하며 그 벼슬이 재상에까지 이르렀다.

• 사주에 관살과 식상(食傷)이 있을 때 우선 신왕 여부를 확인해야 하며, 그 다음에 식상과 관살의 강약을 비교하여 관살이 약하면 재관(財官)으로 용신을 삼고, 관살이 강하면 식상으로 용신을 삼는다. 신왕에다 관살과 식상 양쪽이 건왕(健旺)하면 극귀(極貴)할 팔자이다. 신약이면 극루교가(剋漏交加)라 하여 극빈하거나 요사할 팔자이다.

丁 乙 乙 乙
丑 卯 酉 亥

己 庚 辛 壬 癸 甲
卯 辰 巳 午 未 申

이 사주는 1품 벼슬한 사주이다. 酉월생 乙목이나 亥수가 상생하고 비견이 많아 신왕이다. 칠살인 酉금은 월령에 있어 왕성한데다 丑과 삼합하여 그 기세가 왕강하다. 고로 시간의 식신으로 칠살을 억제하여야 하는데 중년대운이 화왕지지(火旺之地)라 그 관운이 충천한 것이다.

• 왕성한 관살을 식상이 억제하고 있는 사주에 재성 또는 인성이 있을 때가 있다. 이 경우 재성과 식상이 있어 식상생재, 재생관살해서는 식상이 그 역할을 못하므로 불길하며, 또 인성이 식상을 억제해서도 아니된다.

$$
\begin{array}{cccc}
辛 & 己 & 癸 & 壬 \\
未 & 巳 & 卯 & 午
\end{array}
$$

$$
\begin{array}{cccccc}
巳 & 戊 & 丁 & 丙 & 乙 & 甲 \\
酉 & 申 & 未 & 午 & 巳 & 辰
\end{array}
$$

이것은 중화민국의 정(程) 참모총장(參謀總長)의 사주이다.

년월의 재성이 卯목인 편관을 생하고 있다. 시간의 식신이 편관을 억제하고 있으며, 일간의 己토는 午에 건록이 되고 巳에 제왕이 되며, 未토의 정기가 己토라 유근(有根)이다. 고로 신왕, 살강(煞强), 식제(食制)의 대귀할 사주다. 만일 이 사주가 壬午년辛未시가 아니라 辛未년 壬午시라면 식신은 가까이 있는 癸수인 재성에 흡수되어 식신생재, 재생살하여 식신의 작용을 못하게 되었을 것이다. 또 천간에 丁화가 투출되어 있었다면 丁화가 辛금을 억제하여 식신의 작용을 못하게 했을 것이다. 정 참모총장의 사주는 식신의 시간에 솟아 재성과 멀리 있음으로써 식신의 작용을 충분히 할 수 있게 되었고, 丁화도 투출되지 아니할 뿐 아니라 午·巳화가 壬·癸수에 억제되어 辛금을 극하지 못하므로 사주팔자가 길한 것이다. 식신이 편관에 비해 좀 약하므로 용신은 식신이다. 초년운은 화토운이므로 불길하였으나 45세 이후 토금운에는 용신이 생조되어 참모총장의 중임을 맡았다.

• 관살을 식상이 억제하고 있는 사주에 있어, 관살은 약하고 식상이 왕성하면 앞의 경우와 반대로 재성이 관살을 하거나 인수가 식상을 억제해야 사주가 길하다.

$$
\begin{array}{cccc}
戊 & 丙 & 甲 & 壬 \\
戌 & 戌 & 辰 & 辰 \\
\end{array}
$$

$$
\begin{array}{cccccc}
庚 & 己 & 戊 & 丁 & 丙 & 乙 \\
戌 & 酉 & 申 & 未 & 午 & 巳 \\
\end{array}
$$

이것은 연해자평(淵海子平)에 수록되어 있는 탈탈승상(脫脫丞相)의 사주이다. 사주에 토가 중첩되어 제살태과(制煞太過)이다. 이 사주의 귀한 데는 년간의 칠살이 식신에 위해 과하게 억제되어 있으나, 辰토의 중기(中氣)에 수가 있어 壬수가 유근이며, 또 甲목이 戊토와 壬수의 중간에 있어 상극을 방지하고 있는 점이다. 편인인 甲목은 壬수가 생하고 3월은 목이 생하는 절기이므로 왕성한데, 편인은 식신을 억제하고 壬수를 보호하며 일주를 강하게 하고 있다. 고로 용신은 甲목이다. 乙巳, 丙午·丁未 대운은 용신인 편인 및 신왕의 운이므로 대길하다. 그러나 戊申 대운 이후는 토금이 용신인 甲목을 극해하므로 흉운이다.

• 이상 설명한 관살을 다시 분류하면, 다음과 같은 다섯 가지 유형으로 구분할 수 있다.

(1) **재자약살격**(財滋弱煞格) 팔자 중의 관살이 약하면 재성으로 이를 생조하여야 팔자가 길해진다. 이런 유형의 사주를 재자약살격(財滋弱煞格)이라 한다.

庚 庚 丙 己
辰 申 寅 酉

庚辛壬癸甲乙
申酉戌亥子丑

寅월생 庚금이므로 원래 쇠약할 것이나 월주의 丙寅을 제외하고는 전부가 일주를 생조하는 토금이므로 신강이다. 만약 丙화가 보호하지 않았더라면 월지의 寅목은 왕성한 금에 의해 파극되었을 것이며 丙화 또한 寅목이 생조하지 않았더라면 극히 무력했을 것이다. 즉 약살이 재성에 의해 생조되고 있다. 甲子

대운은 寅목을 보강하므로 만사 여의하고, 癸卯 대운은 丙화를 극해하나 寅목을 생조하므로 학업에 전진할 수 있었다. 壬戌 대운은 금기를 왕성하게 하므로 형상(刑像)을 여러 번 당했고, 辛酉 대운에는 사망하였다.

이 사주의 관살이 비록 약하나 재성이 생조하고 있어 원래 귀격인데, 애석하게도 대운이 서북금수(西北金水)이므로 불행한 일생을 마쳤다. 만일 동남목화(東南木火) 대운을 만났더라면 과거에 급제하여 귀인이 되었을 것이다.

辛 庚 庚 丙
巳 申 寅 申

丙 乙 甲 癸 壬 辛
申 未 午 巳 辰 卯

비록 寅월생 庚금이니 건록이 넌일 양지에 있고 천간에 庚금과 추금이 있어 신왕이다. 고로 앞의 사주와 같이 재자약살격이다. 巳대운은 용신인 丙화가 왕성하므로 과거에 급제하고 다음 甲午, 乙未 대운에는 목화가 성하여 그 벼슬이 관찰사(觀察使)에 이르렀다.

(2) **살중용인격**(煞重用印格) 사주에 관살이 심히 많을 때, 관살을 억제하는 식상은 용신이 될 수 없다. 그것은 사주에 관살이 많으면 신약인데, 식상도 일주의 기운을 누설시키는 것이므로 식상이 있으

면 더욱 신약이 되기 때문이다. 고로 사주에 관살이 많으면 인수 또
는 편인으로써 왕성한 관살의 기운을 관살생인, 인생일주하도록 하
여 일주를 생조하도록 하는 것이 긴요하다. 즉 관살이 많으면 인성
(印星)으로써 용신을 삼는다. 이런 타입의 사주를 살중용인격(煞重用
印格)이라고 한다.

甲 戊 甲 戊
寅 午 寅 子

庚 己 戊 丁 丙 乙
申 未 午 巳 辰 卯

戊토가 甲寅시에 생하였으므로 4개의 칠살에 극해되어 신약
이다. 그러나 일지에 인수가 있어 왕성한 목기(木氣)를 화로 화
하게 하여 戊토를 생조하고 있다. 즉 午화가 일주에 적대하는
군살(群煞)을 제압하고 동화(同化)시켜 일주를 부조(扶助)하도록
만든 것이다. 년지의 子수가 午화를 충하려 하나 중간에 寅목이
가로 막아 이를 목으로 화하게 하고 있다. 더욱 길한 것은 대운
이 또한 화토운을 만난 것이다. 고로 일찍 과거에 급제하여 관
계(官界)에 그 이름을 떨쳤다.

甲 甲 庚 戊
子 子 申 辰

丙 乙 甲 癸 壬 辛
寅 丑 子 亥 戌 酉

申월에 甲목은 극쇠(極衰)하고, 庚금은 극성(極盛)할 때이다. 이에 가중하여 년주의 후토(厚土)가 생금하고 있어 칠살 庚금의 기세는 가히 두려울만하다. 그러나 다행히도 지지에 申子辰 수국(水局)이 있어 이 극도로 왕성한 금기를 수로 동화시키고 있다. 癸亥 대운에 이르러 과거에 급제하여 일찍 환도(宦途)에 올라 丙寅, 丁卯 대운은 한편 금을 억제하고 한편은 목을 방조(幇助)하므로 그 벼슬이 이품에 이르렀으며 한평생 부귀 영화를 누렸다.

(3) **식상제살격(食傷制殺格)**　사주가 신약이 아니고 관살이 왕성할 때에는 식신 또는 상관으로 관살을 억제하여야 팔자가 길해진다. 이런 유형의 사주를 식상제살격(食傷制殺格)이라고 한다.

```
丙 甲 庚 庚
寅 戌 辰 申

丙乙甲癸壬辛
戌酉申未午己
```

辰월은 아직도 봄철이라 甲목은 쇠약하지 않다. 그러나 庚금의 동기가 많을 뿐만 아니라 辰戌토에 의하여 상생되어 심히 왕성하다. 고로 甲목이 庚금에 의해 벌절(伐折)될 지경이다. 그러나 시지에 寅목이 있어 甲목의 뿌리가 단단할뿐 아니라 사주가 묘하게도 시간에 丙화가 투출하여 관살을 억제하고 甲목을 보호하고 있다. 고로 용신은 丙화이다. 午운에 寅午戌 화극이 삼합하여 향방(鄕榜＝현재의 보통 고시)에 합격하였다. 甲申, 乙酉 대운은 庚금의 녹왕지지(祿旺之地)이므로 형모다단(形耗多端)했고 丙戌운에는 화가 성해 지현(知縣) 벼슬에 올랐다.

丙 庚 丙 壬
戌 午 午 申

壬 辛 庚 己 戊 丁
子 亥 戌 酉 申 未

丙午월 丙戌시에 출생하고 일지 또한 午화라 편관이 극히 왕성하다. 그러나 년간의 壬수가 申금에 의하여 생조되어 제살(制煞)할만 하다. 특히 사주가 묘한 것은 사주 속에 목기(木氣)가 없는 것이다. 목기가 없으므로 壬수는 누설되지 아니하고 화기는 더 성하여지지 않는다. 申운에는 庚금과 壬수가 공히 성하여 일찍 벼슬길에 오르고 酉에는 그 직책이 더욱 중하여지고 辛亥운에는 군수(郡守)가 되었다.

(4) 제살태과격(制煞太過格)　제살태과격(制煞太過格)이란 사주 속의 관살(官煞)을 식상(食傷)이 지나치게 억제하여 그 기운을 펴지 못하게 된 것인데, 이런 유형의 사주는 관살운 또는 식상을 제거하는 인수 또는 편인운을 만나야 길하다.

```
己 丙 戊 辛
亥 辰 戌 卯

壬 癸 甲 乙 丙 丁
辰 巳 午 未 申 酉
```

이 사주는 시지에 홀로 편관이 있을 뿐인데, 이를 4개의 식상이 억제하고 있다. 식상을 견제할 卯목이 년지에 있으나 九월 절기라 기운을 펴지 못하고 년간의 辛금에 의하여 억압되어 있다. 그러나 乙未 대운에 이르러 亥卯未 삼합하여 식상을 억제하니 과거에 급제하여 한원(翰苑)에 그 이름을 떨쳤다. 甲午 대운에는 甲이 시간의 己토와 간합하여 토로 화하고 午화가 토를 생하니 편관인 亥수를 더욱 억제하게 되어 여러 번 상복(喪服)을 입더니 己巳년에는 亥수를 충거(冲去)하여 졸망(卒亡)하였다.

```
壬 丙 丙 壬
辰 午 午 辰

壬 辛 庚 己 戊 丁
子 亥 戌 酉 申 未
```

년과 시간의 두 편관이 辰토 속에 통근(通根)하고 있으나, 계절은 午월 화토왕지절(火土旺之節)이라 양午화 속의 己토와 양辰토 속의 戊토가 성하여 壬수를 극하고 있다. 사주 속에 금이 있으면 토를 금으로 화하게 하여 壬수의 기운을 도와줄 수 있으나, 사주 속에 금이 없어 금이 왕성한 대운을 기다릴 수 밖에 없다. 己酉 대운에 酉금이 辰토와 육합하여 생수하니 과거에 급제하여 관직에 오르고 庚 대운에는 관등(官等)이 연거푸 올랐다. 戌운에는 辰토를 충하여 辰토 중의 수근(水根)을 뽑아버리고 戊辰년에는 戊토가 壬수를 극하여 졸망(卒亡)하였다.

庚 戊 戊 庚
申 寅 寅 申

甲 癸 壬 辛 庚 己
申 未 午 巳 辰 卯

월과 일지의 양살은 비록 목왕지절을 만나 왕성하나 庚과 申금에 억제되어 있다. 午운에 이르러 午화가 금을 극하고 寅목을 보호하여 과거에 등과하여 현령(縣令)에 올랐으나 甲申 대운에 申금이 寅목을 충거(沖去)하여 군중(軍中)에서 전사(戰死)하였다.

(5) 관살혼잡격(官煞混雜格) 이 관살혼잡격은 사주 속에 정관(正官)과 편관(偏官)이 혼합되어 같이 있는 사주를 말한다.

일반적으로 관살혼잡격은 정관 또는 편관만이 있는 사주보다 격이 낮은 사주로 인식되고 있다. 그러나 이것은 신약사주에 관살이 너무 왕성할 때의 경우이고, 관살이 약할 때에는 관살이 혼잡되어 있어도 무방하다.

```
戊 庚 丁 丙
寅 午 酉 辰
癸 壬 辛 庚 己 戊
卯 寅 丑 子 亥 戌
```

이 사주는 년간의 편관이 午화에 제왕(帝旺)이 되고 寅목에
장생이 되며, 월간의 정관은 午화의 건록(建祿)이 되어 정, 편관
모두 왕성하다.

그러나 酉월 금이 왕성한 절기에 태어났고 년지의 습토 辰이
누화생금(漏火生金)하여 신약이긴 하나 왕성한 관살과 중화되어
있다.

고로 庚子 대운에 관살을 억제하고 과거에 급제하여 명진사
방(名振四方)하고 辛丑 대운에는 관계(官界)의 효웅(梟雄)이 되어
부귀영화를 누렸다.

```
辛 壬 己 戊
亥 申 未 午
乙 甲 癸 壬 辛 庚
丑 子 亥 戌 酉 申
```

이 사주는 년간의 편관과 월간의 정관이 未월 토왕지절을 만
나 왕성하고 년지의 午화에 서로 건록, 제왕이 되어 관살이 창
궐(猖獗)하다. 그러나 다행히 일간 壬수가 장생지지(長生之地) 申

금 위에 앉아 있고 시지에 건록을 만나 관살과 대적할만 하고 辛·申금이 관살의 기운을 토생금·금생수하여 수기와 상통되게 하여 대길한 사주가 되었다. 고로 소년(少年)에 등과(登科)하여 경륜(經綸)을 폈으며 문장(文章)으로 일세에 그 이름을 떨쳤다.

이상 두 사주는 관살혼잡격이나 일간이 비겁(比劫) 또는 인성에 의하여 방조되어 관살과 어느 정도 중화를 이루고 있어 부귀영화를 누렸으나 비겁 또는 인성이 없으면 빈천(貧賤)할 사주다.

관살혼잡격에 있어서 비겁 또는 인성이 약할 때에는 편관 또는 정관의 어느 한 가지를 제거하여야 사주가 맑아진다. 편관 또는 정관의 제거는 합(合)에 의하여 하여지는데, 편관을 제거하고 정관을 남기는 것을 합살유관(合煞留官)이라 하고, 정관을 제거하고 편관을 남기는 것을 합관유살(合官留煞)이라 한다.

壬 丙 癸 戊
辰 午 亥 申

己 戊 丁 丙 乙 甲
巳 辰 卯 寅 丑 子

이 사주는 월간에 정관이 시지에 칠살이 있어 관살혼잡이 되어 있다. 월령이 亥월 수왕지절이며 申금이 생수하니 관살이 심히 왕성하다. 앞에 예시한 사주와 달리 인수, 즉 목이 없으므로 사주가 중화되지 못하고 관살이 혼잡(混雜)되어 있다. 그러나 년간의 戊토가 癸수와 간합하여 화로 화하므로 합관유살이 되어 사주가 맑아졌다. 더욱 사주가 길한 것은 중년에 화목운을 만나 일주가 생조된 것인데, 이로 인하여 중년에 등과하여 그 벼슬이 승지(承旨), 즉 왕의 시종(侍從)에 이르렀다.

4. 재성(財星)

재(財)는 정재(正財)와 편재(偏財)를 말한다. 정·편재는 육신(六神)의 성정(星精)상도 그 성질이 비슷하거니와 오행상은 동일하게 취급된다. 오행상 재성의 역할은 다음과 같다.

• 일주가 강하고 관살이 약할 때는 재성이 사주에 있어서 관살을 생조하여야 팔자가 길해진다.

```
丁 庚 甲 乙
丑 申 申 亥

戊 己 庚 辛 壬 癸
寅 卯 辰 巳 午 未
```

申월 금왕지절에 출생하였을 뿐만 아니라 시지의 습토가 생금하고 일지에 건록을 만났으므로 지나치게 신왕이다. 그 반면에 시간의 丁화, 즉 정관은 무근이므로 대단히 약하다. 그러나 甲, 乙 두 재성이 丁화를 생하여 정관의 부족을 보충하고 있다. 고로 팔자가 대길하다.

• 일주가 강하고 식상(食傷) 또한 강성하더라도 재성이 다시 식상의 기운을 누출(漏出)시켜야 사주가 생생불식(生生不息)하여 팔자가 길하여진다.

$$
\begin{array}{cccc}
庚 & 庚 & 庚 & 癸 \\
辰 & 子 & 申 & 卯
\end{array}
$$

$$
\begin{array}{cccccc}
丙 & 乙 & 甲 & 癸 & 壬 & 辛 \\
寅 & 丑 & 子 & 亥 & 戌 & 酉
\end{array}
$$

초추(初秋)는 금왕지절이며 월주(月柱)와 시주(時柱)의 비견이 조신(助身)하여 신왕이며 식상은 申子辰 삼중하고 년간에 癸수가 투출되어 강하다. 고로 수기(秀氣)가 유행되어 사주가 수(秀)한데, 년지의 卯목, 즉 재성이 다시 식상의 기운을 유행시켜 사주가 생생불식하여 대길하다.

• 일주가 강성할 때는 인성은 불필요하다. 사주에 불필요한 인성이 있을 때 이 인성을 억제하는 것은 재성의 역할이다. 재성이 불필요한 인성을 제거함으로써 사주가 맑아지며 팔자가 길해진다.

```
甲 庚 戊 甲
申 申 辰 辰

甲癸壬辛庚己
戌酉申未午巳
```

일주인 庚금은 양申금에 건록을 만났으므로 신강이며, 월주
와 시지의 戊·辰토는 불필요한 인성이다.

그러나 년간과 시간의 양甲목, 즉 편재가 戊辰토를 억제하여
사주가 맑아져서 불길한 숙명은 면하게 되었다.

• 사주에 재성이 많아 신약이 된 때에는 비겁(比劫) 또는 인성을
만나야 신강이 되어 팔자가 길하게 된다.

```
丁 戊 癸 癸
巳 子 亥 酉

丁戊己庚辛壬
巳午未申酉戌
```

이 사주는 중국의 모 갑부(甲富)의 사주다. 년·월주 및 일지에
재가 창궐(猖獗)하다.

초년 금운에는 금생수하여 재를 가일층 성하게 하여 극히 빈
곤하였으나 己未 겁재대운에는 일발여뢰(一發如雷)로 치부하여
갑부가 되었다.

- 일주가 약할 때 재성이 사주에 있거나 재운을 만나는 것은 불길
  하다. 그것은 재성이 왕성하면 일주를 생조하는 인수를 극해하
  거나 관살을 생조하여 관살이 비겁을 극하기 때문이다.

$$
\begin{array}{cccc}
乙 & 庚 & 丁 & 甲 \\
酉 & 午 & 卯 & 寅
\end{array}
$$

$$
\begin{array}{cccccc}
癸 & 壬 & 辛 & 庚 & 己 & 戊 \\
酉 & 申 & 未 & 午 & 巳 & 辰
\end{array}
$$

　　이 사주는 월령이 2월이므로 일주 庚금이 실기했으며 일주를
방조할 겁재 酉금이 시지에 있으나 왕성한 재가 생하는 관살,
즉 丁·午화에 의하여 극해되어 일주를 돕지 못하고 있다. 고로
사주가 심히 불길하다.

$$
\begin{array}{cccc}
甲 & 庚 & 己 & 乙 \\
申 & 子 & 卯 & 未
\end{array}
$$

$$
\begin{array}{cccccc}
癸 & 甲 & 乙 & 丙 & 丁 & 戊 \\
酉 & 戌 & 亥 & 子 & 丑 & 寅
\end{array}
$$

　　이 사주는 시지의 申금을 제외하고는 수목으로 되어 있으므
로 신약이다. 월간에 己토 인수가 있으나 군재(群財)에 의하여
파극되어 생금하지 못하고 있다. 따라서 일사불성으로 한평생
을 보냈다.

5. 인성(印星)

인성(印星)은 정인(正印)과 편인(偏印) 양자를 말한다. 정인과 편인은 육신의 성정상 서로 그 성질이 다르나 오행상은 동일하게 취급된다. 오행상 인성의 성질은 다음과 같다.

• 일주가 약할 때 인성이 있어야만 일주를 생조(生助)하여 팔자가 길해진다. 그러나 반대로 일주가 왕성하여 신강일 때는 인성이 있으면 신강이 더욱 신강하게 되어 사주가 혼탁해져서 팔자가 불길하다.

```
丙 戊 辛 丁
辰 子 亥 卯

乙 丙 丁 戊 己 庚
巳 午 未 申 酉 戌
```

戊土가 亥월 수왕지절에 출생하고 亥卯가 삼합하여 목극을 이루고, 子辰이 삼합하수극을 이루어 재관이 지나치게 성하여 신약이다. 다행히 년과 시간의 인성이 戊土를 생하여 길할 팔자가 되었다.

• 일주가 약하고 관살이 성할 때는 특히 인성이 있어야만 부귀(富貴)할 수 있는 사주가 된다. 반면 관살이 약할 때에는 인수가 있

으면 관살이 더욱 약해져서 팔자가 불길하다. 이것은 3항 관살에서 설명하였으므로 용례(用例)를 생략한다.

· 일주가 약하고 식신 또는 상관이 성할 때 인성이 사주에 있거나 인성이 대운을 만나야 팔자가 길하다.

그것은 인성이 왕성한 식상(食傷)을 억제하거나 또는 약한 일주를 생조하기 때문이다.

```
甲 丁 甲 甲
辰 未 戌 子

庚 己 戊 丁 丙 乙
辰 卯 寅 丑 子 亥
```

이 사주는 중화민국의 건국 초기의 부총통(副總統) 여원홍(黎元洪)의 사주이다.

지지에 식신 및 상관이 왕성한데 반하여 일주 丁화는 戌과 未 중에 미근(微根)이 있을 뿐이다. 고로 신약이나 년·월·시간의 세 甲목이 있어 丁화를 생하고 토를 억제하여 신약을 면했다. 寅대운에는 용신이 왕성하여 일약 부총통이 되고 정계의 중진이 되었으나 庚辰 대운 후는 庚금이 甲목을 억제하고 식상이 성하여 정계에서 은퇴하였다.

6. 식상(食傷)

식상은 식신(食神) 및 상관(傷官)을 말한다. 식신 및 상관은 오행상 서로 그 성질이 같은 것으로 취급된다.

• 일주가 강성하여 재와 관살이 대단히 무력할 때는 왕성한 일주의 기운을 식신 또는 상관으로 누출시켜야 한다. 이를 수기유행(秀氣流行)이라고 한다. 일주가 강한 것은 좋으나 이 왕성한 기운을 누출기킬 수가 없으면 사주가 탁(濁)해지며 누출시켜야 사주가 맑아져서 길(吉)한 팔자가 된다.

```
戊 戊 甲 丁
午 戌 辰 酉

戊 己 庚 辛 壬 癸
戌 亥 子 丑 寅 卯
```

이 사주는 사주 속에 세 토와 두 화가 있어 토기가 왕성하다.

월간에 甲목이 있으나 월령이 삼월이라 목이 극성한 철기는 이미 지났다. 고로 甲목, 즉 편관을 용신으로 삼기는 너무나 약하다. 다만 왕성한 토기를 누설시키는 것만이 오행의 중화를 얻을 수 있다. 따라서 용신은 년지의 酉금 상관이다. 酉금은 辰토와 육합하여 왕성해져서 용신도 강하다.

초운 癸卯, 壬寅 대운에는 용신인 酉금과 상극되어 공명(功

名)을 얻지 못하고 형상(刑傷)을 여러 번 당하였으나 辛丑 대운
은 정히 용신운이라 과거에 급제한 후 그 벼슬이 연등(連登)하여
상서(尚書=현재의 장관)에 이르렀다.

• 신강하고 재가 약할 때에는 식상이 사주에 있거나 식상대운을
  만나면 식상이 재성을 생하여 사주가 대길해진다.

```
丁 戊 辛 戊
巳 午 酉 子

丁丙乙甲癸壬
卯寅丑子亥戌
```

이 사주는 시주(時柱)와 일지의 화가 토를 생하여 신강이다.
년지에 있는 子수, 즉 재는 왕토(旺土)에 눌려 심히 미약하다.
그러나 월주의 상관이 왕성하여 戊土의 왕성한 기운을 금으로
화하게 하고, 이것이 다시 수기(水氣)를 생조하였다. 고로 비록
유산은 미약했으나 甲子, 乙丑 대운에 목이 토를 억제하고, 子
丑이 수기를 도와 갑부(甲富)가 되었다. 그러나 丙寅 대운에는
화기가 토를 생조하고 상관을 억제하여 졸(卒)하였다.

• 신강하고 관살이 성한 사주에 있어서 식상이 관살을 억제하면
  부귀한다. 이것은 「3. 관살」에서 설명하였다.

• 식신, 상관격은 관살이 사주 속에 있거나 관살운을 만나는 것을 기휘(忌諱)하나, 이것은 모든 식상격이 그런 것이 아니므로 일률적으로 말할 것은 아니며 격에 따라 다르다.

(1) 화토식상격은 관살이 사주에 없거나 있더라도 극히 미약하여야 한다. 이를 상진(傷盡)이라고 한다. 화토식상격이란 丙丁화일생으로 未·戌월령에 해당하는 사주를 말한다. 화토식상격이 상진되어야 하는 이유는 화토가 왕성한 사주에 관살 즉 수가 끼게 되면 쇠신충왕(衰神冲旺)〔이 법칙은 뒤에 설명한다〕이 되기 때문이다. 따라서 왕성한 화토의 기운을 누출시킬 수 있는 습토(濕土), 즉 丑·辰이 사주 속에 있으면 관살이 사주 속에 있거나 관살운을 만나더라도 무방하다.

(2) 금수식상격은 화토식상격과 달라 관살이 사주 속에 있거나 관살운을 만나야 한다.

금수식상격이란 庚辛금일생으로 亥, 子, 丑월령(月令)에 해당하는 사주를 말한다. 이런 사주는 과하게 한냉(寒冷)하므로 관살, 즉 丙, 丁, 巳, 午를 만나야 조후(調候)가 되기 때문이다. 조후의 법칙은 다음 장에서 설명한다.

(3) 목화식상격은 인수를 만나야 사주가 길하다.

목화식상격이란 甲乙일생으로 巳, 午, 未월령에 해당하는 사주를 말한다.

이런 사주는 과하게 건조(乾燥)하기 때문에 인성, 즉 수기가 있어야 사주의 조후가 되기 때문이다. 사주 속에 수가 있는 이상 관살, 즉 금을 만나더라도 무방하다. 금은 수를 생하기 때문이다.

(4) 토금식상격은 인성이 있어야 사주가 길하다.

토금식상격이란 戊己일생으로 申, 酉, 丑월령에 해당하는 사주를 말한다. 이런 사주는 과습(過濕)하므로 인성, 즉 화를 만나야 조후가 되기 때문이다.

(5) 수목식상격은 재 및 관살을 만나야 사주가 길하다.

수목식상격이란 壬癸수일생으로 寅卯월령에 해당하는 사주를 말한다. 이 사주는 재를 만나면 식상생재격이 되고, 또 수가 왕성할 때에는 관살을 만나도 신약이 아니되므로 사주가 길해지는 것이다.

이상은 일반적 경향을 말한 것에 불과하므로 이에만 집착할 필요는 없다.

• 식상격은 다시 다음과 같은 유형으로 구분할 수 있다.

(1) **식상용인격(食傷用印格)** 사주에 식상이 많아 신약이면 인성이 있거나 인성운을 만나야 부귀(富貴)한다. 반대로 재나 식상을 만나면 빈천하지 않는 사람이 없다. 그것은 신약이 더욱 신약이 되기 때문이다. 사주에 식상이 많아 신약이 된 때는 인성을 만나는 것이 비겁에

의해 일주가 생조되는 것보다 낫다. 그것은 비겁은 비록 일주를 생조하더라도 궁극에는 식상을 왕성하게 하는 것인데 반하여, 인성은 일주를 생조할 뿐만 아니라 왕성한 식상을 억제하기 때문이다.

辛 戊 丁 辛
酉 午 酉 酉

辛 壬 癸 甲 乙 丙
卯 辰 巳 午 未 申

이 사주는 토금상관격으로 사주에 상관, 즉 금이 중첩하여 과도히 토기가 누설되는 신약이다. 그러나 월간의 인수가 금을 누르고 戊土를 생하여 부귀할 사주가 되었다. 초년에 목화(木火) 대운을 만나 이것이 용신인 丁화를 왕성하게 하여 과거에 장원급제하고, 소년(少年)으로 중직(重職)에 올랐으나 癸巳, 壬辰 대운에는 수가 丁화를 극하고, 辰土가 생금하여 관직에서 파면(罷免)되어 실망자민(失望自憫) 속에 보냈다.

(2) **식상생재격(食傷生財格)**　식상생재격은 일주가 강하고 재성(財星)이 약하고 식상이 있는 사주로 식상대운을 만나면 부귀하며 인성이나 비겁(比劫)운을 만나면 빈천(貧賤)하다.

```
辛 壬 丙 甲
亥 寅 子 申

壬 辛 庚 己 戊 丁
午 巳 辰 卯 寅 丑
```

　壬일이 子월 수왕지절에 출생하고 시주(時柱)의 辛금이 수를
생하여 신왕인데 반하여 월간의 丙화, 즉 재는 심히 미약하다.
그러나 년간의 甲목과 일지의 寅목이 왕성한 수기(水氣)를 목으
로 돌리고, 목이 다시 화를 생하여 재가 왕성한 사주가 되었다.
고로 중국에서도 손꼽는 유수한 갑부가 되어 수백억의 금전을
마음대로 다루는 팔자가 된 것이다.

　⑶ 식상용식상격(食傷用食傷格)　인성과 비겁이 중첩되어 있는 사
주는 식상이 사주에 있거나 식상운을 만나야 부귀한다. 이런 사주를
식상용식상격이라고 한다.
　이 격의 사주는 식상운은 길해도 재 및 관살운은 불길하다. 그것
은 인성 및 비겁이 태왕(太旺)하면 일점재관을 만나더라도 태왕한 기
운을 억제하지 못할 뿐만 아니라 반대로 왕신(旺神)을 충격하는 결과
를 가져오기 때문이다.
　작은 불은 물을 끼얹으면 꺼져도 큰 불은 더 잘 타는 법인데, 이 자
연계의 원리는 기이하게도 그대로 사주에 적용된다. 고로 식상용식
상격은 식상으로 그 왕성한 기운을 누출시켜야 한다. 특히 사주의 대

부분이 비겁으로 되고, 사주에 식상이 없으면 재운은 크게 불길하며 군비쟁재(群比爭財)가 되어 구사일생(九死一生)을 얻기도 힘들다.

$$
\begin{array}{cccc}
癸 & 壬 & 辛 & 壬 \\
卯 & 子 & 亥 & 子
\end{array}
$$

$$
\begin{array}{cccccc}
丁 & 丙 & 乙 & 甲 & 癸 & 壬 \\
巳 & 辰 & 卯 & 寅 & 丑 & 子
\end{array}
$$

이 사주는 수기가 태과하여 범람(汜濫)할 지경이다. 이런 때는 오로지 왕성한 수기를 목으로 누출시켜야 한다. 시지의 卯목이 범람한 수기를 누출시키고 있다. 초운 壬子, 癸丑 대운에는 평범하게 지내더니 甲寅, 乙卯 대운에는 정히 용신(用神)의 운을 만나 생진과(生進科=지금의 보통 고시)에 급제하고 재산이 날로 증가되더니, 丙辰 대운에는 군비쟁재(群比爭財)가 되어 왕성한 비겁이 서로 丙화를 극해서 세 아들 중 두 아들을 잃고 끝내는 부부가 다 사망하고 말았다.

7. 비겁(比劫)

비겁은 비견(比肩)과 겁재(劫財)를 말한다.

오행상 비견과 겁재의 작용은 다음과 같다.

• 일주가 약할 때에는 재관은 물론이오, 식상도 일주의 기운을 누설시키므로 해롭다. 오로지 인수와 비겁만이 일주를 생조(生助)할 수 있다. 특히 재가 많아 신약이 된 사주는 인성으로 생신(生身)하더라도 인성이 재에 의하여 극해되므로, 비겁에 의하여 조신(助身)하는 것이 효과적이다.

壬 壬 丙 己
寅 子 寅 巳

庚 辛 壬 癸 甲 乙
申 酉 戌 亥 子 丑

이 사주는 년주의 관살과 월주의 재와 월 및 시지의 식신이 있으나 일주가 약해서는 이를 향수(享受)할 수 없다. 그것은 마치 사람이 병자로서는 부귀영화를 누릴 수 없는 것과 같다. 고로 우선 신강이 되어야 한다. 신강이 되기 위해서는 비겁 또는 인수를 만나야 하는데, 이 사주는 일지의 겁재와 시간의 비견이 일주를 조신(助身)하고 있어 부귀를 감당할 수 있게 되었다.

戊 癸 丙 壬
午 亥 午 申

壬 辛 庚 己 戊 丁
子 亥 戌 酉 申 未

이 사주는 중국의 명리서(命理書) 중 백미(白眉)인 적천수(滴天髓)에 기재되어 있는 중국 갑부의 사주이다.

癸수가 午월 중하(仲夏)지절에 출생하였고 午시를 만났으니, 재관이 태왕하다. 그러나 癸수가 일지에 亥수를 만나 제왕이 되고 년간의 겁재가 申금 위에 앉아 일주를 생조하니, 가히 왕성한 재관을 감당할만 하다. 특히 대운이 서북(西北) 금수왕지(金水旺地)를 달리니, 비록 유산은 많지 않았으나 자수성가하여 거부(巨富)가 되었다.

• 앞의 경우와는 반대로 일주가 강할 때에는 비겁은 무용지물일 뿐만 아니라 여러 가지 폐단(弊端)을 가져온다. 즉 재와 관살이 약할 때에는 비겁이 있으므로 더욱 재와 관살이 약해지며, 식상이 약할 때도 또한 같다.

丙	壬	壬	壬
午	子	子	子

戊	丁	丙	乙	甲	癸
午	巳	辰	卯	寅	丑

이 사주는 연해자평(淵海子平)에 기재되어 있는 걸인(乞人)의 사주이다.

년·월·일주의 壬子가 극히 왕성한데 반하여 재인 丙午는 시주에 있을뿐 재물 생하는 식상이 사주에 없다. 군비(群比)가 丙

화를 쟁탈(爭奪)하고 지지(地支)의 子수가 午화를 충거(沖去)하여 세 사람이 한 그릇의 밥에 매달린 격이 되어 그 팔자가 거지 신세가 된 것이다.

甲 丙 甲 辛
午 子 午 巳

戊 己 庚 辛 壬 癸
子 丑 寅 卯 辰 巳

丙화가 午월 午시에 출생하고 월과 시간에 甲목이 또 화를 생하여 그 화세(火勢)가 년간의 금을 녹이고 일지의 子수를 말라버리게 하고도 남음이 있다. 이런 경우 왕성한 화기를 누설시키는 토가 사주에 있으면 무사하나 사주에 토가 없어 어려서 부모를 잃고 형수 손에 자랐다. 그러나 15~16세에 벌써 신장이 장대하고 기운이 장사되어 매양 용맹을 떨치기만 좋아하고 글 읽기를 싫어하더니 마침내는 동네 불량배가 되었다.

뒷날 호랑이를 잡으러 갔다가 호랑이에게 물려 죽고 말았다.

8. 종격(從格)

본항(本項) 이하에서 설명할 종격(從格), 화격(化格), 일행득기격(一行得氣格), 양신성상격(兩神成象格) 등은 지금까지 설명한 사주의 일반 원칙에 의하지 아니하고 특별한 원칙에 의하므로, 이를 사주추명학상의 용어로 외격(外格)이라 한다.

종격(從格)은 사주팔자의 전부 또는 대부분을 관살, 재, 식상, 인성, 비겁 중의 어느 한두 가지가 차지하고 있어, 내격(內格)과 같이 일주(日主)를 중심으로 해서 신강, 신약 등을 밝히지 않고, 사주의 대부분을 차지하고 있는 육신의 기세에 따라 용신을 정하는 사주를 말한다.

같은 종격에도 사주의 전부 또는 대부분을 차지하고 있는 육신에 의하여 다음과 같이 분류된다.

(1) **종강격(從强格)**　종강격(從强格)은 사주의 전부 또는 대부분을 비겁 또는 인성이 차지하고 있는 것을 말한다. 원래 비겁보다 인성의 많은 것을 종강격(從强格)이라 하고, 인성보다 비겁이 많은 것을 종왕격(從旺格)이라 하나, 이 양자는 사주를 푸는 방법이 대동소이(大同小異)하므로 번잡을 피해 종강격에 양자를 포함시켰다.

종강격, 즉 사주의 전부 또는 대부분이 비겁 또는 인성으로 구성되어 있는 사주는 비겁 또는 인성의 대세에 따라야 하며 이에 거슬러서는 아니된다. 고로 비겁 또는 인성의 대운을 만나면 사주가 대길(大吉)한 반면 비겁 또는 인성과 상극되는 재 또는 관살운을 만나면 사주가 대흉(大凶)하다. 식상운은 사주의 전부 또는 대부분이 비겁으로 되어 있을 때에는 좋으나, 인수로 되어 있을 때에는 흉하다.

```
乙 甲 乙 癸
亥 寅 卯 卯

己 庚 辛 壬 癸 甲
酉 戌 亥 子 丑 寅
```

이 사주의 대부분은 비견과 겁재로 되어 있으며, 년간과 시지에 인수가 있을 뿐이다. 고로 종강격이다. 초년 甲寅 대운에 진사(進士)가 되고, 癸丑운에 과거에 급제하여 벼슬길에 올랐다. 丑은 그 오행이 토이나 북방습토(北方濕土)이므로 사주의 오행상 수로 취급된다. 壬子, 辛亥 대운에는 그 벼슬이 연등(連登)하였는데, 辛亥운은 辛금이 목기와 상극되나, 오행상 금생수(金生水)하여 금이 수로 화하여 무사하였다. 그러나 庚戌 대운에는 금과 토가 상극되어 파직(罷職)되고 사망하였다.

```
辛 壬 辛 壬
丑 子 亥 寅

丁 丙 乙 甲 癸 壬
巳 辰 卯 寅 丑 子
```

이 사주의 대부분은 금과 수로 되어 있다. 그리고 년지에 寅목이 있는데, 이것은 앞에서 설명한 바와 같이 사주 속에 금이 많을 때에는 해로우나 이 사주처럼 비겁이 많을 때에는 수기유행(秀氣流行)이 되어 오히려 이롭다.

고로 甲寅 대운에 대과(大科)에 급제하여 일찍 청운의 뜻을 이루고 乙卯운에는 환도(宦途)가 순조로웠으나 丙辰 대운은 재운이라 졸망하였다.

壬 甲 壬 壬
申 子 寅 子

戊 丁 丙 乙 甲 癸
申 未 午 巳 辰 卯

이 사주는 종강격 중 인성이 많은 것이다. 시지에 관살이 있으나 申금은 子수와 삼합하여 수로 화하여 해롭지 않다.

이 사주는 비겁보다 인수가 많은 종강격이므로 앞서 설명한 바와 같이 인성 및 비겁 대운은 좋으나 식상대운은 흉하다. 고로 초운 癸卯·甲辰 대운에는 부모의 사랑 속에 애지중지 자랐으나, 乙巳 대운은 巳화 식신운이므로 인성과 상충되어 부모가 모두 돌아가시고 丙午 대운은 수화교전(水火交戰)하여 가업(家業)은 파진(破盡)되고 자신마저 죽고 말았다.

이상 설명한 종강격의 법칙, 즉 사주의 대부분을 차지하고 있는 육신과 상충되는 운을 만나서는 사주가 흉해진다는 원칙은 종강격뿐만 아니라 사주 전반에 적용된다. 앞서 「6. 식상」중 「(3) 식상용식상격(食傷用食傷格)」에서 설명한 군비쟁재(群比爭財)의 법칙도 이 원칙의 적용이다. 종강격의 법칙은 사주의 대부분이 인수 또는 비겁으로 되어 있고 한두 개의 재 또는 관살이 있을 때에도 그대로 적용된다.

```
辛 甲 乙 癸
未 寅 卯 卯

己 庚 辛 壬 癸 甲
酉 戌 亥 子 丑 寅
```

이 사주는 시주를 제외하고는 전부 비겁과 년간의 일점인수로 되어 있다. 사주의 일반 원칙에 의하면 시주의 辛금, 즉 정관을 용신으로 삼아 미약한 정관을 부조(扶助)하는 금, 토운이 이로울 것이나, 시지의 未토는 卯와 삼합하여 목으로 화하였으므로 시간의 일점 辛금은 고립무원(孤立無援)하여 용신으로 삼기에는 너무나 미약하다. 이런 때는 사주의 일반 원칙, 즉 억부법(抑扶法)에 의하지 아니하고 종강격의 법칙에 의하여야 한다.

甲寅, 癸丑 대운에는 부모의 비호(庇護)가 극진하고 유산도 풍부하였으며 壬子, 辛亥 대운에는 관운(官運)과 재운(財運)이 모두 좋았다. 그러나 庚戌운에는 토와 금이 병왕(並旺)하여 수회(受賄)하다가 그 직은 파면되고 뒤이어 파재(破財)와 아들이 병사하는 등의 참사를 당하다 자신마저 죽고 말았다.

(2) 종관살격(從官煞格) 및 종재격(從財格) 종관살격(從官煞格) 및 종재격(從財格)은 사주팔자의 전부 또는 대부분을 관살 또는 재가 차지하고 있는 사주를 말한다.

종관살격(從官煞格)은 사주의 일반 원칙과는 달리 인성 및 비겁이 사주에 있거나 그런 대운을 만나면 크게 흉하고 재나 관살운을 만나면 대길하다. 또 식상(食傷)도 사주의 대부분을 차지하고 있는 관살과 상충되어 해롭다.

종재격도 인성 및 비겁이 사주에 있거나 그런 운을 만나면 대흉하고 재나 관살운을 만나야 길하다. 그러나 종재격은 종관살격과는 달리 식상은 사주의 대부분을 차지하고 있는 재를 상생(相生)하므로 길하다.

종재격은 그 사주팔자 중에 식상(食傷)이 있으면 비단 공명(功名)을 크게 떨칠뿐만 아니라 일생을 통해 크게 흉한 일을 당하지 아니한다. 그것은 종재격이 가장 싫어하는 비겁운을 만났더라도 사주 중의 식상이 오행상생(五行相生)의 법칙에 의하여 비겁을 재로 화하게 하기 때문이다. 만일 종재격이 사주 중에 식상이 없으면 학문(學問)에 전혀 취미를 가질 수 없을 뿐만 아니라 일단 비겁운을 만나면 크게 흉한 일을 당한다. 그리고 종재격은 일반적으로 편친(片親) 슬하에서 자라나고 형제가 적다.

$$辛\ 甲\ 甲\ 乙$$
$$未\ 申\ 申\ 丑$$

$$戊\ 己\ 庚\ 辛\ 壬\ 癸$$
$$寅\ 卯\ 辰\ 巳\ 午\ 未$$

이 사주는 종관살격이다. 비록 년 및 월간에 비겁이 있으나

시간 및 지지(地支)의 대부분을 관살이 차지하고 있으므로 종관살격이 된 것이다.

초운 癸未 대운에는 壬·癸가 인성이고, 午未가 식상이므로 부모 덕 없이 고생 속에 보냈다. 辛巳·庚辰 대운에는 관살운이므로, 백수(白手)로 성가(成家)하고 수만금의 축재까지 하였다. 辛巳 대운의 巳는 그 오행이 화이나 년지의 丑과 삼합하여 금으로 화하였으므로 무사했던 것이다.

己卯 대운은 운간(運干)은 재이나 운지(運支)가 卯목, 즉 겁재이므로 화재(火災)를 당하여 파재(破財)하고, 戊寅 대운에는 죽고 말았다.

```
乙 壬 庚 丙
巳 午 寅 寅

丙 乙 甲 癸 壬 辛
申 未 午 巳 辰 卯
```

이 사주는 종재격이다. 사주의 대부분을 목과 화, 즉 식상과 재가 차지하고 있어 식상이 있는 종재격이 되어 사주가 대길하다. 월간에 인성이 있으나 년간의 재가 이를 억제하여 무해하다. 고로 일찍 과거에 급제하여 그 벼슬이 차관(次官)에 이르렀다.

(3) **종아격(從兒格)**　종아격(從兒格)은 팔자의 전부 또는 그 대부분을 식상(食傷)이 차지하고 있는 사주를 말한다. 식상은 사주추명학상

자식(子息)을 의미하므로, 이를 종아격이라고 명명(命名)한 것이다.

종아격은 사주에 인성이 있거나 인성운을 만나는 것을 제일 혐기(嫌忌)하며 다음은 관살을 싫어한다. 그것은 인성 및 관살은 식상과 상충되기 때문이다. 종아격은 사주에 재가 있거나 재운을 만나면 부귀하지 않는 사람이 없으며, 그 인물 역시 총명하고 학문이 정순(精醇)하다. 비겁운은 일반적으로 재와 상극되기 때문에 불길하다.

$$
\begin{array}{cccc}
辛 & 辛 & 辛 & 壬 \\
卯 & 卯 & 亥 & 子
\end{array}
$$

$$
\begin{array}{cccccc}
丁 & 丙 & 乙 & 甲 & 癸 & 壬 \\
巳 & 辰 & 卯 & 寅 & 丑 & 子
\end{array}
$$

이 사주는 비록 월과 시간에 비견이 있으나 월령이 식상이 왕성한 때이고, 팔자의 대부분을 식상과 재가 차지하고 있으므로 종아격이다. 고로 어려서부터 총명하여 독서 두세 번에 능히 전문장을 암기하였다.

甲寅 대운에 벼슬길에 올라 그 사로(仕路)가 순탄하였으나 丙辰 대운은 관살과 인수운이라 졸망(卒亡)하였다.

(4) 종세격(從勢格)　종세격(從勢格)이란 사주팔자에 인성 및 비겁이 전혀 없거나 있더라도 극히 미약하고 재, 관살 및 식상 삼자가 똑같이 왕성하여 서로 그 강약을 구별할 수 없는 것을 말한다.

재, 관살 및 식상 중 어느 하나가 특히 왕성할 때는 앞서 설명한 종재격(從財格), 종관살격(從官煞格) 및 종아격(從兒格) 등의 법칙에 의하여 해결하면 된다. 그러나 종세격은 재, 관살 및 식상이 병왕(並旺)하여 그 강약을 구분할 수 없는 것을 말하므로, 다음과 같은 법칙에 의한다.

즉 오행상생의 법칙에 의하여 식상과 관살을 화해(和解)시키는 재운이 가장 길(吉)하고, 다음은 관살운이고, 그 다음은 식상운이다. 그리고 비겁 및 인성운은 흉(凶)하다.

```
甲 癸 壬 丙
寅 巳 辰 戌
戊 丁 丙 乙 甲 癸
戌 酉 申 未 午 巳
```

이 사주는 癸수가 목기가 성하는 辰월에 출생하고 일주를 돕는 겁재가 월간에 있을 뿐 팔자의 대부분이 재, 관살 및 식신으로 되어 있으므로 종세격이다. 甲午 대운에 과거에 등과하여 乙未 대운에 출사(出仕)하였으며, 丙申, 丁酉 대운에는 申酉금이 인성이므로 극히 불리할 것 같으나 운간(運干)의 丙丁화가 금을 억제하여 관운이 무사하였다. 戊戌 대운에는 정관운이라 관찰사(觀察使=지금의 도지사)의 벼슬에 올랐다.

戊戌운 다음의 己亥운에는 亥수가 일주 癸수를 방조하므로 사망하였다.

9. 가종격(假從格)

종격은 종강격을 제외하고는 모두 일주(日主)가 극히 미약하여, 사주에 비겁 또는 인성이 없거나 있더라도 천간(天干)에 한두 개 있을 뿐이다. 원래 같은 육신이라도 천간에 있는 것과 지지(地支)에 있는 것은 그 힘에 있어 현저한 차이가 있는 것이니, 지지에 있는 육신은 천간에 있는 육신의 3배의 영향력을 가지고 있다. 고로 천간에 비겁이 세 개 있는 것보다도 지지에 한 개의 비겁이 있는 것이 보다 더 일주를 부조(扶助)할 수 있는 것이다.

일반적으로 지지에 비겁 또는 인성이 있으면 종격(從格)으로 보지 않고 사주의 일반 법칙 즉 억부법(抑扶法)에 의할 것이다. 그러나 천간에 한두 개의 비겁 또는 인성이 있거나, 지지에 한 개의 비겁 또는 인성이 있더라도 나머지 간지(干支)가 식상, 재 및 관살로 되어 있어 비겁 또는 인수를 파극(破剋)할 때는, 이를 가종격(假從格)이라 하고 종격과 같은 법칙에 의한다. 따라서 사주에 식상이 많을 때는 종아격, 관상이 많을 때는 종관살격, 재가 많을 때는 종재격의 법칙에 따른다. 그리고 가종격은 성질상 종강격에는 있을 수 없다.

甲 乙 癸 己
申 丑 酉 巳

丁 戊 己 庚 辛 壬
卯 辰 巳 午 未 申

이 사주는 중국의 갑부 오성원(吳星垣)의 사주다. 시간에 겁재가 있으나 시지의 申금에 눌려 무력하고, 월간의 인성은 酉금이 상생(相生)하여 왕성하나 년간의 己에 의하여 파극되어 일주인 乙목을 생조(生助)하지 못하고 있다. 고로 이 사주는 가종격이다. 즉 사주에 관살이 많으므로 종관살격이며, 길흉(吉凶)은 종관살격과 같다.

중년까지 未, 巳 화운을 만나 사주의 관살, 즉 금과 상극되어 여러 번 상업에 실패하여 파산하였으나 戊辰 대운에는 戊토가 이 사주의 병(病)인 癸수를 억제하고 또 관살인 금을 생하여, 벼락같이 치부하여 중국 유수의 갑부가 되었다. 丁卯운은 丁화가 금과 상충하고 卯목이 일주를 부조(扶助)하여 사망하였다.

乙 壬 辛 己
巳 午 未 卯

乙 丙 丁 戊 己 庚
丑 寅 卯 辰 巳 午

이 사주는 중국의 성장(省長)의 사주다.

壬수가 未월에 출생하고 지지의 巳, 午수가 토를 생하므로 종관살격으로 볼 것이나, 월간에 辛금이 있어 가종격이다.

비록 사주상에 식상이 있으나 오행상생의 법에 따라 식상이 재로 화하고, 재가 다시 관살로 화하였으므로 종관살격과 같은 법에 따르면 된다.

이 사주의 주인공은 생진과(生進科 = 현재의 보통 고시에 해당함)
출신으로 丁卯, 丙寅 대운에는 월간의 辛금을 극진(剋盡)하여 그
벼슬이 성장에 이르렀다. 이 사주가 가종격인 이상 辛금은 흉신
(凶神)이므로 파진되어야 사주가 맑아지는 것이다.

이상 두 용례(用例)에서 본 바와 같이 가종격은 일견 억부법(抑扶
法)에 의하여 해결해야 할 것 같으나 실은 정반대이니 초학자 여러분
은 세심한 주의를 하여야 할 것이다.

10. 화격(化格) 및 가화격(假化格)

앞서 설명한 종격과 비슷한 것에 화격이 있다. 제1편 제4장에서
설명한 간합(干合)이 사주상의 일주를 중심으로 해서 시간 또는 월간
에 있고, 그 간합이 표시하는 오행에 해당하는 간지가 많이 있는 사
주를 화격(化格)이라 한다.

즉 甲己는 간합하여 토가 되는데, 일주가 甲일이고 월간 또는 시간
에 己토가 있든지 己일 때는 월간 또는 시간에 甲목이 있는 것을 말
한다. 그러나 화격이 성립되기 위해서는 다시 월지(月支)가 간합의
오행과 일치해야 한다. 고로 甲己의 화격은 월지가 辰戌丑未월이어
야 하고, 丙辛의 화격은 월지가 申子辰亥월이어야 한다. 申 및 辰은

그 오행이 수는 아니나 삼합하여 수로 화하므로 무방하다.

戊癸의 화격은 월지가 寅午戌巳월이어야 하고, 乙庚의 화격은 월지가 巳酉丑申월이어야 하며, 丁壬의 화격은 월지가 亥卯未寅월이어야 한다.

그리고 화격은 사주 속에 간합이 표시하는 오행에 해당하는 간지가 많을수록 길한데, 만일 이것이 부족할 때는 이를 생하는 운이 길하고, 반면 태과(太過)할 때는 이를 누출(漏出)시키는 운이 길하다. 가령 甲己토의 화격에 있어서 사주 속에 토가 부족할 때는 토운이나 토를 생하는 화운이 길하고, 반대로 사주 전체가 토로 되어 토기(土氣)가 과다(過多)할 때는 이 토기를 누설(漏泄)시키는 금운이 길하다. 그리고 토기와 상극되는 수 또는 목운은 모두 불길하다.

가화격(假化格)은 화격 중 그 사주 중에 화기(化氣)와 상충되는 간지가 있는 것을 말한다. 즉 甲己 화격에 있어 토기와 상충되는 목 또는 수기가 사주 중에 있는 것을 말한다. 일반적으로 가화격에 해당하는 사주팔자는 유년시(幼年時) 고독하고 고난이 많은 것이 특징인데, 가화격이더라도 화격과 같은 길운을 만나면 부귀다복(富貴多福)할 수 있다. 반면 길운을 만나지 못하면 그 성격이 거만하고 의심이 많으며, 평생을 통해 일사불성(一事不成)하기 쉽다.

己 甲 壬 戊
巳 辰 戌 辰
戊丁丙乙甲癸
辰卯寅丑子亥

이 사주는 甲己토화격이다. 甲己 간합이 있고 戌월지이며 사주의 대부분을 토가 차지하고 있으므로 토기가 과다하다. 월간에 壬수가 있으나 년간의 戊토가 이를 억제하고 있으므로 무방하다. 초년에는 토기와 상충되는 목수운을 만나 공명(功名)을 얻지 못하였으나, 乙丑 대운에는 과다한 토기를 丑이 누설시켜 과거에 급제하여 그 벼슬이 관찰사(觀察使)에 이르렀다. 원래 丑은 그 오행이 토이나 丑과 辰은 습토(濕土)라 하여 그 작용상 금과 같다.

壬 壬 丁 丁
寅 寅 未 巳
癸壬辛庚己戊
丑子亥戌酉申

이것은 여자의 사주이다. 丁壬목화격이나 사주상에 화가 많아 목기(木氣)가 과하게 누출되어 있어 목기를 상생하는 수운을 만나야 길한 사주다. 초년에 목기와 상충되는 토금운을 만나 30세 미만에 청상과부(靑孀寡婦)가 되었으나, 40세 후 辛亥, 壬子

대운에는 수운을 만나 여자로서도 수억의 치부를 하였다.

```
戊 辛 丙 癸
子 亥 辰 丑

庚 辛 壬 癸 甲 乙
戌 亥 子 丑 寅 卯
```

이것은 청(淸)나라의 중흥공신(中興功臣) 낙병장(駱秉章)의 사주다. 丙辛수의 간합이 있고 子·亥·丑수기가 사주에 있으나 월지가 辰이고 戊토가 있어 가화격이다.

그러나 묘하게도 중년부터 연속하여 수운을 만나 일세에 훈명(勳名)을 떨친 공신이 되었다.

```
戊 癸 辛 甲
午 亥 未 寅

丁 丙 乙 甲 癸 壬
丑 子 亥 戌 酉 申
```

이 사주는 일지에 亥수가 있고 월간 辛금이 있어 일주를 생조(生助)하므로 억부법(抑扶法)에 의하여 해결해야 할 사주 같으나, 辛금은 사주상의 목화에 눌려 무력해지고 亥수는 未와 삼합하여 목으로 화하였으므로 戊癸화의 가화격이 되었다.

초년에는 壬申, 癸酉의 금수운을 만나 화기와 상충되어 고고

(孤苦)가 극심했으나 甲戌, 乙亥운에는 부족한 화기를 목이 생하므로 공명(功名)과 재백(財帛)을 공히 얻었다. 그러나 丙子운은 子수와 화기가 상충하여 壬子년에 죽고 말았다. 이러고 보면 인간사 모두 숙명이라 아니할 수 없다.

이상 설명한 가화격은 특히 많은데, 가화격을 일반 사주 원칙에 의해 신약(身弱)사주로 보고, 억부법에 의하여 인성 및 비겁운만 길하다고 보면 운명 판단에 큰 차질을 가져오게 된다. 가화격과 신약사주의 구별은 일주를 생부(生扶)하는 육신이 무력한가 아닌가에 의하는데, 독자 여러분은 이 점에 세심한 주의를 해주기 바란다.

11. 일행득기격(一行得氣格)

일행득기격(一行得氣格)은 앞서 설명한 종강격의 일종이다. 사주를 푸는 방법도 종강격 중 비겁이 많은 것과 똑같다. 다만 사주추명학의 비조(鼻祖)인 서공승(徐公升)이 쓴 연해자평(淵海子平)에서 특별히 취급했기 때문에 오늘날까지 일반적으로 종강격에서 분리하여 설명하고 있다.

일행득기격에는 다음과 같은 것이 있다.

1. 甲乙일생으로 지지(地支)에 寅卯辰 또는 亥卯未 전부가 있고,

금이 섞여 있지 않을 것 — 이것을 곡직인수격(曲直仁壽格)이
라 한다.

2. 丙丁일생으로 지지에 巳午未 또는 寅午戌 전부가 있고 수가
섞여 있지 않을 것 — 이것을 염상격(炎上格)이라 한다.

3. 戊己일생으로 지지에 辰戌丑未 전부가 있고 목이 섞여 있지
않을 것 — 이것을 가색격(稼穡格)이라 한다.

4. 庚辛일생으로 지지에 申酉戌 또는 巳酉丑 전부가 있고 화가
섞여 있지 않을 것 — 이것을 종혁격(從革格)이라 한다.

5. 壬癸일생으로 지지에 亥子丑 또는 申子辰 전부가 있고 토가
섞여 있지 않을 것 — 이것을 윤하격(潤下格)이라 한다.

이상 일행득기격은 종강격 중 사주에 비겁이 많은 것과 동일하게
취급되므로 인성, 비겁 및 식상운은 길하고 재 및 관살운은 불길하
다. 만일 사주에 식상이 있을 때에는 인성이 식상을 극해(尅害)하므
로 인수운은 불길하다.

丙 甲 丁 甲
寅 辰 卯 寅

癸 壬 辛 庚 己 戊
酉 申 未 午 巳 辰

甲일생으로 지지에 寅卯辰 전부가 있으므로 곡직인 수격이
다. 월간과 시간에 식상이 있어 왕성한 목기를 누출(漏出)시켜

수기(秀氣)가 유행되어 길한 사주다.

　고로 소년으로서 과거에 등과하여 중직에 올랐다. 중년에 비록 금운을 만났으나 사주상의 丙丁화가 이를 억제하여 무사하였다. 그러나 壬申 대운에는 壬수가 화를 파극(破剋)하여 그 직을 사임하고 귀향(歸鄕)하였다가 사망하였다.

```
壬 癸 辛 壬
子 丑 亥 子

丁 丙 乙 甲 癸 壬
巳 辰 卯 寅 丑 子
```

　癸일생으로 지지에 亥子丑이 있으므로 윤하격이다. 초년운이 길하여 학문(學問)에 전심(專心)하고, 甲寅 운에는 수기유행하여 과거에 급제하고 乙卯운에는 군수(郡守)를 거쳐 도지사(道知事)에 이르렀으나 丙辰 대운에는 재운이므로 군비(群比)가 쟁재(爭財)하여 죽고 말았다.

12. 양신성상격(兩神成象格)

　양신성상격(兩神成象格)이란 목화, 화토 등 두 개의 오행이 사주의 양간양지(兩干兩支)를 각각 차지하고 있는 사주를 말한다.

　일반적으로 양간양지(兩干兩支)를 다른 두 개의 오행이 차지하고 있는 한 모두 양신성상격으로 취급하고 있으나, 실상 토금, 금수, 수목, 목화, 화토 등 서로 상생하는 두 개의 오행으로 구성되어 있는 사주에 한하는 것이 타당할 것이다. 그것은 목토, 토수, 수화, 화금, 금목 등 서로 상극되는 오행으로 구성되어 있는 사주는 억부법(抑扶法)에 의하여 해결하여야 하기 때문이다.

서로 상생하는 두 개의 오행으로 구성되어 있는 사주, 즉 양신성상격을 푸는 방법은 종강격의 방법과 같다. 즉 목과 화의 양신성상격은 목화운이 가장 길하며, 토금운은 목화와 상충되므로 가장 불길하다. 양신성상격은 길운을 만나면 부귀할 수 있으나, 만일 흉운을 만나면 빈천하게 된다. 실상 양신성상견은 그 길운이 제한되어 있어 한평생을 통해 복록(福祿)을 누리기 곤란하다.

丁 甲 丁 甲
卯 午 卯 午

癸 壬 辛 庚 己 戊
酉 申 未 午 巳 辰

이 사주는 목과 화가 각각 이간 이지를 차지하고 있어 목화의 양신성상격이다. 己巳 대운은 화운이라 과거에 등과하여 그 문명(文名)을 떨쳤으나 庚午 대운에는 庚금이 목과 상충되어 그 관직을 강등(降等)당하였다. 장차 壬申 대운에는 큰 화를 면치 못할 것이다. (滴天髓에 게재된 중국인의 사주다.)

辛 戊 辛 戊
酉 戌 酉 戌

丁 丙 乙 甲 癸 壬
卯 寅 丑 子 亥 戌

이 사주는 토와 금이 각각 반씩 사주팔자를 차지하고 있으므로
양신성상격이다. 초년 수운은 금과 상생되어, 소년으로서 과거에
등과하여 요직(要職)을 역임하다가 丙寅운에 졸하였다.

丙 壬 丙 壬
午 子 午 子

壬 辛 庚 己 戊 丁
子 亥 戌 酉 申 未

이 사주는 수화가 각각 이간 이지를 차지하고 있으므로 양신
성상격으로 보기 쉬우나, 수화는 서로 상극되므로 사주의 일반
법칙, 즉 억부법(抑扶法)에 의하여 해결해야 한다.

壬수가 午월 생하고 丙午화가 월주(月柱)와 시주(時柱)를 차지
하고 있으므로 신약이다. 고로 인성 및 비겁운이 길하다. 불행
하게도 초년에 丁未 대운을 만나 戊午년에 부모를 잃고 거지가
되었다가 戊申운에 독지가의 지우(知遇)를 받았으며 己酉 운에
는 수만금(數萬金)의 재산을 모아 부자가 되었다.

제3장

간명비법(看命秘法)

1. 중화(中和)

사주 중 가장 길한 것은 중화(中和)된 사주이다. 사주가 중화되면 부귀영화를 누릴뿐만 아니라 인간오복(人間五福)을 모두 구비하게 된다.

앞서 설명한 억부법도 강자를 억제하고 약자를 생조하여 궁극에는 사주상의 오행을 중화시키자는 것이다.

대개의 사주는 오행이 중화되지 아니하여 혹은 신약이거나 혹은 신왕이거나 혹은 용신이 부족되거나 한데 이런 사주는 용신과 화합되는 운을 만나면 안길(安吉)하나 일단 용신과 상반되는 운을 만나면 역경에 처하게 된다. 그러나 중화된 사주는 순운(順運)에는 대발전을 이루고 역운(逆運)에도 평온 무사하게 지낼 수 있다.

중화된 사주는 사주 중의 오행의 유통(流通)에 부족됨이 없고 일간을 극루(剋漏)하는 육신과 생조(生助)하는 육신이 서로 중화, 형평(衡平)을 이루고 있는 것을 말한다.

```
甲 己 丙 甲
子 丑 寅 子

壬 辛 庚 己 戊 丁
申 未 午 巳 辰 卯
```

이는 청나라 재성 유용(劉鏞)의 사주다. 재·관이 강성하나 월간의 인수 또한 寅월에 장성하고 왕성한 정관을 인(印)으로 화하게 하여 재관이 인수와 서로 중화되어 있다. 일지의 丑 중에 금이 있어 목을 누르고 있어 사주에 결함이 없다. 고로 과거에 급제하여 태평세월에 재상직에 올랐으며 한평생 관운이 그치지 아니하였다.

```
戊 戊 庚 庚
午 辰 辰 申

丙 乙 甲 癸 壬 辛
戌 酉 申 未 午 巳
```

토가 넷이나 있고 시지의 午화가 생토하여 과하게 신왕인 것 같으나, 금 또한 셋이나 되고 습토(濕土)인 辰이 생금(生金)하여 일간의 기운을 빼고 있어 서로 중화되어 있다. 수목이 사주에

섞이지 아니하여 순수하다. 한평생 관도(官途)에 있었으며 30여
년 동안이나 태평재상(太平宰相)을 지내다 80여 세 子운에 졸하
였다.

　사주 중에는 오행을 모두 구비하고 그것이 생생불식하여 시냇물
흐르듯 유통(流通)되어 있는 것이 있다. 이런 사주에 일간을 생극(生
剋)하는 육신이 서로 평형(平衡)되면 중화된 사주가 된다.

己 丁 甲 壬
酉 亥 辰 寅

庚 己 戊 丁 丙 乙
戌 酉 申 未 午 巳

　壬亥수가 甲寅목을 생하고 목이 일간 丁화를 생하고 화가 己
토를 생하고 토가 酉금을 생하고 금이 또다시 수를 생하여 사
주가 생화불식(生化不息)하고 오행이 주류무체(周流無滯)하고 있
다. 재와 관이 왕성할뿐만 아니라 인수 또한 왕성하다. 고로 관
직이 일품 벼슬에 이르렀으며 재산은 수백만 량에 달하고 자손
에 경사스러운 일이 그치지 아니하고 수는 팔순에 이르렀다.

```
辛 己 丙 甲
未 巳 寅 子

壬 辛 庚 己 戊 丁
申 未 午 巳 辰 卯
```

이 사주는 목생화, 화생토, 토생금으로 오행이 유통되어 막힌
데가 없다. 고로 과거에 급제하여 한평생 관도(官途)에 있었으며
그 벼슬이 극품(極品)에 이르고, 그 자손에도 과거에 급제하는
사람이 그치지 아니하고 수는 90여 세에 이르렀다.

2. 통관(通關)

사주 중에 왕성한 두 오행이 대립되어 있어 어느 것이나 억제하기
곤란한 경우, 이를 서로 유통하게 하는 육신으로 용신을 삼는 경우가
있는데, 이 경우 그 용신을 통관지신(通關之神)이라고 한다.

가령 정재와 인수가 서로 대립하여 있을 때 그 세력이 양립하여 어
느 하나를 억제하기 곤란한 경우, 관살로 재생관, 관생인하여 양자를
서로 유통시켜 오행의 중화를 도모한다. 따라서 이런 경우 사주의 일
반 원칙과 달리 용신은 관성(官星)이다.

이것을 천상(天上)의 관내(關內)에 있는 직녀(織女)와 관외에 있는
우랑(牛郞)이 통관하여 동방(洞房)에 들어가는 것에 비유하여 통관지

신이라고 한다.

庚 丁 丁 己
子 巳 卯 未
辛 壬 癸 甲 乙 丙
酉 戌 亥 子 丑 寅

이 사주는 월지의 인성(印星)과 시간의 재성(財星)이 서로 대립되어 있다. 인성은 월지를 차지하고 또 卯未가 삼합하여 왕성한다. 시지의 정재 역시 己土에 의하여 생하여지고 子수의 호위를 받아 왕성하다. 고로 용신은 관성이다. 癸亥壬 대운에 관계에서 요직을 지내다가 戌운에 퇴직하고 辛酉운 다음의 庚申운 丙寅년에 졸하였다. 보통 이 사주를 식신생재(食神生財) 혹은 재자약살(財滋弱煞)격으로 보나 이는 잘못이다. 만일 식신을 용신으로 본다면 戌운에 어찌 퇴직하였으며, 또 재를 용신으로 본다면 재가 가장 왕성한 庚申운에 졸할 리가 만무하다.

庚 丙 戊 辛
寅 午 戌 酉
壬 癸 甲 乙 丙 丁
辰 巳 午 未 申 酉

이는 중국의 군벌(軍閥) 염석산(閻錫山)의 부친의 사주이다.

양인과 재가 서로 대립되어 있어 필경 식신이 통관지신이다. 식신인 戊토가 월의 간지를 차지하고 있어 사주가 대길하다.

대운이 壬辰에 이르러 습토(濕土)가 생금하여 식신이 비견, 겹재와 재의 사이를 소통시키어 아들이 도독(都督)의 자리에 올라 아들로 인하여 자신도 부귀영화를 누리게 되었고 辛卯운에 졸하였다.

```
甲 己 庚 戊
子 丑 申 寅

丙乙甲癸壬辛
寅丑子亥戌酉
```

이 사주는 정관과 상관이 서로 교차(交叉)되어 있다. 시간의 甲목은 시지의 子가 생하므로 강하다. 월지의 상관 庚금도 申월을 만나 그 기운이 왕성하다. 그러나 관상(官傷)을 병용할 수 없으며 또 어느 하나를 억제하기도 곤란하다. 다만 재로서 서로 소통시킬 수 밖에 없으므로 재는 통관지신이다. 고로 亥, 甲, 子운에는 관계에 나서 그 직위가 국장에 이르렀으며 乙丑운에는 금이 왕성하여 그 직을 떠났다. 다음 丙寅운은 庚금을 억제하고 甲목을 도와 일생 최미(最美)의 운으로 보이나, 왕성한 庚금과 상충되어 복직은 고사하고 처자마저 잃고 억울하고, 무료한 나머지 불도에 귀의하였다.

사주팔자의 대부분이 두 개의 육신으로 되어 있고, 두 육신이 서로 세력이 균등하면서 상극되어 있을 때 용신은 이를 소통시키는 육신이다. 이도 통관의 일종이다. 금과 목이 양립할 때 수가 용신이 되며, 수와 화가 대립된 때는 목이 용신이다. 즉 이 경우 불급을 부조하는 오행이나 태과를 억제하는 오행이나 모두 용신이 아니며 인수나 식신만이 용신이다. 그러나 이것은 양신(兩神)이 서로 균등한 세력에서 대치(對峙)한 때이며, 어느 한쪽의 세력이 약할 때에는 사주간명법의 일반 원칙에 의한다.

$$
\begin{array}{cccc}
辛 & 辛 & 辛 & 辛 \\
卯 & 卯 & 卯 & 卯 \\
\hline
壬 & 壬 & 壬 & 壬 \\
寅 & 午 & 寅 & 午
\end{array}
$$

이 두 사주는 모두 금목, 수화 양신으로 사주가 되어 있으나 일간의 세력이 약하여 모두 종재격이다. 고로 통관에 의하여 사주를 해결할 것이 아니라 종재격의 법칙에 의할 것이다.

$$
\begin{array}{cccc}
庚 & 辛 & 乙 & 辛 \\
寅 & 酉 & 未 & 卯 \\
\end{array}
$$

$$
\begin{array}{cccccc}
己 & 庚 & 辛 & 壬 & 癸 & 甲 \\
丑 & 寅 & 卯 & 辰 & 巳 & 午
\end{array}
$$

이는 모갑부의 사주다. 未월생이므로 금, 목 모두 왕성한 달

은 아니나 네 금과 네 목(未는 卯와 삼합하여 목으로 화했다)이
서로 대립되어 그 기운이 비슷하다. 용신은 금과 목을 서로 소통
시키는 수이다. 고로 壬辰 대운에 가장 사업이 번창했으며 辛卯,
庚寅 대운에는 금 또는 목을 왕성하게 하므로 기복이 많았다.

庚 壬 庚 丙
子 午 子 午

丙乙甲癸壬辛
午巳辰卯寅丑

이 사주는 재와 일간이 모두 강하고 서로 대립되어 있어 용신
은 식신 또는 상관이다. 사주 중에는 식상이 되는 목이 없으나
대운이 일로 목운이므로 관직에 올라 그 직위가 지사(知事)에 이
르렀다.

3. 조후(調候)

천지간의 만물(萬物)은 음양의 조화에 의하여 이루어졌다. 남성 또
는 여성만으로는 인간 사회가 유지될 수 없으며 건조한 사막이나 한
랭(寒冷)한 빙원(氷原)에는 생물이 존재할 수 없다. 이와 같은 자연계
의 원리는 사주에도 적용된다. 음양 및 오행의 조화를 존중하는 사주

추명학에 이 원칙이 적용됨은 오히려 당연하다고 해야 할 것이다.

사주상의 음양의 조화를 조후(調候)라고 한다.

조후는 자연계의 천기(天氣) 및 기온과 마찬가지로 한난조습(寒暖燥濕)의 오행상의 조화이다.

오행상의 한, 난, 조, 습은 다음과 같다. 천간의 금, 수, 즉 庚辛壬癸는 한(寒)하고, 목, 화, 즉 甲乙丙丁은 난(暖)하다. 토, 즉 戊己는 한난의 중간에 위치한다. 지지의 금, 수, 즉 申酉亥子는 습(濕)하고, 목, 화, 즉 寅卯巳午는 조(燥)하다. 토는 戌·未는 조하고 辰·丑은 습하다.

이를 계절별로 보면 추동지절(秋冬之節)은 한습(寒濕)하고, 춘하지절(春夏之節)은 난조(暖燥)하다.

이와 같은 한난조습, 즉 기후(氣候)의 조절은 다음과 같다.

- 사주 전체를 관찰하여 과하게 한습하면 난조지기(暖燥之氣)가 필요하고, 과하게 난조하면 한습지기(寒濕之氣)가 필요하다. 이 원칙에 적합한 사주는 길하고 반대되는 사주는 불길하며, 복택(福澤)이 부족하다. 따라서 사주가 과하게 한습 또는 난온할 때는 억부(抑扶), 병약(病藥) 등의 원칙에 의하지 아니하고, 우선 이상 말한 조후에 의하여 용신을 정해야 한다.

- 임철초(任鐵樵)는 그의 저서 적천수징의(滴天髓徵義)에서 조후에 대하여 다음과 같이 말하고 있다. 사주 전체가 극심하게 한습하여 난조한 기운이 전혀 없거나, 있더라도 무근(無根)할 때는 반

대로 난조한 기운이 전혀 없어야 하고, 극심하게 난조할 때는 한습지기가 전혀 없어야 한다.

이것은 소위 「음극즉양생 양극즉음생(陰極則陽生 陽極則陰生)」이라는 천지자연의 이치와 같다. 또 그는 「사주가 극심하게 한습 또는 난조하여, 난조 또는 한습의 기운이 무근한 사주도 난조지기 또는 한습지기를 만나 부귀공명(富貴功名)을 얻는 수가 있으나, 외면만 화려할 뿐 내면은 불실(不實)하며, 복택(福澤)은 있더라도 흠결(欠缺)이 그치지 아니한다.」라고 말하고 있다.

이 임철초의 주장은 아직 적중 여부가 확정된 것은 아니나, 간명법상 참고로 해야 할 것이다.

甲 甲 甲 甲
戌 寅 戌 戌

庚 己 戊 丁 丙 乙
辰 卯 寅 丑 子 亥

이 사주는 청국(淸國) 말엽의 혁명가 황극강(黃克强)의 사주이다.

사주팔자의 전부가 甲寅목과 戌토로 되어 사주가 지나치게 난조하다. 고로 용신은 한습지기이며, 재왕신약격으로 보고 비겁을 용신으로 삼아서는 아니된다.

사주가 천간일기(天干一氣)로 되어 순수하나, 조후가 되지 아니하여 평생을 통해 복택이 부족했다. 중년까지 한습지기를 만나 명성을 떨쳤으나, 戊寅 대운에 사주가 더욱 난조하여져서 병사하였다.

```
辛 壬 辛 辛
丑 寅 丑 丑

丁丙乙甲癸壬
未午巳辰卯寅
```

이것은 여자 사주이다. 壬수가 丑월에 생하고 년, 월, 시주가 전부 辛丑으로 되어 사주가 한습하다. 그러나 다행하게도 일지에 寅목이 있어 한습한 천지에 춘광(春光)을 비친듯하다. 대운이 일로 동남양화지지(東南陽和之地)이므로, 친정과 시댁이 모두 번창하고 남편이 고귀하였다.

```
癸 戊 辛 丙
丑 子 丑 子

丁丙乙甲癸壬
未午巳辰卯寅
```

이것은 청국의 중흥공신(中興功臣) 팽옥린(彭玉麟)의 사주이다.

토금상관격으로 금수가 투출되고 상관과 정재가 모두 왕성하나, 丑월 엄동지절에 출생하여 조후가 긴급하다. 중년 이후 丙午 화운을 만나 공명이 천하를 진동했다.

4. 정신기(精神氣)

사주가 좋으려면 정신기(精神氣) 삼자가 충족되어야 한다. 정(精)이란 일간을 생하는 육신을 말하고, 신(神)이란 일간을 극하는 육신을 말하며, 기(氣)는 일간과 동기인 비견 또는 겁재를 말한다.

사주가 길할려면 정이나 기만 충족해도 안되며 신만 왕성해도 안된다. 정신기 삼자를 균등하게 구비하여야 한다. 정만 왕하면 사주가 비대(肥大)해지고, 기만 왕하면 유통이 되지 않아 답답하고, 신만 왕하면 유약(懦弱)해진다. 반면 정이 부족하면 사주가 신약이 되고, 기가 부족하면 정신이 족하더라도 부귀(富貴)가 길지 못하고, 신이 부족하면 사주가 무용지물이 된다. 정신기 삼자가 충족하면 자연히 사주도 중화되기 마련이다.

```
戊 丙 甲 癸
戌 寅 子 酉

戊 己 庚 辛 壬 癸
午 未 申 酉 戌 亥
```

이 사주에서 丙寅화를 생하는 甲목이 정(精)이다. 목은 癸子수를 만나 생조되어 왕강(旺强)하다. 고로 정이 왕성하다. 戊과 寅의 지장 간에 丁·丙화가 있으니 기(氣)도 또한 충족하다. 戊토가 화의 기운을 누출(漏出)시키니 신(神)이 되는데, 戊토는 寅

에 장생하고 戌에 통근(通根)하니 또한 왕성하다. 그러므로 이 사주는 정신기 삼자가 모두 충족되었다. 일생 동안 부귀(富貴)를 누리고 복수(福壽) 또한 구비한 사주다.

```
庚 己 庚 丁
午 巳 戌 亥
甲乙丙丁戊己
辰巳午未申酉
```

이것은 현 중화민국 장개석(蔣介石) 총통의 사주이다. 토금상 관격이다. 戌월의 여기는 辛금이고, 중기는 丁화이고, 정기는 戊토이다. 午, 戌이 삼합하여 화가 되고 일지가 巳화이므로 정이 극히 왕성하다. 그러나 戌월은 추절(秋節)이므로 금이 왕성하며 戌의 여기가 辛금이라 신 또한 강하다. 戌의 정기(正氣)가 戊토이고 巳午지지의 장간에 戊己토가 있으므로 기 또한 충족하다. 고로 정신기 삼자가 대왕하다.

```
庚 己 庚 壬
午 酉 戌 午
丙乙甲癸壬辛
辰卯寅丑子亥
```

이 사주는 중국의 군벌 마옥상(馮玉祥)의 사주다. 장총통의 사주와 동일한 토금상관격이고 寅, 午 삼합이 있는 것도 같다.
그러나 이 사주는 일지가 酉금이고 년간의 壬수가 화를 눌러 정
기보다 신이 강하다. 장총통의 사주는 정신기 삼자가 그 우열
(優劣)을 구별할 수 없을 정도로 서로 왕성한데 반하여, 이 사주
는 정기 특히 기의 세력이 신보다 못하다.

```
壬 乙 壬 辛
午 亥 辰 巳

丙 丁 戊 己 庚 辛
戌 亥 子 丑 寅 卯
```

이 사주는 중국의 모성장(某省長)의 사주이다.

壬수가 亥에 건록이 되고 辰에 통근하였으므로 정은 왕성하
다. 년간의 편관은 壬수에 누출되었으므로 용신은 午화이며 식
신생재격이다. 식상과 재성은 지지를 차지하고 있으므로 신도
정에 못지 않게 왕성하다.

그러나 일주인 乙목은 亥수에 통근할 뿐이므로, 기가 부족하
다. 따라서 식신생재격이나 식신 및 상관운은 양호해도 재운은
불길하다. 그것은 일주를 생조하고 있는 인수를 재성이 파극하
여 버리기 때문이다.

대체로 팔자에 기복(起伏)이 많은 사주가 이런 유형으로 되어
있다.

5. 진가(眞假)

용신에는 진신(眞神)과 가신(假神)이 있다. 진가의 구별에 대하여 논자(論者) 간에 의논이 있으나, 본서는 어디까지나 초심자를 위한 것이므로 복잡한 논평은 회피하고자 한다.

진신은 사주의 오행 조화상 일주가 가장 필요로 하는 육신으로 용신을 삼는 것이고, 가신은 진신이 없으므로 사주의 배합상 부득이 용신으로 삼는 육신을 말한다. 가령 甲목이 寅월에 출생하고 신왕이면 丙화를 용신으로 삼아 수기(秀氣)를 유행시키는 것이 오행 조화상 가장 적합하다. 그러나 사주에 식상은 없고 재관만 있을 때는 부득이 재관으로 용신을 삼지 않을 수 없는데, 이때 재관은 가신이고, 만일 사주에 식상이 있다면, 이것은 진신이다. 용신이 진신이고 월령이 진신을 생조하는 절기면 부귀하지 않는 사람이 없고 가신이 용신이면 비록 사주상 간지의 배합은 아름답다 하더라도 평범한 일생을 보내기 쉽다.

사주 중에는 진신 및 가신이 모두 병존(並存)하는 수가 있다. 이때 진가의 구별이 분명치 않게 되거나, 진신 및 가신이 모두 왕성하면 비록 큰 화는 당하지 아니하더라도 평생을 통해 일에 막힘이 많고 안락(安樂)함이 적다.

예컨대 庚금이 酉월생이면 억부 또는 조후상 우선 관살로 용신을 삼는 것이 적합한데, 관살이 지지에 여러 개 있고 戊토 및 壬수가 천간에 투출되면 壬수로 관살, 즉 화기(火氣)를 억제하여야 하므로 진 가의 구별이 분명치 아니하고, 丙화일생으로 壬수로 진신을 삼아야 할 경우 월령이 亥월 수왕지절이고 천간에 진신인 壬수와 가신인 甲 목이 모두 투출되고 지지에 寅 및 申이 있으면 진가가 모두 왕성하다.

丙 甲 戊 庚
寅 子 寅 寅

甲癸壬辛庚己
申未午巳辰卯

이 사주는 寅월생에다 지지에 寅목 셋과 子수가 있어 신왕이 다. 고로 왕성한 기운을 누출시키는 식신이 오행을 조화시키기 위해서 가장 필요하다. 따라서 시간의 丙화는 용신인 동시에 진 신이다. 만일 丙화가 없었다면 戊토나 庚금을 용신으로 할 수 밖에 없는데 그것은 가신이 된다. 이 사주는 진신과 가신이 모 두 투출되어 있으나 丙화는 寅에 장생하고 寅월에 그 기운이 왕성해지므로 庚금에 비하여 월등하게 왕성하다. 고로 진가가 동등하게 왕성한 경우와 다르다. 비록 庚戊 가신이 투출되어 있으나 진신이 왕성하므로 관도에 올라 그 벼슬이 2품에 이르 렀다.

6. 한신(閑神)

사주상의 용신 외에 희신(喜神), 기신(忌神) 및 한신(閑神)이 있다.

희신은 용신을 생조(生助)하는 육신이고, 기신은 용신을 파극(破剋)하는 육신이다. 사주상 희신, 기신 이외의 전육신이 한신이다. 예컨대 甲목이 용신이면 甲목을 생하는 수는 희신이고, 甲목을 극하는 금은 기신이고 그 외의 화토는 한신이다.

한신은 용신을 생하거나 극하는 것이 아니므로 원래 사주의 길흉에 아무런 영향을 주지 아니한다. 아무 작용도 하지 아니하고 한가로히 있다는 의미에서 한신이라고 한 것이다.

그러나 다음과 같이 한신이 중요한 역할을 할 때가 있다. 즉 대운이나 세 운이 용신을 파극하고 희신이 용신을 보호하지 못할 때 한신이 대운 또는 세 운을 억제하거나 합이 되어 희신으로 변경시키거나 무해하게 만든다. 이때 한신은 희신의 역할을 하게 된다.

丙 甲 戊 庚
寅 寅 子 寅

甲 癸 壬 辛 庚 己
午 巳 辰 卯 寅 丑

甲목이 수왕지절에 생하고 년·일·시지의 寅에 건록(建祿)이 되므로 신왕이다. 고로 수기(秀氣)를 유행(流行)시키는 丙화가

용신이다. 따라서 丙화를 생하게 하는 寅목이 희신이고, 丙화를
극하는 子수가 기신이며, 월간의 戊토는 한신이다. 사주의 오행
을 살피건대 용신인 丙화가 희신의 도움을 받아 왕성하므로 일
간의 정신기 삼자가 왕성하므로 대귀격이다. 대운이 卯에 이르
러 초년에 과거에 급제하였는데, 壬辰 대운이 용신인 丙화를 壬
수가 극하므로 액운(厄運)이겠으나 월지의 戊토가 壬수를 억제
하여 관도(官途)가 무사하였고 癸巳 대운은 戊토가 癸수와 간합
이 되어 화로 화하게 하여 기신인 癸수가 용신으로 변하여 또한
요직에 머물 수 있었다. 甲午, 乙未 대운에는 목화가 왕하므로
그 관직이 상서(尚書=현재의 장관)에 이르렀다.

庚 甲 丁 甲
午 寅 卯 子

癸 壬 辛 庚 己 戊
酉 申 未 午 巳 辰

　甲목이 중춘절(仲春節)에 생하고, 寅卯목이 일주를 도와 신왕
이다. 고로 용신은 丁, 午화이고, 희신은 寅卯, 기신은 子수이
다. 앞의 사주와 마찬가지로 정신기 삼자가 강하여 일찍 과거에
급제하여 그 관직이 관찰사(觀察使=현재의 도지사)에 이르렀으
나, 壬申 대운에 이르러 한신인 戊토가 없어 큰 화를 당하였다.

```
戊 己 甲 丁
辰 酉 辰 未

戊 己 庚 辛 壬 癸
戌 亥 子 丑 寅 卯
```

일간 己토가 월간의 甲목과 간합이 되어 토로 화하고 辰월이
토왕지절이므로 화격(化格)이다. 시주에 戊辰이 있고 년간의 丁
화가 토를 생하므로 토가 유여한 듯하나 辰酉가 육합이 되어 금
으로 화하여 토기를 누설(漏泄)시키므로 외강내약(外强內弱)이
다. 고로 丁화가 용신이다. 癸운에는 한신 戊토가 간합하여 화
로 변하게 하고, 卯운은 토기를 극하므로 흉운이나 한신인 일지
의 酉금이 卯를 충극(冲剋)하여 소년시절을 유희무우(有喜無憂)
로 보냈다. 壬운 역시 戊토가 극하여 무사하였는데 寅운에 당도
(當到)하여 사주 중에 이를 충극할 한신이 없어 패가망신(敗家亡
身)하였다.

```
辛 乙 癸 壬
巳 丑 丑 申

己 戊 丁 丙 乙 甲
未 午 巳 辰 卯 寅
```

乙목이 섣달에 생하고 丑 중의 辛癸가 투출되어 있어 사주가
소위 금한수냉(金寒水冷)하다. 고로 제살(制煞)하기 위해서나, 조

후를 위해서나 용신은 시지의 巳화가 된다. 이와 같은 유형(類型)의 사주를 보고 옛사람들은 한곡회춘(寒谷回春), 즉 추운 골짜기에 부귀 겸전(兼全)하였는데, 戊운은 토생금하므로 관살을 왕하게 하여 원래 흉운이나, 한신인 癸수가 화로 화하게 하여 발전 일로에 있었으며, 己운에는 이를 화극(化剋)하는 한신이 없어 일대 타격을 받았다.

7. 유정무정(有情無情)

사주가 길하려면 용신이 왕강하여야 하는데, 용신이 일주와 근접해 있을수록 그 작용력이 강하다. 이와같이 일간과 용신이 서로 가까이 있는 것을 유정(有情)이라 하고, 멀리 떨어져 있는 것을 무정(無情)이라 한다. 사주가 유정이면 일간의 정신이 왕성해져서 귀격(貴格)이 된다.

일관과 용신이 근접해 있지 아니하더라도 서로 유정인 경우가 있다. 즉 용신이 일간과 원격되어 있더라도 타육신이 용신과 합이 되어, 그 육신도 용신으로 화한 경우와 사주에 희신이 없고 한신 및 기신만 있는 경우 한신과 기신이 합이 되어 희신으로 화하는 경우이다.

예컨대 사주의 용신이 丙화인 경우 丙화는 시간에 있고 월간에 壬수가 있고 년간에 丁화가 있어, 丁과 壬이 간합하여 목으로 화해서

丙화를 생할 때이다. 또 일간의 용신이 庚금인데, 이것이 년지에 있어 일간과 원격한 때 월간에 乙목이 있으면 서로 간합하여 금으로 화해 庚금이 일간에 가깝게 오게 된다. 또 일간의 용신이 丙화이나, 이것이 사주에 없고 癸가 있을 때 戊癸가 화하여 사주의 용신이 되는 때이다. 또 일간의 용신이 금이나 년지에 酉금이 있어 용신이 멀리 떨어져 있을 때 일지에 巳화가 있으면 서로 삼합하여 기신인 巳화를 금으로 변하게 할뿐 아니라 년지의 酉금을 일간에 접근시킨다.

戊 戊 甲 丁
午 戌 辰 酉

戊 己 庚 辛 壬 癸
戌 亥 子 丑 寅 卯

사주에 토가 겹쳐 있으며, 월지의 甲목을 용신으로 삼기에는 너무나 약하다. 고로 용신은 왕성한 토기를 누설시키는 금이다. 따라서 일간인 戊토와 월지의 酉금은 의사가 서로 통하고 싶으나 거리가 너무 멀다. 이를 접근시켜주는 것이 월지의 辰토이다. 즉 辰토가 매파(媒婆)가 되어 酉금과 육합하여 금으로 화해 년지의 酉금이 월지에 있는 것과 같은 작용을 하게 만들었다. 초년 癸卯 대운에는 한신의 작용으로 무사했으나 壬寅 운에는 寅목이 辰토를 극해서 공명(功名)도 없을 뿐만 아니라 형상(刑傷)을 여러 번 당했다. 辛丑 대운은 酉금과 삼합이 되어 금기가 왕성해서 과거에 급제하고 그 후 대운도 서북 토금운이므로 용신을 왕성하게 하여 벼슬이 상서(尚書)에 이르렀다.

```
丙 丁 乙 丁
午 丑 巳 酉

己 庚 辛 壬 癸 甲
亥 子 丑 寅 卯 辰
```

생월이 巳월 화왕지절이고 비견, 겁재가 여러 개 있어 화세가 맹렬하다. 년지의 酉금이 용신이나 그 거리가 너무 멀고, 巳화가 그 사이를 가로 막아 무정인 듯이 보인다. 그러나 년, 월, 일지가 삼합하여 금으로 화해 사주가 유정하게 되었다. 금상첨화(錦上添花)로 일지에 습토인 丑이 자리잡아 회화생금(晦火生金)하여 사주가 대길하다. 고로 등과(登科)하여 벼슬이 3품에 이르고 명리쌍전(名利雙全)하였다.

```
甲 丙 戊 癸
午 辰 午 酉

壬 癸 甲 乙 丙 丁
子 丑 寅 卯 辰 巳
```

丙화가 午월 午시에 생하였으므로 왕성한 것은 말할 것도 없다. 년간의 癸수가 용신인 酉금을 화로부터 보호해 줄 듯하나 戊토가 간합하여 도리어 화기를 더욱 성하게 해주고 있다. 酉금이 일지의 辰토와 합이 되어 사주가 유정인 듯하나 아깝게도 午화가 그 사이를 가로막아 무정으로 변하게 하였다. 설상가상으로 대운마저 동남 목화운이므로 삼처칠자(三妻七子)를 사별하고 화재를 네 번 당하다 寅운에 죽고 말았다.

8. 기반(羈絆)

사주상 간합이 있어 그것이 희신으로 화하면, 명리(名利)가 여의하고, 기신으로 화하면 재해(災害)가 그치지 아니한다. 합이 되었으나 희신이나 기신으로 화하지 못한 것이 있다. 이때 합이 된 두 간 중 음간은 그 작용을 못하게 된다. 이를 기반(羈絆)이라 한다. 이 기반이 된 간은 그 본래의 오행으로서의 사명을 망각하고 합을 탐욕(貪慾)한 것인데, 이와 마찬가지로 사주 중의 용신 또는 희신이 기반이 되면 그 사주의 숙명도 한평생 큰 일 한 번 못해보고 무위도식(無爲徒食)으로 보내게 된다.

丙 戊 庚 乙
辰 辰 辰 未

甲 乙 丙 丁 戊 己
戌 亥 子 丑 寅 卯

일주가 왕성하고 년간의 乙목이 未토에 유근하고 辰 중에 여기가 있으므로 용신이다. 그러나 그 사명을 망각하고 庚금과 간합하여 그 작용을 못하고 있다. 즉 기반된 것이다. 고로 21세 소과(小科)에 응시하다 불합격이 된 후 글 읽기를 포기하고 무위도식으로 한평생을 보냈다.

辛 丙 癸 丁
卯 戌 卯 丑

丁 戊 巳 庚 辛 壬
酉 戌 亥 子 丑 寅

중춘지절(仲春之節)에 생한 丙화라 신왕이며 정관으로 용신을 삼을만하다. 고로 시간의 辛금은 희신이다. 그러나 辛금은 용신을 보좌해야 할 사명을 잃고 丙화와 간합하여 기반되었다. 더욱이 사주를 흉하게 한 것은 卯戌이 육합하여 비견으로 화한 것이다. 고로 유년시절에는 신동(神童)이라고 이름 났으나 후에 주색(酒色)에 빠져 폐학상자(廢學喪資)하더니 끝내는 주색으로 상신하여 일사무성으로 죽었다.

비록 용신 또는 희신이 기반되더라도 일주 또는 타육신이 용신 또는 육신과 간합된 타육신을 충(沖)하면 용신 또는 희신이 망각했던 본래의 사명을 다시 찾아 일주를 위해 진력(盡力)하게 된다.

```
庚 壬 丙 辛
戌 寅 申 巳
庚辛壬癸甲乙
寅卯辰巳午未
```

壬수가 申월에 생하였으므로 추수통원(秋水通源)한 격이나 재관(財官)이 왕성하므로 申금이 용신된다. 천간의 丙辛 지지의 申 巳가 간합, 육합하여 수로 화하면 일주에 이로우나, 합이 되었으나 수로 화하지 못했으므로 도리어 기반이 되었다. 그것은 년 지의 巳화가 수(水)에 의해 억제되지 않았기 때문이다. 따라서 용신이 일주의 희용(喜用)을 불고(不顧)하고 있다. 그러나 사주가 묘하게도 일주가 丙화를 직접 극하여 辛금과 간합할 여가를 주지 아니하고 寅목이 申금을 충동시켜 申금이 巳화와 합하지 못하게 하고 나가서 寅목 자체가 극거(剋去)되어 있다. 고로 丙 화는 그 근거를 잃고 용신은 일주를 위해 진력하게 되었다. 癸 巳운에 과거에 급제하여 벼슬이 관찰사에 이르렀다.

9. 청탁(淸濁)

간명법 중 가장 어려운 것이 사주의 청탁(淸濁)을 구별하는 것이다. 사주가 청(淸), 즉 맑으면 정신기가 충족하고, 청기가 없으면 정신기가 부족하다. 정신이 부족하면 사기(邪氣)가 들어오며, 사기가 들어오면 빈천(貧賤)한 사주가 된다.

사주의 청탁은 육신 상호 간의 생극과 그 위치에 의하여 정해진다. 즉 일주가 약하고 인수가 있으면 인수를 극해하는 재성(財星)이 있어서는 사주가 탁해지는데, 재성이 사주 속에 있다 하여 반드시 그 사주가 탁한 것만은 아니다. 육신의 위치를 참작해야 한다. 예컨대 재성이 있더라도 관성(官星)과 접근해 있고, 관성이 인수와 접근해 있고, 인수가 일간과 접근해 있으면, 재성관, 관생인, 인생신 해서 일주를 부조(扶助)하고 다시 행운이 인수를 도우면 자연히 부귀할 사주가 된다. 또 앞의 경우에 재성이 사주에 없다 하여 반드시 사주가 맑아지는 것도 아니다. 타육신과의 관계를 고려하여야 한다. 즉 인수가 있더라도 극히 미약하거나 너무 지나치게 많거나 또 관성(官星)이 일간과 접근해 있고 인수가 멀리 있을 때 일간이 먼저 관성의 극해를 입어 인수의 도움을 받지 못하고, 또 관재(官財) 대운을 만날 경우 등이다. 이것은 비록 재가 없더라도 사주가 탁(濁)하며 빈곤치 아니하면 요사(夭死)할 팔자다.

관살격(官煞格)이 신왕이면 재가 용신이 되는데, 인수나 상관이 섞인다고 반드시 사주가 탁한 것은 아니다. 타육신의 유무와 그 위치를 참작해야 한다. 즉 상관이 사주에 있더라도 재성과 접근해 있고 재성이 관성과 접근해 있으면 상관생재, 재생관하여 관성을 생조하므로 다시 재관대운을 만나면 명리(名利)가 양전(兩全)한다. 그러나 상관이 재성과 멀리 떨어져 있고 관성에 접근해 있으면, 재성이 상관과 관성 사이를 소통시키지 못하고 상관이 관성을 극해한다. 다시 상관대운 을 만나면 빈천(貧賤)하다.

용신, 희신이 생화왕성(生化旺盛)하고 일간과 접근해 있고, 기신(忌神)이 쇠약하고 일간과 원격해 있으면 사주가 맑아진다.

```
乙 丙 甲 癸
未 寅 子 酉

戊 己 庚 辛 壬 癸
午 未 申 酉 戌 亥
```

子월생 丙화이나 인수가 왕성하므로 용신은 관성이다. 정관 이 년지에 투출되고 재가 밑에서 뒷받침해서 사주가 맑다. 따라 서 정신기 삼자가 왕성하다. 소위 일청도저유정신(一淸到底有精 神)이다. 초년 금수운에 과거에 급제하여 한원(翰苑)에 그 이름 을 떨쳤다.

```
丁 丙 甲 癸
酉 寅 子 未

戊 己 庚 辛 壬 癸
午 未 申 酉 戌 亥
```

앞의 사주와 대동소이하다. 癸酉년생 사주는 관성이 재성 위에 앉아 있어 신(神)이 왕성하나 이 사주는 관성이 상관 위에 앉아 있어 극해되어 있고 시지에 酉금이 있으나 화에 둘러싸여 희신의 작용을 못하고 있다. 따라서 상관생재, 재생관의 유통이 되지 못해 사주가 탁하다. 고로 辛酉, 庚申과 같이 희신이 왕하는 대운에는 가업은 유풍(裕豊)하였으나 수차 과거에 낙방(落榜)하였으며 己未 대운에는 상처극자하고 연속하여 호재를 당해 패가망신하였다.

탁한 사주는 혼잡되어 오행의 조화가 되지 아니한 것을 말한다. 용신 및 희신이 실세(失勢)한 것은 정신이 탁하고, 월지가 파손되어 타간지에서 용신을 구하는 것은 격(格)이 탁한 것이고, 신약 사주에 재성이 인수를 극해하는 것은 개가 탁한 것이다.

사주가 탁하면 팔자가 빈곤하고 대운이 사주의 탁기를 제거하면 일시 안정된 생활을 할 수 있으나 오래가지 못한다.

```
丁 戊 庚 乙
巳 戌 辰 亥
甲 乙 丙 丁 戊 己
戌 亥 子 丑 寅 卯
```

辰월 戊戌일생에다 시상에 인수가 왕성하므로 가히 정관으로서 용신을 삼을만하다. 그러나 庚금과 합이 되어 기반되고 식신을 용신으로 삼으려면 庚금 역시 간합된 채 금으로 화하지 못하고 그 위에 丁화가 극해하여 그 기세가 약하다. 즉 인수가 탁한 셈이다. 고로 한평생 기복을 면치 못했으나 다행히 재관의 기운이 남아 있어 乙亥 대운에는 안정된 생활을 할 수 있었다.

己 丙 己 癸
丑 午 未 亥

癸 甲 乙 丙 丁 戊
丑 寅 卯 辰 巳 午

일견 신왕사주인 것 같으나 未월은 丙화가 퇴기(退氣)한 때이고, 상관이 첩첩이 있으며 시지의 丑토가 회화생금(晦火生金)하여 신약이 되었다. 사주에 인성이 없으므로 탁기가 성하고 청기가 쇠퇴(衰退)한 셈이다. 초년 30년 대운은 화토운이라 기복이 다단(多端)하더니 乙卯, 甲寅 대운에는 탁기를 일소하여 재업(財業)이 왕성하였다.

10. 천복지재(天覆地載)

천간과 지지는 서로 상생해야 사주가 길해진다. 즉 동주의 천간과 지지가 서로 상생하면 용신이 강력해지며 사주가 맑아지는 것이다. 이를 천복지재(天覆地載)라고 한다.

그러나 이는 용신 또는 희신(喜神)과 같이 강력해질수록 사주가 길해지는 경우를 말하는 것이며, 사주 중에 흉신이 있을 때는, 이를 억제해야 하므로, 희신의 경우와는 반대로 간지는 천복지재가 되지 아니하여야만 사주가 길해진다.

사주의 용신 또는 희신이 甲乙목인 경우, 이것이 寅卯亥子 등의 지지를 만나야 甲乙목이 왕성해지고 용신 또는 희신이 유력하게 된다.

또 寅卯목이 용신 또는 희신인 경우, 이것이 甲乙壬癸 등의 천간을 만나면 서로 생조하여 용신 또는 희신이 왕성하게 되고 사주가 길하다.

庚 庚 丁 巳
辰 申 卯 亥

辛 壬 癸 甲 乙 丙
酉 戌 亥 子 丑 寅

卯월생이므로 庚금이 심히 약화된 때이나, 시주와 일지에 庚申금과 辰토가 있어 신강이다. 고로 월간의 丁화가 용신이다. 丁화는 사주 중에 비록 하나이기는 하나, 지지에 卯목이 있어 丁화를 끊임없이 생하고, 년지의 亥수와 삼합하여 목으로 화였으므로 亥수로 하여금 丁화를 극해 못하게 하고 있다. 즉 천복지재가 되어 용신이 강하고, 사주가 순수청묘(純粹淸妙)하게 되었다. 壬, 癸, 亥수운을 만나더라도 년간이 己토가 이를 막고 卯목이 이를 목으로 화하게 하여 무사하였다. 소년시절에 등과하

여 한평생 관직에 있었으며 그 벼슬이 2품(二品 = 현재의 장관)에
이르렀다.

```
癸 辛 壬 庚
巳 酉 午 申

戊 丁 丙 乙 甲 癸
子 亥 戌 酉 申 未
```

이 사주는 午월생이라 용신인 午, 巳화가 강력한 듯하다. 그
러나 사주 중의 왕성한 庚申금이 생하는 壬癸에 눌려 있으며,
사주 속에 목(木)이 없어 巳午화는 무력하다.

고로 申, 酉운에는 이상할 정도로 가도가 파모(破耗)되었으며
丙戌 대운에는 크게 호강하였으나 亥운에는 가파인망(家破人亡)
하였다.

```
甲 辛 壬 庚
午 酉 午 申

戊 丁 酉 乙 甲 癸
子 亥 戌 酉 申 未
```

이 사주는 앞의 사주와 대동소이하다. 그러나 시가 午시라 앞
의 사주와 같이 巳酉삼합하여 금으로 화하지 아니하였으며 甲

목이 천간에 있어 상생하고 왕성한 壬수를 목으로 화하게 하여
午화를 극하지 못하게 하고 있다. 고로 소과(小科)에 급제한 후
사로(仕路)에 올라 그 벼슬이 관찰사(觀察使)에 이르렀다.

11. 길신태로(吉神太露)

용신 및 희신 등 길신이 천간에 있으면 쟁탈(爭奪)당하기 쉬우므
로, 지지에 심장(深藏)하는 것이 좋다.

일반적으로 재성(財星)은 천간에 있는 것보다 지지에 있어야 사주
가 길해진다고 하나, 이 원칙은 모든 길신(吉神)에 적용된다.

가령 천간에 있는 甲목이 희신인 경우 庚금 대운을 만났거나 세운
을 만나면 庚금이 甲목을 파극(破剋)해버리므로 희신이 손상된다. 물
론 丙丁화나 壬癸수 등의 한신(閑神)이 있어 甲목을 보호하면 희신이
손상되지 아니한다.

지지에 있는 寅목이 희신인 경우 申금이 파충하더라도 寅목 중에
丙화도 지장간(支藏干)에 포함되어 있으므로 전적으로 파극되는 일
은 없다.

이와 마찬가지로 기신(忌神)과 같이 파극되므로 유익한 것은 가급
적 천간에 노출되어 있는 것이 좋고, 지지에 심장되어 있으면 사주가
흉해진다.

대부귀(大富貴)하는 사주를 보면 일견하여서는 길(吉)한 데가 없는 것 같은데, 이것은 길신을 심장하고 있는 까닭이다.

```
丁 戊 壬 庚
巳 午 午 寅

戊丁丙乙甲癸
子亥戌酉申未
```

이 사주는 왕성한 화기가 戊토를 생하고, 戊토가 다시 庚금을, 庚금이 壬수를 생하여 신강하고 용신 및 희신이 강한 듯하나 용신과 희신이 천간에 노출되어 손상되기 쉽다. 고로 초년 申酉 대운에는 부모의 은총이 지극하고 재업 또한 왕성하더니, 丙戌 대운을 만나자 丙화가 庚금을 파진하고 지지가 寅午戌 삼합이 되어 재업이 씻은 듯이 사라지고 일처 이첩 사자(四子)가 모두 사망하여 삭발하여 중이 되고 말았다.

```
丙 丁 乙 壬
午 丑 巳 午

辛庚己戊丁丙
亥戌酉申未午
```

丁화가 맹하(孟夏)절에 생하고 사주에 화기가 성하다. 년간의 壬수는 무근이고, 또 월간의 乙목은 누화(漏火)되어 용신으로 쓸

수 없으며 일지의 丑토가 용신이 된다. 丑토는 일지에 있어 길신이 심장되었다. 고로 초년 丙午, 丁未 대운에는 가세(家勢)가 빈곤하고 독서(讀書) 또한 결과를 못맺더니, 30여 세 지나 토금 대운을 만나서는 재입이 왕성하여 부호(富豪)가 되었다.

제**3**편

———

응용 應用

———

인생을 좌우하는 것은 지혜가 아니라 운명이다.

〈시세로〉

제1장

육친(六親)

1. 육친해설(六親解說)

어떤 운명가는 사주로 오대조(五代祖) 및 오대손(五代孫)의 길흉까지 알 수 있다고 하나 실제상 사주팔자로 정확하게 알 수 있는 것은 조부모, 부모, 형제, 처첩, 자식 및 손자 정도이다.

사주추명학상 육친은 육신(六神)으로 표시된다.

甲목을 생하는 것은 수이므로 癸수, 즉 인수를 어머니로 보고 癸수와 간합하는 戊토, 즉 편재를 아버지로 본다. 그것은 간합을 배합, 즉 결혼으로 보기 때문이다. 甲목과 간합하는 것은 己토, 즉 정재이므로, 정재는 처로 본다. 그리고 편재는 첩으로 본다.

여자는 남자와 반대이므로 정관을 남편으로 보고, 편관을 외부(外夫)로 본다.

남자는 관살을 자식으로 보고, 여자는 식신 및 상관을 자식으로 친다. 이것은 자기가 생한 것이므로 자연의 이치와 합치된다. 이와 같은 이치로 오행상 동기(同氣)인 비견 및 겁재를 형제로 본다.

사주상 육친은 이상과 같이 육신으로 표시하는 외에 사주상 위치에 의하여 표시하기도 한다. 즉

년주 — 조부모 등 조상을 의미한다.

월주 — 부모를 표시하고 예외적으로 형제 및 가정, 친구 등을 표시할 때가 있다.

일주 — 일주 중 일지는 자기의 배우자를 표시한다.

시주 — 자식 등 자손을 의미한다.

이상 사주상의 위치에 의하여 육신을 표시하는 법은, 가령 일지가 자기의 배우자를 의미하므로 일지에 희신(喜神)이 있으면 배우자가 양호하다고 판단하는 것이다.

사주상 육친의 길흉을 판단하는 방법은 앞서 설명한 육친을 표시하는 육신이 사주상 희기신(喜忌神)이 어느 것에 해당하느냐, 또 왕성하냐, 쇠약하냐에 의하는 방법과 사주상 육친을 표시하는 위치에 어떤 육신이 있느냐의 두 가지 방법을 종합하여 정하여진다.

2. 조상(祖上)

조부모 등 조상의 길흉은 년주에 의하여 판단되는데, 년월주에 있는 관살로도 판단된다. 그것은 인수는 어머니를 의미하는 것이 원칙이나 때로는 부모도 의미한다. 부모를 생하는 것은 조부모이므로 인수를 생하는 관살이 조부모를 의미하게 된다. 또 일주는 자기를 표시하므로 년월주는 자기의 년장을 의미한다. 고로 년주 뿐만 아니라 월주에 있는 관살도 조부모로 볼 수 있다.

- 년주에 재관 및 인수, 천을귀인이 있으면 조상이 부귀했으며, 년주에 제왕(帝旺)이 있으면 명문집 자손이다.
- 년간(年干)이 천을귀인 또는 장생을 만나면 조상에게 영화가 있었다.
- 년주에 편관, 겁재, 편인, 양인 등이 있으면 조상이 미미했으며, 년주에 사·묘·절 또는 형충이 있으면 조상 덕이 없다.
- 년월주에 있는 정관이 희신이면 조부모가 부귀했다.

```
戊 甲 甲 癸
辰 辰 寅 酉
```

이 사주는 년주에 인수 및 정관이 있어 조상이 부귀했음을 나타낸다.

그리고 사주 자체는 재약 신왕격이므로 戊辰토가 용신인데, 월주의 甲寅목이 이를 파극하고 있으나 酉금이 이를 억제하고 있으며, 또 용신인 戊辰토를 유출시켜 사주상의 탁기를 제거하고 있다. 년상의 정관이 일주에 이로우므로 그의 조부(祖父)가 대부호였다.

3. 부모(父母)

(1) 부모 덕 있는 사주 부모 덕은 년, 월주와 인수(때로는 편인)가 사주에서 어떤 역할을 하는가에 의하여 결정할 것이나, 한 마디로 말한다면 정관, 인수 및 재성이 년월주에 있고, 이것이 길신(吉神)인 경우이다. 그리고 초년 대운 및 세운이 길해야 하는 것도 필수 조건이다.

이하 부모 덕 있는 사주를 열거하면 다음과 같다.

- 년주에 관살이 있고 월주에 인수가 있으며, 다시 시주에 재성이 있을 때, 관살이 길신이면 부모가 부귀한다.
- 년주에 재성, 월주에 인수가 있고 시주에 관살이 있을 때, 길신이 인수면 그 부친이 집안을 일으켰음을 알 수 있다.
- 년, 월주에 관살과 인수가 상생(相生)하고 일시에 재성과 상관이 없으면 반드시 부모 덕이 크다.

• 인수가 희신이고 형충되지 아니하고 재성에 의하여 파극되지
아니하면 부모 덕이 크다.

```
己 丙 乙 癸
丑 子 丑 卯

己 庚 辛 壬 癸 甲
未 申 酉 戌 亥 子
```

이 사주는 관성과 인수가 투출되고 각각 지지에 건록을 만나
미상불 복록 있는 사주인 듯하나, 시주와 월지의 상관이 왕성하
여 정관을 파괴하고 나가 일주(日主)를 쇠약하게 만들었다. 고로
이 사주의 용신은 월간의 乙목, 즉 인수인데, 이것이 월주에 있
고 년월주가 관인 상생으로 되어 있어 귀문(貴門)의 출신이다.
그러나 壬戌 대운에는 戌토가 정관을 파괴하여 파모(破耗)를 여
러 번 당하더니 후에 재산을 공납(供納)하고 관직에 올랐으나 辛
酉 대운에는 본래 일주의 기가 약한 사주이므로 辛금이 인수를
파괴하여 국법을 어겨 극형(極刑)을 받았다.

```
丙 戊 丁 乙
辰 午 亥 卯

辛 壬 癸 甲 乙 丙
巳 午 未 申 酉 戌
```

이 사주는 신강이므로 용신은 년주의 정관이고, 희신은 월지

의 재성이다.

  이와 같이 용신 및 희신이 년, 월주에 있고 관인 상생하므로
명문 출신이다.

(2) 부모 덕 없는 사주

• 다음과 같은 사주는 부모 덕이 없다.

  1. 관살이 길신이고 월상(月上)에 식상이 있을 때,

  2. 재성이 길신이고 월상에 겁재가 있을 때,

  3. 인수가 길신이고 월상에 재성이 있을 때,

  4. 비겁이 길신이고 월상에 관살이 있을 때,

  5. 식상이 길신이고 월상에 인수가 있을 때,

• 인수가 용신과 상극되거나, 사주상 인수가 약하고 재가 강하거
  나, 월지에 있는 인수가 형충되면 부모 덕이 없다.

• 사주에 인수가 많고 신약이거나, 인수가 많고 관살 또한 많을 때
  도 부모 덕이 없다.

• 월주에 기신(忌神)이 있고 사주에 인수가 없으며, 또 초년 대운
  에 기신을 만나면, 유년 시 부모를 잃고 신고(辛苦)한다.

• 월주에 재성이나 식신이 있고 이것이 기신이 되거나 재성이 길
  신이더라도 비겁에 의하여 파극되면 부모의 유산이 없다.

• 월주 및 년주에 기신이 있거나 사주 자체가 편고(偏枯)되고 초년
  대운이 이롭지 못하면 부모 덕이 없다.

```
戊 戊 辛 丁
午 子 亥 巳

乙 丙 丁 戊 己 庚
巳 午 未 甲 酉 戌
```

亥월생 戊토인데다 子수가 午화를 충하고, 亥수가 巳화를 충하여 신약이다. 따라서 월상의 금수는 기신이다.

년주는 조부모를 의미하고 월주는 부모를 나타내는데, 년주에 희신인 인수가 있다. 고로 그의 조부모는 대부호였으나 그의 부친이 모두 탕진(蕩盡)했음을 나타낸다. 초년에 서방(西方) 금 대운을 만나 부모 덕 없이 신고했으나 중년 丁未 대운에는 크게 재복을 만나 거부가 되었다.

```
壬 戊 癸 庚
子 寅 未 子

己 戊 丁 丙 乙 甲
丑 子 亥 戌 酉 申
```

이것은 엽징충(葉澄衷)이라는 중국 거부(巨富)의 사주다.

未월이 戊토를 생하는 하절(夏節)이나, 사주에 재 및 식신이 너무 많아 신약이다. 초년에 또 재를 생하는 금운을 만나 부모 덕 없이 고생 속에 자랐다. 그러나 27세 이후 화토운을 만나 신왕하자 크게 치부한 것이다.

(3) 부모는 어떤 분인가?

- 년주에 상관, 월주에 인수, 시주에 관살이 있고 인수가 길신이면 그 부모가 자수성가한 분이다.

- 월지에 정관이 있으면 그 부모가 돈후(敦厚)하고, 장성(將星)과 동주하면 귀현(貴顯)한다.

- 월지에 재성과 천을귀인이 있거나, 월간의 귀인이 사주 중에 있으면, 부모가 부귀하고 유산을 물려준다.

- 월지에 귀인이 있거나 인수가 있으면, 부모의 용모가 청수(淸秀)하다. 또 식신이 있으면 신체가 비대하고 성실하다.

- 월주에 인수와 천월덕(天月德)이 있으면 부모가 인자하고, 장생과 동주하고 이것이 파충되지 아니하면 부모가 장수한다.

- 월주에 정관이 있고 상관이 극파하거나, 식신이 있고 편인이 극파하면 부모의 용모가 추(醜)하지 아니하면 다병하다.

- 월지에 편관 또는 양인이 있으면 부모의 성질이 난폭하다.

- 월지에 인수와 고신 또는 과숙과 동주하면 부모가 고독하다. 또 화개와 동주하면 부모가 총명하나 비사교적이다.

- 월지에 재성 또는 인수와 역마가 동주하면 부모가 자주 원행(遠行)한다.

- 부친이 어떤 분인가를 알려면 편재의 성쇠 등 그 양상을 보면 안다. 따라서 사주상의 편재가 쇠약하고 편재와 상극되는 비견이 성하면 부친이 해롭다.

- 편재가 천월덕(天月德) 또는 천을귀인을 만나면 그 부친이 현명하고 사회적 지위도 높으며, 다시 식신을 만나면 부친이 장수한다.
- 편재와 장생 또는 편재의 건록과 동주하면 부친이 부귀하고, 사·절·공망 등과 동주하거나 형충되면 부친이 빈곤 또는 병약치 아니하면 이별한다.
- 월주에 고독을 표시하는 편관과 양인이 동주하면 부모와 이별하며, 또 월주를 충하여도 부모와 하지 아니한다.
- 어머니가 어떤 분인가 알려면 인수의 동태를 살펴보면 안다. 즉 인수와 장생이 동주하면 모친이 현숙하고 장수한다.
- 인수가 간합(干合)되고 도화(挑花) 또는 목욕과 동주하면 어머니가 정숙하지 못하다.
- 사주에 편재가 둘 이상이고 인수와 간합되면 모친에게 이부(二夫) 있음을 의미한다.
- 인수가 양인·정재·절·묘와 동주하거나 형충되면 허약하거나 고독하지 아니하면 이별한다.

丙 壬 丙 壬
午 子 午 子

壬辛庚己戊丁
子亥戌酉申未

壬수가 午월 화토가 성하는 계절을 만나 약화되고 월주와 시주에 화가 성해서 신약이다.

기신인 丙午화가 월주에 있고 년 및 일주에 의해 충되고 초년 운이 丁未 화토운이라 고아가 되었다. 그러나 후에 금수대운을 맞아 부자가 되었다.

```
戊 己 甲 戊
辰 巳 子 戌

庚 己 戊 丁 丙 乙
午 巳 辰 卯 寅 丑
```

년, 일, 시주 등 삼주에 비겁이 왕성하여 신왕이며 용신 및 희신은 월주에 있는 재관이다. 또 월지의 子수는 천을귀인이므로, 부모로부터 많은 재산과 작위(爵位)까지 상속받았다.

```
丁 癸 丙 癸
巳 亥 辰 酉

庚 辛 壬 癸 甲 乙
戌 亥 子 丑 寅 卯
```

辰월 통왕지절생이고 월 및 시주에 화토가 성하여 신약이다. 고로 용신은 癸수이고, 희신은 酉금이다. 辰酉육합하여 사주가 유정(有情)으로 되었다. 길신이 년, 월주에 있으므로 부모 덕이 있을 것이나, 초년운이 불길하여 부모 덕은 평평하다.

부친을 표시하는 편재는 시상에 있어 왕성하며 亥, 酉의 천을 귀인을 만나 부친이 귀현(貴顯)하였으나 일시 상충되어 초년운에 이별하였다.

(4) **부모선망(父母先亡)을 아는 법** 부모 중 어느 쪽이 선망하느냐를 아는 법은 다음과 같다.

- 사주 중에 편재 또는 인수가 있을 때는 편재 또는 인수가 길신인가 희신인가, 비겁 또는 재성에 의하여 파극되어 있는가, 혀충 파해되어 있는가, 절·묘·병·사 등 십이운성과 동주하고 있는가에 의하여, 편재가 극해(剋害)되어 있으면 부친이 먼저 돌아가시고, 인수가 극해되어 있으면 어머니가 먼저 돌아가신다.
- 사주에 비견 및 겁재가 지나치게 많으면 부선망(父先亡)하고, 재성이 지나치게 많으면 모선망(母先亡)한다.
- 이상 방법에 의하여 알 수 없을 때는 다음 방법에 의한다.
  년, 월의 기운이 시간(時干)과 상극되면 부선망하고, 시지(時支)와 상극되면 모선망한다.

癸 辛 甲 戊
巳 丑 寅 申

이 사주는 년간에 인수가 투출되어 있으므로 인수의 성쇠(盛

衰)에 의하여 부모선망을 판단하여야 할 것이다.

년간의 인수는 월주의 청재에 의하여 파극되고 寅申 상충되어 심히 쇠약하다. 고로 어려서 모친을 사별했다.

$$\begin{array}{cccc} 丁 & 庚 & 乙 & 壬 \\ 亥 & 戌 & 巳 & 子 \end{array}$$

이 사주에는 인수 및 편재가 없고 비겁이나 재성이 왕성하지 아니하므로 제3의 방법에 의하여 부모선망을 판단해야 할 것이다. 년, 월주의 주된 기운, 즉 수기는 시간의 丁화와 상극되고 시지의 亥수와 동기이므로 부선망하였다.

4. 처첩(妻妾)

(1) 처덕(妻德) 있는 사주   처는 정재이고 첩은 편재이나, 정재가 없고 편재만 있는 사주는 편재를 정처(正妻)로 간주한다.

처덕의 유무를 일견하여 알려면 사주상의 재성이 용신 또는 희신이면 처덕이 있고, 기신이면 처덕이 없다. 또 일지에 길신(吉神)의 유무도 참작해야 한다. 이를 자세히 설명하면 다음과 같다.

• 재성이 길신이면 처덕이 있는데, 재성과 사주의 길신이 서로 상

극되지 아니하여도 처가 또한 양호(良好)하다.

- 신왕사주에 관살이 약하고 재성이 관살을 생조할 때, 관살이 약하고 식상이 왕성하나 재성이 식상을 재로 화(化)하게 할 때, 인수 및 편인이 중첩한 사주에 재성이 있을 때는 처가 현숙(賢淑)하거나 처로 인하여 치부한다.

- 비겁이 왕성하고 재성이 약하더라도 식상이 있거나, 재성이 왕성하고 신약일 때 사주에 비겁이 있으면 현처(賢妻)를 얻는다.

- 사주에 비겁이 많더라도 재성이 지지에 심장(深藏)되어 있으면 처가 양호하다. 여기서 지지에 심장되어 있다는 재성이 辰·戌·丑·未의 지장간에 있음을 말한다.

- 일지에 재성이 있고, 또 재성이 길신에 해당될 때는 처재(妻財)를 얻는다.

癸　丁　乙　丁
卯　酉　巳　未

己　庚　辛　壬　癸　甲
亥　子　丑　寅　卯　辰

巳월생 丁화에다 乙, 卯목이 화를 생조하여 일주가 왕성하다. 시간의 癸수는 극히 미약하여 왕성한 화기에 압도될듯하나 일지의 酉금, 즉 편재가 癸수를 생하여 위기를 면했다. 비록 출신은 빈한(貧寒)하나 癸卯운에 처재(妻財)를 얻어 공부하여 壬寅

운에 과거에 급제하고 금수운에 현귀(顯貴)에 올랐다.

(2) **처덕(妻德) 없는 사주**   재성이 기신(忌神)에 해당하거나 비겁에
의하여 파극되면 처덕이 없어, 처가 누추(陋醜)하거나 내조(內助)가
없으며 심하면 생이별 또는 상처한다. 또 일지에 기신이 있거나 형충
파극된 때도 같다.

- 재성이 경하고 관살이 없으며 비겁이 많으면 극처(剋妻)한다.
- 재성이 왕성하고 신약(身弱)이고 비겁이 사주에 없어도 극처한다.
- 관살이 왕성하고 인성이 있어도 재성이 또한 있으면 처가 추천
  (醜賤)하고 극한다. 관살이 경미하고 신왕이면서 재성과 비겁이
  있으면, 처가 미현(美賢)하고 극한다.
- 양인 및 비겁이 많고 재성이 경미하고 식상이 있으나 인수 또는
  편인이 있으면, 처가 흉사(凶死)한다.
- 재성이 경미하고 관살이 왕성하고 식상이 없고 인성이 있으면
  그 처가 병약하다.
- 비겁이 왕성하고 재성이 없고 식상만 있으면, 처가 미현하면 극
  처하고, 추천하면 상처하지 아니한다.
- 비겁이 왕성하고 재성이 경미하고 식상이 있으면, 현처를 얻으
  면 동락(同樂)하고, 누처(陋妻)를 얻으면 반드시 이별한다.
- 신약하고 관살이 많으며 재성 또한 관살에 합세할 때, 관살이 많
  고 인성이 있으나 재성에 의하여 파극될 때, 신약하고 상관 및

인수가 있으나 재성이 인성을 파극할 때는 처가 우루(愚陋)하거나 처로 인하여 화상(禍傷)이 있다.

• 사주에 재성이 없더라도 비겁 및 양인이 많으면, 생이별 아니면 상처한다.

• 신왕사주의 일지에 비견 또는 양인이 있으면, 처로 인하여 손재 또는 구설(口舌)이 있으며 심하면 상처한다.

일반적으로 재성이 왕성하여 길신인 인성을 파극할 때는 처로 인하여 손재, 상신(傷身) 등을 당하는 경향이 있으며, 재성이 미약하고 비겁 또는 양인 등에 의하여 파극될 때는 상처하는 경향이 있다.

• 사주에 간합(干合)이 많으면 처연(妻緣)이 반드시 변한다.

• 일지에 양인이 있고 사주에 편인이 있으면 처첩에게 산액(産厄)이 있다.

甲	辛	己	丙
寅	卯	亥	子

乙	甲	癸	壬	辛	庚
巳	辰	卯	寅	丑	子

사주에 식상 및 재성이 극히 왕성하여 종재격인 듯하나 년, 월간이 관인상생(官印相生)하여 근토가 辛금을 생하므로 종재(從財)하지 못했다.

고로 식상 및 재성은 기신이 되는데, 처자가 불량할뿐 아니라 처의 성질이 표독(慓毒)하며 나중에는 처자의 능핍(凌逼)에 격분하여 자살하고 말았다.

庚 丙 丙 乙
寅 午 戌 丑

庚 辛 壬 癸 甲 乙
辰 巳 午 未 申 酉

이 사주는 년, 월지의 식상이 왕성한 화기를 유행시켜 일견 재복과 처복이 있을듯하나, 애석하게도 식상과 시간의 편재가 격리되어 있고 寅午戌 삼합하여 화로 화하여 세 개의 지지가 전부 비견으로 변했다. 설상가상으로 중년에 己, 午, 未의 화운을 만나 네 번 상처하였다.

(3) **처가 미모(美貌)인 사주** 처가 미모인 사주는 다음과 같다.

• 신강하고 관살이 약한데 재성이 관살을 생조할 때, 관살이 약하고 식상이 왕성한데 재성이 식상을 재성으로 화하게 한 때, 인성이 중첩되고 재성이 인성을 억제한 때 등이다.
• 신왕사주에 재성이 미약하나 식상이 재성을 상생할 때
• 丙子일생은 미처(美妻)를 얻는다.
• 일지가 정관이거나 상관일 때도 처가 미모이다.

- 재성이 천을귀인과 동주하거나 재성의 천을귀인(丙 또는 丁이 재성일 때 丙丁의 귀인 亥酉를 말한다)을 만나면, 처첩이 수미(秀美)하다.

(4) 처가 부정(不貞)한 사주

- 재성이 간합(干合)되고 목욕 또는 도화와 동주하면 그 처첩이 부정(不貞)하다.
- 사주에 비견과 정재 및 편재가 있고 재성이 도화 또는 목욕과 동주하면 처첩이 다정하여 정절(貞節)이 없다.
- 사주에 정재가 있고 겁재가 왕성하거나, 일주와 동일한 오행인 삼합이 있으면, 극처하지 아니하면 처에 부정한 일이 있다.
- 일주의 희신이 재성인 경우 사주상의 재성이 간합, 삼합 또는 육합하여 다른 육신으로 화하면, 처에게 외정(外情)이 있다.
- 정재와 편재가 다합(多合)하면, 처첩이 많으나 음동(淫動)한다.
- 재성이 강하고 겁재 또한 왕성하면, 처첩에게 사욕(私慾)이 있다.
- 일지가 화개이고 충이 되면 처가 일찍 죽거나, 처가 부정한 경향이 있다.
- 일지에 화개와 양인이 동주하면 처녀(處女)에게 인연이 없으며 만일 처녀와 결혼하면 이혼하기 쉽다.

(5) 첩(妾)이 있을 사주   사주추명학은 수천 년 전 봉건시대부터 내려온 통계학인데, 사주가 생긴 봉건시대에는 축첩이 예사였으나 근래는 드문 일이 되었다. 고로 종래의 법칙을 그대로 적용하기는 힘든 일이며, 이를 엄격하게 제한하여 그 범위를 축소하여 해석해야 할 것이며 또한 실제 확중(確中)도 그러하다.

봉건사회의 도덕 및 윤리적 규범이던 유교(儒敎)에서도 축첩을 가하다고 했으므로 축첩이 군자(君子)의 체면을 손상시키는 것이 아니었는데, 오늘날은 사회 도의상 이를 반대하고 있으며, 축첩을 음란(淫亂) 및 방탕(放蕩)과 동일시하고 있다. 따라서 저자도 본항에 음탕한 사주도 같이 기재하고자 한다.

- 사주에 정재와 편재가 같이 있으면 첩이 있거나 재혼한다. 정재가 왕성하고 편재가 미약하면, 첩을 오래 두지 못하거나 첩과의 관계가 밀접해지지 못한다. 반대로 정재가 미약하고 편재가 왕성하면 첩이 본처보다 더 성하여, 본처의 가정 내에서의 입장이 미약해지거나, 심하면 본처와 이혼하고 첩과 동거하게 된다.
- 사주에 편재만 있으면 첩을 두는 일이 있으며, 편재가 식신에 의해 생조되거나 또는 중첩되어 있으면 첩을 편애(偏愛)하거나 본처와 이혼한다.
- 사주에 재성이 많고 신약이면 첩을 둔다.
- 사주에 정관과 상곤이 있거나 정관과 편관이 있으면 호색다음

(好色多淫)한 경향이 있다.

- 식신이 많으면 음탕(淫蕩)하다.
- 인성이 많으면 다음하고, 인성과 재성이 혼잡되어 있으면 방탕하다.
- 지지에 子, 午, 卯, 酉 전부가 있으면 주색으로 인하여 몸을 망친다.
- 일지와 시지에 도화가 있으면 풍류(風流)를 좋아하고 호색다음(好色多淫)하다.
- 사주의 지지에 육합이 많으면 음천(淫賤)하다.
- 사주에 丁, 壬의 간합이 여러 개 있으면 음란(淫亂)하다.
- 사주의 대부분이 수기(水氣)로 되어 있으면 음란하다.

5. 결혼(結婚)

(1) 결혼 시기(結婚時期) 결혼 시기에 대하여 반드시 언제 결혼한다고 단정할 수 있는 방법은 없다. 그것은 형식상 결혼을 하였더라도 피차 의사가 맞지 않다든지, 새로운 결점을 발견하였다든지 기타 이유로 결혼 전 이상으로 정신적, 육체적으로 별리(別離)되는 경우가 있기 때문이다. 사주추명학상 알 수 있는 것은 언제 결혼하면 정신적, 육체적으로 가장 밀접하게 결합될 수 있는가이다.

- 타인과 정신적 융합이 가장 잘 되는 시기가 결혼에 적합한 시기

다. 이 시기는 일지(日支)와 육합, 삼합되는 년, 월이다. 결혼은 타인과의 정신적, 육체적 결합이므로 육체적 결합 및 욕망이 성하는 식신에 해당하는 해도 결혼하기 쉬운 시기다.

통계상 가장 결혼을 많이 하는 시기는 식신이 일지와 합이 되는 해이다.

• 어떤 운명가는 사주상 용신을 자식으로 보고 용신을 생하는 희신을 처로 봐야 한다고 주장하는데, 실상 희신에 해당하는 대운 또는 세운(歲運) ― 이것은 년운(年運)을 말하는 사주상의 용어다 ― 에 처첩(妻妾)이 생기는 경우가 많다.

통계상 구할(九割)은 일지와 삼합 또는 육합되거나 희신에 해당하는 세운에 결혼을 하고 있다. 또 이 시기가 결혼에 가장 적합하여 육체적 및 정신적 결합이 밀접해진다.

• 또 결혼 시기를 정함에 있어 고려하여야 할 점은 사주상 조혼할 것인가, 만혼할 것인가이다.

조혼(早婚)할 사주는 남자는 재성, 여자는 관살이 왕성하거나, 대운이 재성 및 관살운에 해당되어야 한다.

• 만혼(晚婚)할 사주는 사주에 비견이 많거나 거재가 눈에 띄거나, 여자 사주는 관살이 혼잡되어 있거나, 관살이 사주상에 나타나 있지 아니하거나(단 종왕, 양신상격 등 예외에 속하는 사주는 별문제다), 일시가 상충되어 있거나, 대운이 기신에 해당하고 있는 사주 등이다.

여자 사주에 대하여는 뒤에 다시 설명한다.

(2) 어떤 여성과 결혼하게 될 것인가? 배우자가 될 여성이 어떤 여성인가를 아는 법은 앞서 설명한 「4. 처첩」의 (1), (2), (3), (4)항과 다음 사항을 참작하면 알 수 있다.

- 사주에 편인이 없거나, 있더라도 미약하고 일지에 식신이 있으면 처는 신체가 비대하거나 도량(度量)이 크다. 반면 편인이 왕성하면 처의 신체가 왜소(矮小)하고 수척(瘦瘠)하였으며, 편인이 식신을 파극(破剋)하면 다병(多病)하다.

- 정관이 길신인 경우 일지에 정관이 있으면 처의 용모가 고상하고 성질이 온유현숙(溫柔賢淑)하다.

- 일지에 재성과 천덕(天德)이 있으면, 처가 자비심이 많다.

- 일지에 인수가 있으면 처가 현숙하고, 신약사주인 때는 편인이 있더라도 또한 같다.

- 일지에 재성과 장성이 있으면 부귀명문의 영양(令孃)과 결혼한다.

- 일주(日主)가 약하면 일지에 비견이 있더라도 처가 능소능대(能小能大)하여 내조가 크다.

- 일주가 강하고 재성이 그의 건록(甲목이 재가 될 때는 寅이다)을 만나면 처가 신체 단장(端壯)하고 성질이 현숙하다.

- 재성이 천을귀인과 동주하거나 재성의 천을귀인을 만나면, 처

의 용모가 수미하고 성정(性情)이 총명하며, 혹은 부귀명문의 영양(令孃)과 결혼한다.

• 재성이 그의 장생(長生)을 만나면 처가 장수한다.

• 일지에 고신(孤神) 또는 과숙(寡宿)이 있거나, 또는 재성과 동주하면 처가 고독(孤獨)하다. 일지에 화개가 있거나 재성과 동주한 때도 또한 같다.

• 일지에 편관이 있으면 처의 성질이 횡폭하고 겸하여 일지가 상충되면 결혼 후 다병하다. 그러나 사주에 식신이 있어 편관을 견제하면 이를 면한다.

• 일주가 왕성하고 일지에 양인이 있으면 처가 불현호투(不賢好鬪)하고 낭비를 잘한다.

• 재성이 왕성하고 일주가 약하면 처가 일가를 지배하거나 공처가가 된다.

• 일지에 역마가 있으면 (이때 역마는 년지를 표준으로 하여 정한다) 처가 다병하거나 태만하다.

• 일주가 약하고 사주에 재성이 많고 일지 또한 재성이면 처가 다병하다.

• 일지에 정관이 있고 이것이 충되거나 사주상의 상관에 의하여 파극되면 처가 다병하다.

(3) **연애결혼(戀愛結婚)할 사주** 연애결혼 내지 자유의사에 의한 결혼을 할 사주는 다음과 같다.

- 사주의 년, 월, 일주의 대부분이 비견 및 겁재로 되어 있는 사주는 자기보다 월등하게 정도가 낮은 여자 — 대부분 화류계 여자 — 와 결혼 또는 내연관계를 맺으며, 이로 인하여 부모형제간이 소원해지는 수가 많다.

- 편재가 왕성한 사주는 연애결혼하기 쉽다.

- 도화는 일지를 표준으로 해서 정하는 것이 원칙이나, 년지를 표준으로 해서 일지가 도화에 해당하면 연애결혼한다. 또 일지를 중심으로 해서 재성과 도화가 동주하면 연애결혼한다.

- 사주의 전부가 양간지, 또는 음간지로 되어 있으면 연애결혼을 한다.

- 지지에 재성이 있고, 이것이 육합 또는 삼합되면 연애결혼한다.

- 연애결혼은 주로 비견에 해당하는 년 또는 월에 한다.

- 연애결혼과 관련하여 연애가 시작되는 시기, 즉 애인이 생기는 시기는 희신이 왕성해지는 년 월이거나, 일지와 육합 또는 삼합되는 해이다.

  이상은 남자에 대한 것뿐이다. 여자의 결혼 및 연애는 제7장 「여자의 운명」에서 설명한다.

6. 궁합(宮合)

일반적으로 사주를 미신으로 취급하면서도 일단 결혼 같은 중대사에 처하게 되면 궁합은 대개 보는데, 궁합이 맞는다면 한평생 생사별(生死別)도 없고 모두 부귀영화를 누리는 줄로만 아는데, 궁합이 맞는다고 출생 시 타고난 숙명의 여정(旅程)이 근본적으로 변할 리는 없다. 만일 그렇다면 결혼 전에는 숙명의 예지(豫知)가 전혀 불가능하게 된다.

궁합은 결혼 당사자 간의 정의(情誼), 화목(和睦) 등 원만한 결합을 할 수 있는 여부에 대한 판단에 불과하다. 그리고 이 궁합의 합치 여부를 아는 방법은 결혼 당사자 간의 관계에만 적용되는 것이 아니라 친구 및 교섭 당선자 간의 관계에도 적용된다.

종내 사용되어온 궁합 보는 방법도 여러 가지다. 그중 이론상은 물론 실제 경험상 전혀 무가치한 것도 있는데, 여기서는 종내 대표적으로 사용되어 온 방법을 간단히 소개하고, 오늘날 중국 및 일본에서 널리 신봉되고 있으며, 또 실제 체험상 적중률이 가장 높은 방법을 설명하고자 한다.

종내 가장 대표적으로 사용되어 온 방법은 다음과 같다.

양자의 지지를 대조하여 육합, 삼합 및 형, 충, 파, 해의 유무에 의하여 궁합의 합치 여부를 판단하는 방법이다.

이것은 생년의 지지와 생월의 지지를 대조하여 판단하는 것인데,

중점은 생년보다 생월에 있다.

육합 내지 삼합이 있으면 서로 화목하여 길연(吉緣)이고, 형, 충, 파, 해가 있으면 흉연(凶緣)이고, 어느 것에도 해당되지 아니하면 평연(平緣)으로 본다.

흉연인 형, 충, 파, 해는 다시 다음과 같이 세별(細別)하여 상호관계를 판단한다.

형 생월지기가 서로 寅巳申에 해당하면 서로 세력을 다투어 융화(融和)하기 힘들고, 丑戌未의 삼형에 해당하면 서로 애정이 결핍하여 화합하지 못하고, 子卯에 해당하면 불륜(不倫) 때문에 상호관계가 파탄되기 쉽고, 辰午酉亥의 자형에 해당하면 서로 혐오(嫌惡)의 정을 발하여 양자의 결합이 영속하지 못한다.

충 서로의 월지가 상충되면, 각자 자기 마음대로 할려다 풍파를 일으키기 쉽다.

파 상호관계가 영속하기는 하나 항상 원만하지 못하고, 서로 화합하지 못하면서도 이별하기도 힘든 관계에 빠지게 된다.

해 서로 상대방의 결점만 보고 장점을 알지 못하기 쉽다. 고로 쌍방이 신뢰와 경애심이 없게 된다.

이외에도 생년의 지지를 서로 대조하여 고진, 과숙, 원진(元嗔) 등을 참조하여 판단하는 방법도 있으나 너무나 원시적이고 실제 응험

(應驗)하지 아니한다.

앞의 방법 외에 다음과 같은 방법도 좋내 널리 쓰여졌다. 특히 이 방법은 서로 나이만 아는 두 사람의 관계를 판단하는데 주로 쓰여진다.

즉 생년의 천간을 기준으로 상대방의 생년의 천간과 대조하여 육신을 표시하고 그 성정(星情)에 의하여 궁합의 길흉을 판단하는 것이다.

육신을 궁합의 길흉이라는 면에서 고찰할 때는 사주 조직 내에 있을 때와 그 특성에 다소의 차이가 있다. 특히 궁합의 적부에 대한 육신의 암시는 남녀의 구별에 의하여 현저한 차이가 있다.

● 남성의 생년을 기준으로 한 경우

비견 남성의 년간을 기준으로 여성의 년간을 대조하여 비견이 될 때는 심한 흉연(凶緣)은 아니더라도 여자의 기세가 강하여 부창부수(夫唱婦隨)의 원만한 관계는 기대할 수 없다. 그러나 여자가 남자 못지 않게 활동하므로 부부가 공동으로 벌이하는 경우에는 오히려 좋은 결과를 가져온다. 어쨌든 부부가 서로 자신을 억제하면 평연(平緣)이라 하겠다.

겁재 부부가 서로 대적하여 불화, 파재, 실패 등을 야기하고 끝내는 이별하기 쉽다.

식신 처의 내조를 얻어 상부상조하여 운을 전개하며, 의식주가 풍부하고 또한 건강하여지는 좋은 연분이며 그 처는 항상 정염(情艶)이 넘친다.

상관　처로 인하여 사회적 지위를 잃고 명예가 손상되고 건강 또한 해롭게 되는 흉연이다.

편재　비록 표면에는 나타나지 않더라도 항상 이면에서 내조의 노고를 아끼지 아니하는 처와의 좋은 연분이다. 그 힘에 의하여 재산을 얻고 그 재산으로 사회적 지위도 획득한다는 길연이다.

정재　일가의 주부로서 가사를 능소능대하게 잘 처리하여 남편으로 하여금 후고(後顧)의 걱정이 없도록 할 수 있는 여성과의 가연(佳緣)이다.

편관　대체로 영리한 여성과의 연분이나 그것이 화합(和合)의 방해가 될 경우가 있다. 첩과의 인연이라면 몰라도 보통은 불리하게 되는 경향이 있다.

정관　반드시 불길한 연분이라고는 할 수 없어도 가정의 주도권이 처에게 옮기 쉽다. 따라서 처시하에 있을 수 있는 유약한 남성이라면 몰라도 성격이 강한 남성은 처와 쟁투를 일으키기 쉽다.

편인　매사가 뜻대로 되지 아니하고 손재 및 불명예스러운 일이 일어나기 쉬우며 어느 한쪽이 건강을 해친다는 불길한 인연이다.

인수　재산보다도 정신적으로 얻는 것이 많으며 부부가 공히 세상의 신망을 얻는다는 길연이다.

● **여성의 생년을 기준으로 한 경우**

비견　남성의 입장에서 여성을 본 경우와 같이, 자아를 억제하면 평평한 연분이다.

겁재 남자의 경우와 같이 흉운이다.

식신 의식주에 걱정없이 우선 양호하나 상대방의 남성에게 딴 여자가 생기기 쉬운 결점이 있다.

상관 남성의 경우와 같이 불길한 인연이다.

편재 물질적 혜택은 입어도 참다운 행복을 얻지 못한다는 유감이 있다. 남성으로 인해 고생이 많다.

정재 힘찬 남성의 매력은 없으며 너무 온순한게 탈이나, 여성 즉 본인의 인품과 마음씨 여하에 의하여서는 좋게 될 수 있는 연분이다.

편관 다소의 마찰은 있으나 부창부수(夫唱婦隨)를 이념으로 하는 여성에게는 가연이다.

정관 모든 것을 맡겨도 조금도 불안하지 아니하는 대길한 연분이다. 지위 및 건강을 얻어 해로동혈(偕老同穴)의 맹서를 이루는 자가 많고 그 자녀에게도 경복(慶福)이 있다는 가장 좋은 연분이다.

편인 남자의 경우와 같이 불길하다.

인수 남자의 경우와 같다.

이상 설명한 두 가지 방법이 종내 가장 많이 쓰여지고 있는 방법이다. 우리 한국에서는 대개의 술사(術士)들이 이 방법에 기속되어 있다. 그러나 지각있는 운명가들은 생애의 반 이상을 동고동락하는 부부간은 물론 일상 여러 가지 의미에서 접촉하는 대인관계에 있어서 양자의 성격, 체질, 취미, 교양 등이 균형합치 되더라도 반드시 그 관계가 원만하지 아니하다는데 신비로움을 느껴, 이를 운명학적으로 해결하고자 연찬(研鑽)을 거듭한 결과, 종내의 방법이 불완전한 것임을 발견하고, 이를 다음과 같이 시정했다.

즉 궁합 등 대인관계의 길흉은 어디까지나 사주상 자기를 표시하는 일주(日柱)를 중심으로 해야 할 것이라고 한다.

즉 일간 또는 일지와 간합, 육합되는 날 또는 해에 출생한 사람과 궁합이 맞는다는 것이다. 예컨대 甲子일생은 己일 또는 丑일생 및 己년 또는 丑년생과 궁합이 맞는다고 한다.

또 어떤 배우자와 결혼하는 것이 이로우냐는, 자기 사주에 필요한 오행을 많이 포함하고 있는 사주를 가진 배우자와 결혼하는 것이라 한다. 예컨대 사주에 수기(水氣)가 부족한 사람은 壬, 癸, 亥, 子 등의 수기가 많은 사주를 가진 배우자와 결혼하면 길하다는 것이다. 중국의 대사주가 원수산(袁樹珊)은 어떤 오행이 부족하여 사주가 편고(偏枯)되고 따라서 처자복이 없을 때는 그 부족되는 오행을 많이 포함한 사주를 가진 배우자와 만나면 처자의 불길함을 면할 수 있다고 한다.

실상 사주추명학의 근본원리는 우리 인간이 출생 시 이 우주에 가득찬 오행(五行)의 기운을 받았다는데 있다. 최소한 이런 가설적 전제하에서 사주가 성립되는 것이다. 이런 대전제하의 여러 법칙이 통계학상 적중하므로 우리가 사주를 신봉하고 또 이용하는 것이다.

원수산의 주장은 이런 근본원리에 가장 철저하게 부합된다.

7. 형제(兄弟)

형제궁(兄弟宮)의 길흉은 일주(日主)와 오행이 동기(同氣)인 비견 및 겁재와 월주(月柱)의 동태(動態)에 의하여 판단한다. 원래 월주는 부모궁(父母宮)이므로 형제복의 길흉을 판단함에 있어 중점은 어디까지나 사주상의 비견 및 겁재의 성쇠(盛衰) 및 길신인가 기신(忌神)인가에 의함이 타당할 것이다.

(1) 형제 덕 있는 사주

- 비견 또는 겁재가 용신 또는 희신에 해당하면, 형제 덕이 있다.
- 관살이 왕성하고, 이를 억제할 식상 또는 이를 순화(順化)시킬 인수가 없고, 다만 비견 또는 겁재가 관살과 합이 되어 관살의 예리한 기운을 둔화시킬 때 형제의 도움을 받는다.
- 편관이 왕성하고 식신이 경미한 경우, 혹은 재성이 왕성하고 인성이 경미한 경우, 사주에 비견 또는 겁재가 있어 식신을 생조하거나 재성을 억제할 때, 즉 비겁이 길신이 될 때는 형제 덕이 있다.
- 재성이 관살을 생조하여 신약인 때 비겁이 일주를 생조하면, 형제가 모두 안락하게 지낼 수 있다.
- 일주가 비록 약하나 월지에 인수가 있으면 형제가 많다.
- 재성이 경미하고 비겁이 중하더라도 식상이 있어 재를 생하면

형제가 모두 편안하다.

- 재성이 약하고 비겁이 강하더라도 관살이 있으면 형제가 모두 무사할 수 있다. 만일 관살이 없으면 형제가 없거나 있더라도 없는 것이나 마찬가지가 된다.
- 사주에 비겁이 너무 많지도 않고 너무 적지도 아니하면, 반드시 형제가 있으며 서로 경애(敬愛)한다.
- 비겁이 길신이고 건록과 동주하면 형제에게 부귀영화(富貴榮華) 가 있다.
- 비겁과 천월덕(天月德)이 동주하면 형제가 충실하고 자비심이 있다.
- 비겁이 장성(將星)과 동주하면 형제가 부귀하고, 장생(長生)과 동주하면 신체 건강하고 장수한다.

(2) 형제 덕 없는 사주

- 비견 또는 겁재가 기신(忌神)에 해당하면 형제 덕이 없다.
- 관살이 경미하고 식상이 왕성한 사주에 비겁이 있어 식상을 생 하면 형제로 인하여 큰 피해를 입는다.
- 재성이 약하고 비겁이 중하거나 인성이 약한 식상을 억제하고 있으면 형제 덕이 없다.
- 관살만 왕성하고 인성이 없는 사주는 형제 덕이 없다.
- 신왕사주에 다시 인수와 편인이 있거나 비겁만 왕성하고 관살

이 없으면 형제가 없거나 있더라도 없는 것보다 못하다.

• 사주상의 비겁과 일주가 상충되면 형제와 사이가 나쁘다.

• 월주에 겁재가 천지성(天地星) 공히 있으면 이복형제가 있다.

• 비겁이 사, 묘, 절, 목욕 등의 십이운성과 동주하면 형제와 인연이 박하고 형제가 있더라도 아무 도움을 못받는다.

• 비겁과 화개가 동주하면 형제가 고독하고 또는 무형제(無兄弟)하기 쉽다.

• 신왕하고 겁재가 많으면, 형제간이 화목치 못하고, 심하면 형제로 인하여 구설수와 손재수가 있다.

• 비겁이 도화와 동주하면 형제가 풍류(風流)를 좋아하고, 역마와 동주하면 형제 중에 원행(遠行)할 사람이 있다.

```
丁 丙 壬 丁
酉 子 寅 亥

丙丁戊己庚辛
申酉戌亥子丑
```

丙화가 寅월에 출생하였으므로 신왕 같으나, 월간의 壬수와 지지의 子亥수가 酉금의 도움을 받아 왕성하므로 신약이다.

년간의 丁화가 壬수와 간합하여 목으로 화하고 시간의 丁화가 酉금을 억제하고 있다. 고로 두 丁화는 길신이고 월령에 寅목, 즉 인수가 있으므로 형제가 많고 모두 성공할 팔자다. 사실

7형제가 모두 근학(勤學)하여 부귀하고 서로 화목했다.

```
庚 丙 戊 癸
寅 午 午 巳

壬癸甲乙丙丁
子丑寅卯辰巳
```

사주에 비견 및 겁재가 너무 많고 재성과 관성이 너무 약하다. 고로 6형제가 있었으나 성공하는 사람은 하나도 없고 서로 불목하여 형제가 없는 것보다도 못했다.

```
乙 甲 己 戊
亥 寅 未 寅

乙甲癸壬辛庚
丑子亥戌酉申
```

사주에 비견 및 겁재가 왕성하나 재성 또한 약하지 아니하다.

형제가 비록 많았으나 자기 홀로 많은 재산을 물려받아 부귀하였다. 그것은 甲己가 간합하여 재성이 일주로 부향(附向)한 까닭이다. 많은 형제 중 홀로 작위(爵位) 또는 재산을 물려 받는 사람의 사주는 대개가 이런 유형이다. 그러나 형제들도 역시 부(富)한 것은 년간에 戊토가 있는 까닭이다.

8. 자식(子息)

사주상 자식을 표시하는 육신은 남녀가 서로 다르다. 남자에게는 관살이 자식을 의미하고, 여자에게는 식신 및 상관이다. 이것은 일견 당돌한듯하나, 천지상의 정리(定理)에 합당할 것이다. 즉 甲일주와 간합하는 것이 己土, 즉 정재인데 이것은 처를 의미하고, 이 처가 생한 것이 자식이다. 즉 己土가 생하는 것은 庚, 辛금이므로 관살이 자식이 된다. 여자는 자신이 자식을 출생하므로 식신 및 상관이 자식에 해당한다.

이와 같이 자식을 표시하는 육신이 남녀 서로 다르므로, 여성의 자식복 여부는 따로 제7장 「여자의 운명」에서 설명하기로 하고, 여기서는 주로 남자에 관한 자식궁(子息宮)의 길흉을 설명한다.

자식 덕의 유무는 타육친(他六親)과 마찬가지로 관살의 성쇠와 자식을 나타내는 시주(時柱)의 동태에 의하여 결정된다. 그러나 궁극적으로 식상도 자기의 소생이므로 사주에 관살이 없을 때는 이를 십분 참작해야 한다. 이 점을 강조하여 남자도 식상을 자식으로 봐야 한다고 주장하는 논자(論者)도 있으나, 실제 경험상 관살이 없을 때 참작할 정도가 타당하다.

⑴ 자식 덕 있는 사주

• 일주가 왕성하고 관살 또한 생왕(生旺)되고 식상에 의하여 파극

되거나 또 형충되는 일 없으면 그 자식이 효순현량(孝順賢良)하고 자손이 크게 번영한다.

- 일주가 왕성하고 인성이 없으며 식상은 경미하고 관살이 있으면 자식이 많다.
- 일주가 왕성하고 인수와 편인이 없으며 식신 및 상관이 있으면 자식이 많다.
- 일주가 왕성하고 식상이 경미하고 인성이 있더라도 재성이 왕성하면 자식이 많고 부귀한다.
- 일주가 약하더라도 사주에 관살이 없고 식상만 있으면 반드시 아들이 있고, 식상이 중첩되더라도 인성이 있고 재성이 없으면 아들이 있다.
- 시주에 재성이 있으면 그 자녀가 효순(孝順)하고, 정관이 있으면 용모가 단정하고 성질이 화평하고 현효한 경향이 있다.
- 시주에 식신이 있고 편인을 만나지 아니하면 자녀의 신체가 비대하고 성질이 성실하며, 천월덕과 동주하면 효순하고 자비심이 있다.
- 시주에 관살이 있고, 월주에 재성이 있고 신왕이면, 자식이 효자며 부모에게 크게 힘이 된다.
- 일주가 쇠약하고 시주에 비견 또는 겁재가 있으면, 자식복이 많다.
- 어떤 해 자식이 생기는가?

이것은 반드시 관살 또는 식상을 만나거나 왕성해지는 해가 아니라, 실제 경험상 용신(用神)을 만나거나 왕성해지는 대운 또는 해에 생긴다. 그리고 이 경우 외에 출생한 자식은, 그 자식의 사주에 용신에 해당하는 오행이 많지 않는 한 불초(不肖)하거나 요절(夭折)한다.

```
戊 壬 辛 丙
申 午 丑 戌

丁丙乙甲癸壬
未午巳辰卯寅
```

이것은 자식 많기로 유명한 중국에서도 다자대왕(多子大王)이라는 별명(別名)까지 얻은 왕효뢰(王曉籟)의 사주다.

壬수가 丑월 수왕지절(水旺之節)에 출생하고, 시지의 申금과 월간의 辛금이 壬수를 생조하고 있다. 辛, 申금은 월지의 습토 丑이 다시 생하므로 대단히 왕성하고, 년간의 丙화는 辛금과 간합하여 수로 화하였으므로 일주(日主)인 壬수는 대단히 왕성하다. 고로 신왕사주가 된다. 따라서 용신은 시간의 戊토, 즉 편관이며, 희신은 戊토를 생조하는 丙, 午화이다. 자식을 표시하는 편관이 자식궁(子息宮)인 시주에 있으므로 자녀가 30여 명이나 되었다.

癸 戊 辛 辛
丑 戌 丑 丑

乙 丙 丁 戊 己 庚
未 申 酉 戌 亥 子

이 사주는 지지가 모두 비견 및 겁재이고, 시간에 일점 정재가
있어 왕성한 비겁에 의해 파극될 것이나 습토인 丑이 셋이나 있
어 습토가 辛금을 생하고, 辛금이 다시 癸수를 생하여 위기를 면
했다. 辛금, 즉 상관이 용신이므로, 16세 때부터 매년 아들만 낳
아 무려 16자를 두고 그중 하나도 손상되지 아니하였다.

庚 丙 戊 辛
寅 午 戌 酉

壬 癸 甲 乙 丙 丁
辰 巳 午 未 申 酉

이것은 중국의 대군벌(大軍閥) 염석산(閻錫山)의 부친의 사주다.
비록 丙화가 戌월 금왕지절(金旺之節)에 출생하였으나 寅午戌
삼합하여 화기가 왕성하여 년주의 辛酉금을 녹여버릴 듯하다.
이를 월주의 식신이 가로막고 있다. 고로 식신은 희신이다. 壬
辰 대운을 만나 습토가 용신인 금을 생하여 그 아들이 대귀(大
貴)하였다.

⑵ 자식 덕 없는 사주

- 관살 또는 관살이 없을 때는 식상이 기신(忌神)에 해당하거나 식상이 인수 및 편인에 의하여 파극되면 자식복이 없다.
- 일주가 약하고 재성 및 관살이 태왕(太旺)하면 자식이 없다.
- 일주가 약하고 관살이 중하고, 인성이 있으나 다시 재성을 만나면 자식이 없거나 있더라도 부모에게 불효한다.
- 일주가 약하고 관살이 중하고, 재성이 극히 미약하고 인성이 있으면 아들은 적고 여식(女息)이 많다.
- 일주가 약하고 편관이 중하고 식상이 미약하나 비겁이 있으면 딸이 많고 아들이 적다.
- 일주가 약하고 식상과 관살이 있고 비겁이 없으면 아들이 없다.
- 일주가 약하고 인성이 경미하고 식상이 중하면 아들이 적다.
- 일주가 약하고 인성이 있으나 재성에 의하여 파극되면 자식이 없다.
- 일주가 약하고 식상만 태왕하고 인수나 편인이 없으면 아들이 없다.
- 일주가 약하고 식상이 왕성하고 인성이 있으나 다시 재상을 만나면 아들이 있더라도 없는 것보다도 못하다.
- 일주가 왕성하고 식상이 경미하고 인성과 재성이 있으면 자식은 적고 손자는 많다.
- 일주가 왕성하고 인성 또한 왕성할 때, 관살이 경미하고 재성이

있으면, 비록 자식은 극해하더라도 손자가 많다.

- 사주가 대부분 식상으로 되어 있으면 자식이 없다.
- 일주가 심히 왕성하고 관살이 공망되고, 다시 상관과 겁재가 있으면 일생 고독하고 자식이 없다.
- 시주에 고진과숙이 있거나 식상과 동주하면 자녀가 고독하거나 혹은 자식이 드물다.
- 사주에 관살이 혼잡되면 자식이 허약, 불효, 암우(暗愚) 또는 요사하는 일이 있다.
- 시지(時支)가 형, 충, 파, 해되면 자식과 이별하는 수가 있다.
- 기신(忌神)인 편인이 시주에 있으면 자녀의 성질이 나쁘거나 심하면 극자(尅子)한다.
- 기신인 편관이 시주에 있으면 자녀의 성질이 강폭(剛暴)하고 부모의 말을 잘 듣지 아니한다.
- 시주에 도화가 있거나 식상과 동주하면 자녀가 풍류와 주색을 좋아한다.
- 지지(地支)에 있는 관살이 합이 되면 여식의 품행이 좋지 못하다.
- 시주에 양인이 있고 기신에 해당하면 자식의 신체가 크고 그 성질이 불량하다.
- 기신인 겁재가 시주에 있으면 자식으로 인하여 패가하는 수가 있다.
- 식신이 편인에 의하여 파극되면 자녀의 신체가 왜소하거나 수

척하다.

- 시주에 병, 묘, 절 등의 십이운성이 있거나 식상과 동주하면 자식이 병약한 경향이 있다.

```
癸 丁 甲 癸
卯 酉 子 亥

戊己庚辛壬癸
午未申酉戌亥
```

丁화가 子월에 생하였고 사주팔자의 대부분을 관살이 차지하고 있다. 월간에 甲목이 있어 丁화를 생조하므로 종살격(從煞格)도 되지 못한다. 고로 신약사주에 해당하고 甲목, 즉 인수가 용신이 된다. 그러나 卯酉충이 되어 甲목은 무근(無根)하다. 비록 천간이 연연상생(連連相生)하여 사업은 잘 되어 갔으나 「일주가 약하고 관살이 중하고, 재성이 미미하며 인성이 있으면, 여식이 많다.」는 법칙에 해당되어 처가 딸 여덟을 낳고 첩 또한 딸 여덟을 낳았다.

```
丁 戊 丁 丁
巳 戌 未 酉

辛壬癸甲乙丙
丑寅卯辰巳午
```

戊토가 하절(夏節)에 출생하고 사주에 화기(火氣)가 성하여 년지의 일점 상관은 여러 인수에 의해 심히 파극되었다. 고로 자식복이 없을 팔자다. 사주에 수기(水氣)가 있어 화기를 억제하고 조토(燥土)인 戌, 未를 적셔 생금하게 하던지, 습토(濕土)가 있어 화기를 오행상생의 법칙에 따라 생금하게 하면, 이를 면할 수 있는 것이다. 이 사주의 주인공은 세 번 상처하고 다섯 아들을 잃더니, 辛丑 대운을 만나 겨우 한 아들을 얻었다.

(3) 자식은 몇 명일까?

자식이 몇 명인가에 대하여 여러 가지 설이 있으며, 시정(市井)의 사주감정업자(四柱鑑定業者)들도 곧잘 자식이 몇 명이라고 예언하는데, 이에 대하여 여러 학설이 있다는 사실 자체가 이를 정확하게 판단하는 방법이 없다는 것을 입증하고 있는 것이다.

여러 가지 방법 중 가장 널리 채용되고 있는 방법은 장생론법(長生論法)이라는 것인데, 다음과 같다. 이것은 시지(時支)가 자식을 표시하는 육신인 관살의 여하한 십이운성에 해당하느냐에 의하여 자식의 수를 판단하는 방법이다. 여기서 말하는 자식의 수는 부모의 임종(臨終)에 있을 자식의 수를 말한다.

    장생 — 사자(四子)이나 중순(中旬) 이후는 반감된다.
    목욕 — 이자(二子)이나 중순(中旬) 이후는 반감한다.
    관대 — 삼자(三子)

건록 — 삼자(三子)

제왕 — 오자(五子)

쇠 — 이자(二子)

병 — 일자(一子)

사와 묘 — 아들이 없다.

절 — 일자(一子)

태 — 딸뿐이다.

양 — 삼자(三子)

이 방법에 있어서 관살든 양간(陽干)만 따지지 음간(陰干)은 쓰지 아니한다. 고로 甲일은 물론 乙일도 庚금을 시지와 대조하여 십이운성을 유도하면 된다.

이 방법에 의하면, 최다(最多) 오자뿐이다. 고로 그 이상의 자식 수는 계산할 수 없다는 것이 된다. 이 점만 보더라도 이 방법이 부정확하다는 것을 알 수 있다. 자식의 다과는 앞서 설명한 여러 법칙에 의하여 결정하고 「장생론법」은 다만 참고로만 쓸 것이다.

제2장

빈부(貧富)

1. 부자(富者)의 사주

(1) 부자의 사주

- 신왕 재왕하고 식상이 있든지, 식상이 없을 때는 관살이 있을 때,
- 일주 및 인성이 왕성하고 식상이 경미하나 재성이 있을 때,
- 신왕사주에 관살이 쇠약하고 인성이 중하나 재성이 월지에 있거나 왕성할 때,
- 신왕하고 비겁이 사주에 많으나 재성과 인수 및 편인이 사주에 없고 식상만 있을 때,
- 신약하고 재성이 중하나 관살 및 인성이 사주에 없고 비겁만 있을 때, ─ 이상 다섯 가지는 재기통문(財氣通門)이라 하여 전형적인 부자의 사주이다.

• 이상 외에도 재성이 용신 또는 희신에 해당하고, 사주가 다음과 같은 조직으로 되어 있으면 부자가 된다.

    1. 재성이 왕성하고 관살을 생조할 때,

    2. 관살이 비겁으로부터 재성이 파극되는 것을 막고 있을 때,

    3. 재성이 기신인 인수 및 편인을 파극할 때,

    4. 인수가 길신(吉神)인 사주에 재성이 관살을 생조할 때,

    5. 중첩된 식상을 재성이 유통(流通)시킬 때,

    6. 재성이 왕성하나 식상이 적을 때,

    7. 사주에 재성이 없어도 암암리에 성국(成局), 즉 삼합이 될 때,

    8. 재성이 천간에 노출되고 식상도 또한 노출될 때,

• 이상의 격에 맞는 사주는 모두 부자가 될 사주이다. 그러나 같은 부자라도 여하한 정도로 축재(蓄財)할 것인가는 「제2편 원리」 「제2장 용신및 격국」과 「제3장 간명비법」에서 설명한 여러 법칙에 합당한가에 의하여 정한다. 특히 「중화」, 「조후」, 「정신기」, 「유정무정」의 법칙 등은 축재 정도를 정하는 중요한 척도(尺度)이다.

辛	壬	丙	甲
亥	寅	子	申

壬	辛	庚	己	戊	丁
午	巳	辰	卯	寅	丑

壬수가 수왕지절에 출생하고 辛, 申금과 亥, 子수가 일주를

생조하여 신왕이다. 월간의 일점 재성은 여러 비겁에 파극되어 부격(富格)의 사주가 못 될듯하나, 일지의 寅목이 亥와 육합하고 다시 천간에 甲목이 있어 식상이 왕성하다. 고로 식신생재격으로 재기통문하였다. 이로 인하여 중국유수의 갑부가 되었다. 이와 같이 재성은 많이 필요치 아니하며 생조되기만 하면 된다.

```
庚 戊 己 甲
申 戌 巳 戌
乙甲癸壬辛庚
亥戌酉申未午
```

이 사주는 모 제약회사 사장의 사주이다.

사주팔자의 대부분이 비겁으로 되어 있으나 시주에 식신이 있어 재기통문하였다. 고로 壬申 대운에 약관 20여 세의 젊은 나이로 망부(亡父)의 뒤를 이어 사장이 되었는데, 시주의 식신은 천복지재가 잘 되어 있어 왕성하나 사주에 수기나 습토가 없어 왕성한 토기가 금을 생조하지 못하고 있다. 고로 중부(中富) 정도이다.

```
戊 己 庚 戊
辰 卯 申 辰
丙乙甲癸壬辛
寅丑子亥戌酉
```

이 사주는 월주에 상관이 있고 습토인 辰이 있어, 앞의 사주와 달리 겁재와 상관이 상호 유통되어 모두 왕성하다. 고로 거부(巨富)가 되었다. 그리고 申子가 삼합하여 재성이 되고 申 및 양辰의 지장간에 壬, 癸수가 있으나 모두 암장(暗藏)되어 표면에 나타나 있지 않다. 아무리 길신이라도 왕성할 때는 유통(流通)되어야 하는데, 이 사주는 상관은 왕성하나 사주에 일점재성이 없고 모두 암장되어 있다. 고로 위인(爲人)이 인색하고 늙어 죽도록 자식이 없었다. 대체로 재산 많고 자식이 없는 사람의 사주가 이러하다.

(2) 처복(妻福)과 재복(財福)

사주추명학에서는 처복의 길흉과 재복의 유무, 두 가지를 모두 사주상의 재성에 의하여 판단하므로 양자를 혼돈하기 쉽다.

이 양자의 구별을 고인(古人)들은 사주가 맑으면 처복이 좋고, 탁하면 재복이 있다고 하였으나 설명이 막연하므로 다음에 이를 상술한다.

- 신왕하고 관살이 있으나 그 옆에 인수 또는 편인이 있어 그 기운이 누출(漏出)되어 약화될 때, 재성이 관살을 생조하나 식상이 전혀 없으면 처복만 있고 재복은 없다.
- 신왕하고 관살이 미약하고 식상이 강한 때, 재성이 있어 식상을 재성으로 화하게 하고, 다시 재성이 관살을 생조하는 사주는 처복과 재복 양자를 겸비한다. 그러나 재성이 있더라도 위 경우처

럼 관살과 식상 사이를 통관(通關)시키지 아니할 때는 비록 재복은 있으나 처복은 없다.

• 신왕하고 비겁이 많은 사주에 식상은 있으나 관살은 없고 재성이 비겁에 의해 파극되지 아니한 때, 사주에 인성이 없으면 재복과 처복이 있고, 인성이 있으면 재복은 있으나 처복은 없다.

• 이상의 경우 외에는 처궁(妻宮)인 일지의 동태를 관찰하여 처복과 재복의 길흉을 구별한다.

2. 빈자(貧者)의 사주

(1) 빈자의 사주

• 신약하고 식상이 경하면서 재성만 중첩된 때,

• 신약하고 재성이 경미하고 관살만 중첩된 때,

• 신약하고 인수 및 편인이 경미하고 식상이 중할 때,

• 신약하고 비겁 또한 경미하나 재성이 왕성한 때,

• 식상이 길신인 사주에 재성이 경미하고 인수 및 편인만 왕성할 때,

• 재성이 경미하고 비겁이 왕성한 사주에 식상이 없을 때,

• 신약사주에 재성이 왕성하여 비겁이 길신인 경우, 관살이 비겁을 억제할 때,

• 희신인 인수 및 편인을 재성이 파괴할 때,

- 신왕하여 인성이 기신인 경우, 재성이 누출(漏出)되어 생관(生官)할 때,
- 희신인 재성이 합(合)이 되어 타육신으로 화할 때,
- 신약사주에 관살이 왕성하여 인성이 희신에 해당하는 경우 재성이 왕성할 때,
- 이상 설명한 것은 모두 재성이 기신(忌神)에 해당하는 경우로서 「재성부진(財星不眞)」이라 하여 빈자(貧者) 사주의 대표적인 경우이다.

그러나 실상 이외에도, 사주가 중화되지 않든지, 용신이 미약하다든지, 사주가 무정한 경우라든지, 대운이 기신에 해당한다든지 하는 경우 모두 가난하다.

己 丁 甲 癸
酉 巳 寅 卯

戊 己 庚 辛 壬 癸
申 酉 戌 亥 子 丑

이 사주는 년간의 편관이 인수로 화하고 또 천간이 연연상생하여 귀격으로 보인다. 고로 그 부모가 거부였었다. 년간의 편관은 인수로 화하고, 시지의 재성과 너무 거리가 멀어서 생조받지 못하여 무근이다. 따라서 용신은 시주의 재성이나 시간의 식신이 인수에 의하여 파극되어 용신 또한 미약하다. 고로 「재성

부진」이 되었다. 壬子 대운을 만나자 수기가 미약한 금기를 누출시키고 목기를 생조하여 가업(家業)이 파진(破盡)되고 亥운에는 굶어 죽고 말았다.

이 사주는 신왕사주이므로 壬子, 즉 관운을 만나면 길할 것 같으나 같은 신왕사주라도 비겁이 많을 때는 관살운이 비겁을 억제하므로 길하나, 이 사주와 같이 인수 및 편인이 많아 신왕이 된 사주는 재운을 만나 인수를 억제해야 길하지, 관살운을 만나면 오히려 인수를 생조하여 더욱 신왕이 되어 불길하다.

乙 丁 乙 庚
巳 丑 酉 辰

辛 庚 己 戊 丁 丙
卯 寅 丑 子 亥 戌

지지에 己酉丑 삼합이 있고 庚금이 투출되어 재성이 강하고, 두 편인과 시지의 겁재가 있어 일주 또한 강하여 부격(富格)인 듯하나 巳화는 삼합하여 금으로 화하고 천간의 乙목은 간합하여 금으로 화했고 사주에 乙목을 생조할 관살이 없다. 고로 재성이 부진하다. 丙戌 및 丁亥 대운에는 비겁이 일주를 생조하여 재복이 여의하였으나 戊子, 己丑 대운에는 토가 생금하여 손재를 거듭하고 끝내는 아사(餓死)했다.

⑵ 청빈(清貧)한 사주

가난하다고 사람이 천(賤)한 것은 아니다. 오늘날에도 빈곤한 고관대작(高官大爵)은 있지만 이조시대만 하더라도 비새는 한 칸짜리 초가에 사는 정승(政丞), 판서(判書)가 많았다. 이와 같은 청빈한 사주는 다음과 같다.

- 재성 및 관살이 쇠약하고 식상이 있으나 인수 및 편인에 의하여 파극된 사주,
- 희신인 인성이 재성에 의하여 파극되고 있으나 관살이 이를 통관시킨 때,
- 신약사주에 관살이 왕성하고, 재성이 관살을 생조하나 사주에 인성이 있을 때, — 이상 세 사주는 모두 빈한하나 고귀(高貴)할 사주이다.
- 이상 외에도 재성이 파극되거나, 재성이 기신이더라도 사주상 오행의 조화가 맑게 된 것은 모두 청빈(清貧)할 사주다.

```
甲 甲 癸 戊
子 午 亥 申

己 戊 丁 丙 乙 甲
巳 辰 卯 寅 丑 子
```

甲목이 수왕지절에 출생하고 시주의 목, 수기가 일주를 생조

하여 신왕이다. 재성과 관성은 년주에 있고, 재성은 편관으로 화하고, 편관은 인수로 화하여 극히 미약하다. 일지에 상관이 있으나 子午 상충하여 청빈한 사주 유형 중 첫째 것에 해당한다.

재관이 미약하고 신왕이므로 용신은 일지의 午화이다. 초년 子, 丑 대운에는 용신을 파극하여 고학(苦學)으로 대학교까지 진학하고 丙寅 대운은 길신운으로 고시에 합격하여 출사 후 차관 (次官)까지 지냈으나 청렴결백하여 집 한 칸 없었다.

$$
\begin{array}{cccc}
甲 & 乙 & 甲 & 戊 \\
申 & 亥 & 子 & 寅
\end{array}
$$

$$
\begin{array}{cccccc}
庚 & 己 & 戊 & 丁 & 丙 & 乙 \\
午 & 巳 & 辰 & 卯 & 寅 & 丑
\end{array}
$$

이 사주도 앞의 사주와 같이 수, 목이 왕성하고 재성과 관성은 극히 미약하다. 년간의 재성은 천간의 겁재들에 의하여 분탈 (分奪)되어, 앞의 戊甲년생은 재운을 만나면 적은 재산이나마 생길 수나, 이 사주는 재운을 만나도 명예뿐이지 재산은 없을 것이다. 丙寅丁卯 대운에는 외국 유학에 갔다가 돌아와 학계의 중진이 되었고 戊辰 대운 이후는 학장(學長)을 지냈으나 항상 청빈속에 살았다.

3. 돈은 언제 생기나?

(1) 돈이 생기는 시기　오늘날과 같은 금전만능시대에는 만인이 조석으로 돈벌 궁리만 하고 있다. 그러나 속담에도 있듯이, 돈이 사람을 따라야지, 사람이 돈을 따라서는 쓸데 없다. 과연 언제 돈이 따라올 것인가?

부격(富格)에 속하는 사주도 때가 올 때까지는 빈한을 면치 못하고, 빈격(貧格)에 속하는 사주도 항상 가난한 법은 없다. 짧기는 하나 돈벌 기회는 온다.

이 시기를 판단하는 법은 다음과 같다. 용신 및 희신에 해당하는 대운 및 년운을 만나면 된다. 대운 및 년운의 설명은 뒤로 미루기로 하고, 여기서는 사주팔자 자체〔일본의 역학자들은 이를 선천운(先天運)이라고 한다〕만 보고 한평생 부자인가, 선빈후부(先貧後富)할 팔자인가, 그렇지 않으면 선부후빈(先富後貧)할 팔자인가를 알아보자.

(2) 종신부자(終身富者)의 사주　오늘날과 같이 사회적 환경이 조석으로 달라지는 시대에 평생 부귀영화를 누린다는 것은 쉬운 일이 아니다. 그러나 우리 주변에도 주마등처럼 빠른 시대적 변천에 초월한 듯한 부호들이 있다.

과연 그런 인사들은 어떤 사주를 타고 났을까?

평생 부자로 지낼 사주는 다름 아닌 중화된 사주다. 「제2편 원리」

「제3장 간명비법」「1. 중화」의 항에서 설명하듯이 사주가 주류무체(周流無滯)하고 정신기(精神氣) 삼자가 왕성한 사주를 말한다. 이런 사주는 기운(忌運)을 만나도 빈한하지 아니하며 평운(平運)에도 재복이 왕성하고, 길운을 만나면 대부호가 된다.

```
戊 丙 乙 己
午 寅 亥 酉

己 庚 辛 壬 癸 甲
巳 午 未 申 酉 戌
```

酉금이 亥수를 생하고, 亥수가 乙, 寅목을 생하고, 목이 일주를 생하고, 丙화가 다시 戊토를 생하여 오행이 상생유통(相生流通)되었다. 또 子, 亥수의 생조를 받는 인수가 생신하고, 己토가 생하는 酉금과 다시 酉금의 생조를 받는 亥, 子수가 있어 정신기 삼자가 왕성하다. 고로 평생 대부호로 지냈으며, 구자이십사손(九子二十四孫)의 자식복과 120세의 수까지 누렸다.

완전무결하게 중화된 사주 외에도 정신이 강하여 상호 형평을 이룬 사주는 대체로 평생 재복이 그치지 아니한다. 특히 식상생재격(食傷生財格)으로 이에 해당하는 사주는 재격(財格)의 기신인 비겁운을 만나도 식상이 생화(生化)하여 평온무사하게 만든다. 또 용사 및 회신이 강한 사주도 대운이 극히 흉악하지 않는 한 대체로 평생 부유하게 지낼 수 있다.

```
己 丙 己 丁
丑 午 酉 丑

癸甲乙丙丁戊
卯辰巳午未申
```

이 사주는 중국 굴지의 갑부 당자배(唐子培)의 사주다.

丙화는 비록 화왕지절에 출생하지 못하더라도 일지에 제왕(帝旺)을 만나고 년간에 겁재가 있어 신약은 아니다. 재성은 월지에 위치하여 왕성하고, 주위의 습토가 생조하여 기신(氣神)이 강하고 서로 형평되었으며, 대운이 일주를 오래도록 생조하여 평생 대부호의 영화를 누렸다.

(3) **선빈후부(先貧後富)할 사주**　초년에는 빈한하나 중말년에 재복이 있는 사주는, 사주의 격이 비록 좋으나 초년에 길운을 만나지 못하거나 년월주에 기신(忌神)이 있다.

```
丁 戊 癸 癸
巳 子 亥 酉

丁戊己庚辛壬
巳午未申酉戌
```

이 사주는 재성이 년월주에 중첩되고 년지의 상관이 생수(生水)하는 반면 일주를 생조할 인수 및 비견은 미약하다. 고로 신약사주이며, 용신은 비겁이며 희신은 인성이 된다. 년월주에 기신이 있으므로 일견하여 선빈후부할 사주임을 알 수 있다. 초년은 한고(寒苦) 속에 지냈으나 己未 대운에 치부하여 거상(巨商)이 되었다.

(4) 선부후빈(先富後貧)할 사주　초년에는 재복이 좋았으나 중년 및 말년에 빈한할 사주는 년월주에 길신이 있고, 일주 및 시주에 기신이 있는 사주이거나 행운이 초년에는 양호하나 중말년이 기신에 해당하는 사주다.

```
甲 丙 庚 己
午 午 午 巳

甲乙丙丁戊己
子丑寅卯辰巳
```

이 사주는 지지가 전부 午, 巳화로 되어 있어 신강하다. 월간의 일점 재성이 용신이며, 왕성한 비겁에 의해 파극된듯하나 년주의 식상이 생재하여 「식상생재격」이 되었다. 그러나 사주에 수기나 습토가 없어 사주가 심히 편고(偏枯)되었다. 년월주에 길신이 있고 초년 대운이 식상의 희신운이므로, 부모의 유산이 풍부하고 재업(財業) 또한 왕성하였다. 그러나 중년 丁卯 대운에 연속하여 화재를 당하여 가업이 파진(破盡)되었다.

관록(官祿)

1. 관록 있는 사주

- 신왕하고 관살이 약한 사주에 재성이 관살을 생조할 때,

- 신약하고 관살이 왕성한 사주에 관살이 인성으로 생화하고 재성이 없을 때,

- 비겁이 중첩되고 재성이 미약한 사주에 관살이 비겁을 억제할 때,

- 재성이 인수 및 편인을 억제하는 사주에 관살이 이를 통관할 때,

- 관살과 재성이 모두 지장간에 있는 사주,

- 인수가 노출되고 관살도 천간에 노출된 사주 ― 이상의 사주는 관성유리회(官星有理會)라 하여 관록있는 전형적인 사주다.

- 신왕하고 관살 또한 왕성한 사주에 인성이 관살을 유통시킬 때,

- 비겁이 용신 또는 희신인 사주에 관살이 생인(生印)할 때,

- 재성이 왕성하고 관성이 이를 유통시킬 때,

- 일주와 관살이 왕성한 사주에 재성이 경미할 때,

- 사주에 관살은 없으나 암암리에 삼합 및 육합될 때,

- 관살이 왕성하고 식상이 있을 때,

이상의 경우 관록이 있으나, 이외에도 사주에 청기(淸氣)가 있고 정신이 강하면 관록이 있다.

2. 관록의 등급

같은 관록이 있더라도 위로는 제왕(帝王), 재상(宰相)으로부터 밑으로는 아전(衙典) 등 소관말직에 이르기까지 여러 등급이 있다. 이 관계(官階)는 여하히 판단할 것인가? 이것은 사주가 순수(純粹)하고 용신 및 희신이 생화유정(生化有情)하여 청기(淸氣)가 있어 정신기(精神氣)가 충족하였느냐에 의하여 결정된다.

사주가 순수하고 청기가 충만될수록 고귀(高貴)하며, 혼잡하고 탁기(濁氣)가 있을수록 비천(卑賤)하다.

관등과 사주의 청탁(淸濁)의 정도는 다음에 대략적인 설명을 하겠으나, 궁극적으로는 독자의 경험에 의하여 판달할 문제이다.

- 제왕(帝王) 재상(宰相) 및 판서(判書), 즉 오늘날의 장관급 이상의 사주들은 순수하고 청기가 충일(充溢)하여 사주팔자가 전부 희

신 및 용신과 생화유정하고, 희신 및 용신이 진신(眞神)으로 되어 있다. 특히 역대 제왕의 사주를 보면, 청기가 충일하여 정신기가 관철되고 팔자 중 어느 한 글자도 옮기거나 바꾸지 못할 정도로 오행이 잘 조화되어 있다.

$$\begin{array}{cccc} 丁 & 戊 & 戊 & 甲 \\ 巳 & 申 & 辰 & 午 \end{array}$$

$$\begin{array}{cccccc} 甲 & 癸 & 壬 & 辛 & 庚 & 己 \\ 戌 & 酉 & 申 & 未 & 午 & 巳 \end{array}$$

이 사주는 청나라 강희황제(康熙皇帝)의 사주다.

丁화는 午에 戊토는 巳에 건록이 되고, 申금은 辰과 삼합하여 유정이 되어 정신이 충만하며 사주가 청철(淸撤)하다. 후토(厚土)를 甲목이 견제하고 화난수윤(火暖水潤)하여 조후가 완비되어 사주팔자에 일점의 한잡(閑雜)이 없으며, 어느 한 글자를 바꿀 수도 없게 잘 짜여져 있다.

$$\begin{array}{cccc} 丙 & 庚 & 丁 & 辛 \\ 子 & 午 & 酉 & 卯 \end{array}$$

$$\begin{array}{cccccc} 辛 & 壬 & 癸 & 甲 & 乙 & 丙 \\ 卯 & 辰 & 巳 & 午 & 未 & 申 \end{array}$$

이 사주는 청나라 건융황제(乾隆皇帝)의 사주다.

丙, 丁화가 午에 제왕 및 건록이 되어 왕성하나 일주 또한 辛, 酉금을 만나 쇠약하지 아니하고, 子午, 卯酉 상충되어 관살이 잘 억제되고 청기가 관철(貫撤)하였다. 관살 불왕하고, 일주 불쇠한 것이 어느 한 자 옮길 수 없는 절묘한 배합이다.

• 지방 장관 이하의 중급 정도로 관록이 있는 사주는 순수하고 청기가 충족하면서도 청순(淸純) 중에 탁기(濁氣)가 있다. 따라서 용신 및 희신에게 부족된 점이 있어 정신기가 왕성하지 못하다든지, 오행의 조화에 편중(偏重)된 점이 있든지 하다. 그러나 사주 전체는 어디까지나 청순함을 잃지 않고 있다.

甲 甲 癸 戊
子 午 亥 申

己 戊 丁 丙 乙 甲
巳 辰 卯 寅 丑 子

이 사주는 시주의 甲목과 癸, 亥, 子수가 일주를 생조하여 일주가 태왕하다. 년주의 재관은 미약하고 수기로 생화하였으므로 용신은 일지의 午화이다. 왕성한 수기를 戊토가 억제하고 甲목이 소통시켜 사주는 청순하나 子午상충하여 탁기가 있다. 丙寅, 丁卯 대운에 탁기를 일소하여 고시에 합격하고 사로(仕路)에 올라 관계(官階)가 누진하더니 丁卯 대운 말의 丙戌년에 차관으로 승진되었으나 수년 못가서 괘관(掛冠)하였다.

• 하급 공무원 등의 사주팔자는 사주 전체가 탁하나, 탁한 중에도 일점 청기가 있으며, 혹은 진신으로 용신을 삼든지, 혹은 지지에 일점 청기가 있든지 하다.

$$
\begin{array}{cccc}
乙 & 己 & 甲 & 辛 \\
丑 & 未 & 午 & 亥
\end{array}
$$

$$
\begin{array}{cccccc}
戊 & 己 & 庚 & 辛 & 壬 & 癸 \\
子 & 丑 & 寅 & 卯 & 辰 & 巳
\end{array}
$$

이 사주는 지지가 대부분 화토이고 午월 출생의 己토이므로 신왕이다. 고로 관실이 용신이나 午화가 목기를 누출시키고, 辛금이 파극하여 사주가 탁하게 되었다. 그러나 년지의 亥수가 辛금을 누출시키고 甲목을 생조하여 탁한 중에도 일점 청기가 남아있다. 고로 辛卯 대운에 말단미직(末端微職)으로 출사하여 庚寅 대운에 사무관까지 승진할 수 있었다.

3. 사법관(司法官)의 사주

판사 및 검사 등 사법관의 사주는 주로 다음과 같은 유형에 속한다.

- 사주 중에 삼형(三刑)이 있고 격국(格局)이 순수하고 청기(淸氣)가 있는 것,
- 재관(財官) 및 식상 등 신(神)이 왕성하고, 월지가 왕인(旺刃)에 해당하는 사주,

   왕인이란 월지가 甲일은 卯, 乙일은 寅 丙戊일은 午, 丁巳일은 巳, 庚일은 酉, 辛일은 申, 壬일은 子, 癸일은 亥에 해당하는 것을 말한다.
- 편관이 재성에 의하여 생조되어 왕성한 사주,

이상의 사주는 모두 사법관으로 생살지권(生殺之權)을 행사하나 오늘날과 같이 사법관이 변호사, 정치인, 실업인 등으로 전직(轉職)이 빈번한 시대에, 봉건시대의 형부 상서(刑部尙書), 안찰사(按察使) 등에 적용되는 통계상의 법칙이 그대로 적용될 수는 없으나 필자가 경험한 바에 의하면, 상금도 이상의 법칙에 해당하는 사법관의 사주가 의외에도 많음을 발견했다.

$$\begin{array}{cccc} 丙 & 庚 & 己 & 壬 \\ 戌 & 午 & 酉 & 寅 \end{array}$$

$$\begin{array}{cccccc} 乙 & 甲 & 癸 & 壬 & 辛 & 庚 \\ 卯 & 寅 & 丑 & 子 & 亥 & 戌 \end{array}$$

이 사주는 중국의 형부 상서(刑部尙書) — 현재의 법무장관 —

의 것이다. 시간의 편관은 午화에 제왕이 되고 午戌삼합하여 대
단히 왕성하다. 년간의 壬수는 寅목으로 생화하고 己토의 장해
를 받아 丙화를 억제하지 못하고, 일주 庚금은 양인, 즉 酉금에
의해 생조받고 있다. 사주의 정신기(精神氣)가 강하여 일찍 과거
에 급제한 후 누차 생살지권을 행사하는 사헌(司憲)을 맡았으며,
그 벼슬이 상서에 이르렀다.

다음은 전부 사법관의 사주인데 첫째 것은 편관이 왕성하고, 둘째
것은 왕인이 있으며, 셋째 것은 삼형이 있다.

辛 丁 癸 丁
亥 未 丑 卯

壬 丙 庚 己
辰 申 午 巳

壬 壬 辛 庚
寅 申 巳 午

4. 행정관(行政官)의 사주

현재처럼 대다수의 공무원이 행정관인 시대에 따로 행정관의 사주만을 구별하는 것은 곤란한 일이나, 여기서 행정관이라 함은, 그 직책이 내무, 재무, 치안 및 지방행정 등의 상식적 의미에 있어서의 일반행정에 속하는 것을 말한다.

일반행정관의 사주는 우선 격국(格局)이 순청(純淸)하고, 재성과 관살이 상호 생조하고 정협(情協)된 것이라야 한다. 이외에도 관살이 왕성하고 인수가 있는 사주, 인수가 왕성하고 재성이 있는 사주 및 관살과 일주가 모두 왕성한 사주도 행정관의 사주다. 재관이 미약하고 인성이 왕성하고 식상이 있는 사주는 문무를 겸비한 치안 계통에 적합하며, 재성이 아름다운 사주는 재무 계통에 적합하다.

다음 세 사주는 내무행정의 명관(名官)들의 사주이다.

壬	壬	丁	癸
寅	子	巳	丑

첫째 사주는 왕성한 재성이 관성을 생조하고 있으며, 식신이 생재(生財)하여 재성이 아름답다. 고로 지방재정 및 산업행정의 명관으로 칭송받았다.

```
甲 甲 癸 戊
子 午 亥 申
```

둘째 사주는 왕성한 인수를 재성이 억제하고 상관이 유행(流行)시켜 명군수(名郡守)로 활약하여 송비(頌碑)까지 세워 받았으며, 후에는 치안행정에 공로를 세웠다.

```
丁 戊 戊 丁
巳 申 申 巳
```

셋째 사주는 사주가 인수 및 식신으로만 되었다. 고로 치안행정의 수완가로서 그 활약이 종횡무진(縱橫無盡)하였다.

이상 설례(設例)에서 본 바와 같이 사주 중의 재관, 식상 및 인수 등 육신의 동향을 세밀히 관찰하면, 같은 행정관으로서도 여하한 직책을 맡을 것인가를 정확하게 판단할 수 있다. 특히 역마(驛馬), 양인, 괴강(魁罡) 및 문창성 등의 제살을 참작하면 일반행정 계통 외에 외무, 국방, 교통, 문교 등 특수행정 계통에 적합한 사주를 판단하는 것도 과히 힘든 것은 아니다.

5. 군인(軍人)의 사주

- 상관이 왕성한 사주
- 편관이 왕성하고 양인이 있거나, 인성이 있는 사주는 무관(武官)
  의 사주이며, 정신기 삼자가 강하면 군인으로서 고귀한다. 편관
  이 왕성하고 인성도 왕성하여 편관의 기운을 유통(流通)시킬 때
  는 주로 문관(文官)으로서 위권(威權)이 있는데, 인성이 약하면
  군인의 사주이다.
- 사주에 형, 충, 파, 해가 많으면 군인이 되는 경향이 있다.
- 사주팔자의 대부분이 금(金)으로 되어 있는 사주는 군인으로서
  그 이름을 떨친다.
- 사주팔자에 금(金)과 화(火)가 많으면 군인이 되는 경향이 있으
  며, 금 또는 화가 많은 사주가 화 또는 금대운을 만날 때도 같다.
  특히 사주에 금과 화가 서로 성하고 귀격(貴格)이면 군인으로서
  대권(大權)을 장악한다.
- 일반적으로 군인의 사주는 정기(精氣)가 특이하게 강하면서 신
  기(神氣)가 불청(不淸)하여 사주에 일점 탁기(濁氣)가 있다.

丁 丁 癸 己
未 巳 酉 未

丁 戊 己 庚 辛 壬
卯 辰 巳 午 未 申

이 사주는 청나라 말년 청군(淸軍)을 근대화시킨 원세개(袁世凱)의 사주이다.

일주가 강하고 월지에 재관이 상생하여 용신이 癸수, 즉 편관이 될듯하나 癸수는 己토에 의해 파극되어, 실상 식신생재격(食神生財格)이다. 사주에 습토가 없으므로 癸수가 대신 조토(燥土)를 습누(濕漏)시키는 작용을 한다. 그러나 신기가 불청함은 면치못한다. 庚午 대운에 약관 20여 세의 젊은 나이로 북양대신(北洋大臣) 이홍장(李鴻章)의 명령에 의해 사실상 구한국(舊韓國)의 총독(總督)으로 행세하였다. 그 후 대운이 식상운이라 관계가 누진하여 청군총사령관이 되어 손문의 혁명군과 대적하다가 돌변하여 손문과의 타협 아래 중화민국 초대 총통이 되고, 일시 칭제(稱帝)까지 하다가 丁卯 대운에 병사하였다.

다음 사주는 저부 장군(將軍)의 사주이다.

癸　壬　壬　壬
卯　辰　寅　午

첫째 사주는 상관이 왕성하다. 고로 군인으로서 인품이 고결하고 식견(識見)이 높았다.

```
辛 己 癸 壬
未 巳 卯 午
```

둘째 사주는 중화민국의 정참모총장(程參謀總長)의 사주로 편관이 왕성하고 시지에 양인이 있다.

```
庚 庚 庚 庚
辰 申 辰 辰
```

셋째 사주는 사주팔자의 대부분이 금으로 되어 있고, 수기(秀氣)가 유행되지 않아 사병(士兵) 출신이다.

제4장

직업(職業) 및 출신(出身)

1. 직업의 선택법

중국에서 사주추명학이 완성될 무렵 모든 청년의 희망은 과거에 급제하여 관계에 진출하는 것이었다. 사실 그 당시 환자(宦資) 및 환 낭(宦囊)이라는 신용어가 생길 정도로 관권(官權)은 재부(財富)를 약속 해줬다. 그리고 사농공상(士農工商)이라는 유교적 이념에 사로잡혀 농업 이외의 대부분의 직업을 천시 박대하였으며 또 대부분의 직업 은 세습적으로 정하여졌다. 이와 같은 봉건시대에 만들어진 사주추 명학이 근대와 같이 그 직업이 다종다양(多種多樣)하고 귀천(貴賤)의 구별이 없는 시대에 적용될 것인가 의문이다. 그러나 현실은 정반대 로 꿈많은 청년일수록 모두 한 번은 문복가(問卜家)의 문을 두드린다.

「내가 위대한 원자과학자(原子科學者)가 될 수 있겠소?」「나는 세계 적 샹송가수가 되고 싶은데, 될 수 있을까요?」라고 진지하게 질문하나, 현재의 운명가들이 이에 대한 참다운 해답을 줄 수는 없을 것이다.

그러나 직업의 선택이 인간의 전생애를 좌우하며, 또 사회 정세의 변화에 의하여 직업의 종류가 복잡화하고, 생존경쟁이 극심하여 재능은 있으나 이를 살릴 수 없는 이 시대에, 운명가가 침묵을 지킬 수는 없다.

직업선택의 중요성에 비추어 많은 운명가들이 연구에 연구를 거듭한 결과 불완전하나마 다음과 같은 어느 정도 현대화한 직업선택법을 발견했다. 특히 침언하고 싶은 것은 직업선택에 있어 그 성격도 참작해야 할 일이다. 성격상 맞지 않은 부부가 해로할 수 없듯이, 성격과 정반대의 직업을 택하여 큰 성공을 거둘 수도 없다. 따라서 독자 여러분은 본항 외에 「제6장 성격」도 참작하여주기 바란다.

직업은 사주의 격(格)과 용신에 의하여 정하여진다. 격과 용신을 종합하여 직업을 판단할 것이다.

격 또는 용신의 육신을 기준으로 직업을 표시해 보면 다음과 같다. 단 사법관, 행정관, 군인 및 정치가는 앞서 설명하였으므로 여기서는 생략하고 종교가 및 예술가는 다음 항에서 설명한다.

비견 ── 사주에 비견이 많으면 독립적 사업이 적합하며, 변호사, 계리사, 변리사, 의사, 기자 등 자유업 외에 특수한 기술을 습득하여 기사(技師)로서 취직하는 것도 무방하다.

겁재 — 대체로 비견의 경우와 같으나 특히 공동사업은 불리하며 큰 실패를 가져온다.

식신 — 식신생재격은 실업가로 성공하는 경향이 많으며, 기타의 식신격은 교육계 및 학계에 적합하며, 주선업(周旋業), 요리업(料理業) 등의 상업도 양호하다. 또 일반적인 봉급 생활도 무방하다.

상관 — 교사, 학자로서 성공하며, 변호가, 계리사, 흥행가(興行家) 등 각종 경쟁적 업무에도 양호하다. 사주에 재성이 있으면 상업에도 큰 성공을 거두며, 관살이 있으면 편업(偏業)에 종사한다.

편재 — 일반적으로 상업에 적합하나 출입이 빈번한 청부업, 중개업, 금융업 등이 좋으며, 해외무역업 또는 무역회사 사원도 양호하다.

정재 — 상업 및 공업에 적합하나 투기성 있는 업무는 금물이다. 재관이 왕성하고 일주가 약할 때는 은행 계통에 종사하게 된다. 반대로 재성이 약하고 일주가 강하면, 공업 계통에 종사하는 것이 좋다. 재성이 극히 약하면, 외교원 및 행상인이 된다.

편관 — 상업으로는 청부업, 조선업, 건축업 등에 적합하며 일반적으로 복잡한 대인관계를 해야 하는 직업에 능숙하다.

정관 — 성실성과 정직함을 요하는 모든 직업에서 성공할 수 있다. 그러나 사주에 정관이 너무 많으면 기술 계통 또는 학계에 종사한다.

편인 — 의사, 평론가, 기사(技師), 운명가 등 편업에 적합하며, 비생산적인 사업도 무방하다.

인수 — 지식을 이용한 직업뿐만 아니라 생산업무에도 적합하다.

용신이 왕성하고 일주 또한 왕성하면 자립하여 사업을 하여도 크게 성공할 수 있으나, 일주가 심히 약하거나 심히 강하면 타인을 의지하여 사업하든지, 고용되는 것이 좋다.

물이 필요한 사주는 수산업이 적합하며, 교통업 등 유동사업(流動事業)과 외근 근무도 양호하며 사주에 역마가 있을 때도 마찬가지다.

불과 금이 필요한 사주는 생산공장 등 공업에 종사하는 것이 좋으며, 나무가 필요한 사주는 농업, 목재상 등에 성공하며, 흙이 부족한 사주는 농업, 토목사업, 토지매매업 등이 적합하다.

또 사주에 물과 불이 많으면 해외무역업에 종사하며 丙子 및 丁亥일생은 이 경향이 더욱 현저하다.

壬　癸　丙　壬
戌　亥　午　子

첫째 사주는 재다신약격(財多身弱格)이다. 고로 은행원으로 다년간 근무하다가 사주가 재기통문(財氣通門)하여 말년에는 은행장을 지냈으며 부호가 되었다.

庚　乙　庚　乙
辰　巳　辰　亥

둘째 사주도 재다신약격이나 사주가 순수(純粹)하고 정관(正

官)이 천간에 투출되어 시지의 亥수, 즉 인수를 생조하고 있다. 고로 초년에는 은행원으로 있다가 중년부터 대학교수가 되었다.

庚 辛 庚 丙
寅 未 寅 子

셋째 사주도 재다신약격이나 천간에 겁재가 많아 독립적인 사업이 적합하다. 일지의 편인이 일주를 생조하므로 의사가 되었다.

2. 종교가(宗敎家)의 사주

여기서 종교가라 함은 신부(神父), 목사, 승려(僧侶) 등 성직에 있는 사람뿐만 아니라 독실한 신자들도 포함한다.

• 사주에 토기(土氣)가 왕성하면 신앙심이 두텁고 성직에 종사하게 된다. 특히 사주가 순수하면서도 용신 및 희신이 약하면 종신 속세를 떠나 종교에 전심(專心)한다.
• 甲, 丙, 丁, 戊일생으로 지지에 戌 및 亥가 있고 극, 해, 공망이 있으면 종교가가 되며, 사주에 청기가 있으면 종교가로서 명성을

떨친다.

- 상관이 왕성하고 일주 또한 왕성하면, 고명한 종교가가 된다.
- 목일(木日)생으로 생월이 寅, 卯, 辰월이고, 사주에 수기(水氣)가 많으면 종교가가 된다.
- 乙卯일생으로 사주에 辛酉가 있으면 종교가가 되며, 辛酉일생으로 사주에 乙卯가 있으면 종교가가 되나 뒤에 환속(還俗)한다.

모두 승려의 사주이다.

```
甲 己 辛 甲
子 未 未 申
```

첫째 사주는 토기가 왕성하고 금, 목이 상극하여 용신이 약하고 해(害) 및 공방이 있어 일찍 입도(入道)하여 고승(高僧)이 되었다.

```
丁 庚 乙 辛
丑 辰 未 丑
```

둘째 사주는 토기가 왕성하고 재관이 극히 미약하다. 고로 처자를 잃고 가업마저 파진하자 삭발하고 중이 되었다.

$$
\begin{array}{cccc}
壬 & 乙 & 己 & 乙 \\
午 & 亥 & 卯 & 丑
\end{array}
$$

셋째 사주는 인수 및 비견에 의해 己, 丑토가 파극되어 있다. 고로 중년에 사업에 실패하자 중이 되었으나, 청규(清規)를 지키지 못해 절에서 추방되고 나중에는 동사(凍死)하였다. 이것은 왕성한 목기에 의해 토기가 파극되어 신앙심이 전혀 없는 사주이다.

3. 예술가(藝術家)의 사주

오늘날 예술이라 함은 문학, 미술, 조각뿐만 아니라 음악, 무용, 영화, 연극 등 그 범위가 매우 넓다. 이를 일일이 각 부문별로 사주의 유형을 찾는 것은 아직 사주추명학상 불가능하다. 다만 재래부터 예술이라 칭해오는 문학, 서도, 미술 등과 풍류(風流)라고 취급해 오던 음악, 무용, 연극, 영화 등으로 대별할 수 있을 뿐이다.

• 문학가, 미술가, 조각가, 서도가의 사주는 다음과 같은 유형에 속한다.

　1. 화개가 사주에 많거나 화개와 인수 또는 편인과 동주(同柱)한다.

2. 사주에 관살이 심히 왕성하고 인수 또는 편인이 있다.

3. 식신 또는 상관이 왕성하다.

4. 사주에 문창성(文昌星)이 있다.

5. 일주가 甲, 乙목이고 하절(夏節)에 출생한 자, 또는 일주가 丙, 丁화이고 춘절(春節)에 출생한 자는 목화통명(木火通明)이라 하여 예술적 재능이 비상하다.

6. 일주가 庚, 辛금이고 동절(冬節)에 출생한 자는 금백수청(金白水淸)이라 하여 문학적 소질이 많다.

• 음악가, 무용가, 배우 등의 사주는 다음과 같은 유형에 속한다.

1. 사주에 식신 또는 상관이 왕성하다.

2. 사주에 도화(桃花)가 있다.

3. 관살이 많고, 일주가 약하다.

4. 화개가 여러 개 있다.

5. 壬子, 癸亥, 癸丑일생 등은 사주에 수기가 왕성할 때, 사물에 대한 기교(技巧)가 명민하다.

己 癸 壬 癸
未 巳 戌 卯

첫째 사주는 저명한 문학가의 사주이다. 년지에 식신과 문창성이 동주하고 있다.

辛 壬 甲 壬
亥 子 辰 午

둘째 사주는 무용가(舞踊家)의 사주이다. 壬子일생으로 수기
가 왕성하여 사물에 대한 기교가 있으며, 식신이 용신이 되어
예술적 천분(天分)이 우수함을 나타내고 있다.

戊 庚 甲 丁
寅 辰 辰 巳

셋째 사주는 편인격으로 편인과 화개가 동주하고 있다. 이것
은 저명한 미술가의 사주이다.

4. 대학 출신자의 사주 — 학업의 정도를 아는 법

어느 정도의 학력을 가졌느냐 및 학교 성적이 언제 좋았으며, 언제
나빴느냐를 사주로 알 수 있다.

노력만으로 학교 성적이 좋아지며 모든 시험에 합격할 것으로 생
각되나, 실상 사람이 자기 마음을 스스로 좌우할 수 없는 이상 노력
하게 되는 것도 팔자인가 싶다.

어느 정도의 학력을 가졌는가를 대학 졸업 정도를 기준으로 해서

판단하여보자.

다음 사주는 대학을 졸업하기 힘들다.

- 관살이 혼잡하고 탁기(濁氣)가 있는 사주,
- 신약사주에 인수 또는 편인이 재성 및 식상에 의해 파진된 사주,
- 관살이 미약하고 식상에 의해 파진된 사주,
- 신왕 사주에 식상이 심히 미약하거나, 인수 및 편인에 의하여 파진된 사주,
- 일주가 심히 약하고, 관살 또는 재성 및 식상이 왕성한 사주,
- 종격, 화격 등 외격에 속하는 사주는 기신(忌神)이 사주의 천간 및 지지를 차지하고 있을 때,
- 이상 외에 대운(大運)의 길흉을 참작해야 한다.

즉 사주가 중화되고 순수하여 청기가 있으면 대운이 극심하게 불길하지 않는 한 대학을 무난히 졸업할 수 있으나, 청기가 미약한 사주는 기운(忌運)을 만나면 학업을 계속할 수 없으며 대학을 졸업할 수 없게 된다.

다음 사주는 대학 출신자의 것이다.

乙	丁	庚	壬
巳	未	戌	申

```
癸 壬 壬 壬
卯 寅 寅 申
```

```
庚 癸 己 壬
申 酉 酉 申
```

첫째 사주는 정신기가 강하고, 둘째 사주는 좀 과하게 누출 (漏出)되었으나 일주가 태약(太弱)하지 않고, 셋째 사주는 외격에 속한다. 월주의 편관은 기신이나 酉금이 생화(生化)시켜 무해하다.

학교 성적은 정확하게 유년(流年)의 길흉과 비례한다. 즉 유년(당년을 말한)의 년운(年運)이 좋으면 공부도 잘 되고 년운이 나쁘면 공부도 잘 안된다.

```
丁 癸 丙 癸
巳 亥 辰 酉
庚 辛 壬 癸 甲 乙
戌 亥 子 丑 寅 卯
```

이 사주는 재다신약격이다. 고로 용신은 비겁이며, 희신은 편인이다. 辰酉가 육합하여 사주가 유정(有情)이고 습토가 왕성한 화기를 토로 생화시켜 다시 금으로 화하게 하였다.

그러나 초년운이 乙卯 및 甲寅목운이므로 기운(忌運)이다. 목은 용신인 癸수를 약화시키고 화기를 돕는다. 그러나 정신기가 강하고 사주가 중화되어 대학교를 무난히 졸업하였다.

8세 庚辰년에 초등학교에 입학하여 성적이 가장 뛰어났으며, 후에 좀 떨어지더니 甲申, 乙酉양년에는 다시 수석을 차지하고 중학교에도 우수한 성적으로 입학하고, 丙戌, 丁亥년에는 중 이하로 떨어지더니 戊子, 己丑년에는 다시 우등으로 되었다.

5. 고등고시 합격자의 사주 및 합격 시기

사주에 청기(淸氣)가 있어 정신기가 강해야 관록(官祿)이 있는데, 고등고시에 합격하여 관계에 진출하는 사람의 사주는 타출신자와 달리 사주가 「청진(淸盡)」되어 있다.

고등고시 합격자의 사주 및 합격 시기는 다음과 같다.

• 사주가 청진(淸盡)되어야 하는데, 청진된 사주는 우선 사주에 청기가 왕성하고 다시 다음과 같은 요건을 구비해야 한다.

1. 사주의 기신을 생조하는 구신(仇神)이 없을 것,
2. 희신 및 용신이 전혀 기신에 의해 파극(破剋)되지 아니하거나 심장(深藏)되어 있을 것. 심장이라 함은 희신 또는 용신이 한신(閑神)에 둘러싸여 기신과 멀리 있거나 지장간(支藏干) 중에

있는 것을 말한다.

3. 사주가 전전상생(轉轉相生)할 것.

• 비록 청진되지 못하고 사주의 청기가 약하더라도 대운이 양호하며 사주를 청진시키면 고시에 합격할 수 있다. 반대로 비록 사주가 청진되었더라도 대운이 구신 또는 기신운에 해당하여 청기가 흐려지면 고시에 합격할 수 없게 된다. 고로 고시에 합격할 수 있는 시기는 사주가 청진된 대운 또는 유년이다.

다음 사주는 모두 고등고시 사법 및 행정 양과(兩科) 합격자의 사주이다.

甲	甲	癸	戊
子	午	亥	申

첫째 사주는 년주의 재관이 미약하고 일주가 왕성하므로 용신은 일지의 午화이다. 그러나 子午상충되어 탁기가 있다. 그러나 시간의 甲목이 이를 완화시켰으며 丙寅 대운 중 甲戌년에 寅午戌삼합되어 용신이 왕성해지고 대운의 寅목이 子수와 午화를 통관시켜 사주가 청진되어 고시에 합격하였다.

```
癸 丙 庚 己
巳 申 午 巳
```

둘째 사주는 일주가 강하고 재관이 약간 약하다. 년간의 己土
가 午火와 庚金 사이를 통관시키고, 시간의 癸水가 巳火를 억제
하여 申金을 파극치 못하게 하였다. 고로 청진된 사주이다. 戊辰
대운은 용신인 재성을 왕성하게 하는데 辛卯년에 합격하였다.

```
丁 癸 丙 癸
巳 亥 辰 酉
```

셋째 사주는 재왕신약격이므로 년간의 癸水가 용신이고 酉
금이 희신이다. 辰土가 월지에 있어 丙, 丁화가 酉금을 파극하
는 것을 막고 있다. 고로 청진된 사주이다. 癸丑 대운 庚子년에
용신이 왕성하여 고시에 합격하였다.

6. 만년 수험생의 사주

봉건시대에 소위 양반들의 평생에 할 일은 글을 읽고 과거에 급제
하여 관계에 진출하는 것뿐이었다. 따라서 낙방하면 10번이고 20번
이고 다시 과거에 응시하는 수밖에 별 도리가 없었다. 이런 사람들을

중국에서는 평생 수재(秀才)라고 불렀다. 중국에서는 학생 또는 과거 응시생을 수재라고 불렀기 때문에 이런 말이 생긴 것이다.

시대가 전환된 지금에도 평생 수재는 존재한다. 다음과 같은 사주를 가진 사람은 차라리 교육계나 학계로 진출하는 것이 전도가 유망할 것이다.

- 관살이 태왕하고 일주가 심히 약하거나, 관살이 태약하여 일주를 억제하지 못할 때, 또 관살이 왕성하고 인수가 있으나 재성에 의하여 파극될 때, 또 관살이 미약하고 재성이 있으나 비겁에 의해 파극된 때, 또 관살이 있으나 인성이 많아 관살의 기운이 누출된 때, 또 관살이 식상에 의해 파극된 때는 평생 수재를 면치 못한다.

- 신왕하고 관살이 경미하며 재성이 있으나 비겁을 만났을 때, 재관이 태왕하고 인수가 미약할 때, 식상이 많아 인수용신인 사주에 관살은 없고 재성만 있을 때는 교육계나 학계로 진출하여 크게 이름을 얻는다. 그러나 재산은 모으기 힘들며 관계 진출은 가망 없다. 반대로 일주와 재성이 서로 강하나 재성과 관살이 떨어져 있거나 식상이 왕성한 관살을 억제하지 아니하고 재성을 생조할 때는 비록 평생 수재는 면치 못하더라도 재산가가 된다.

癸 癸 壬 癸
丑 丑 戌 亥

첫째 사주는 일주는 태왕하나 관살이 미약하다. 丑토는 습토
이므로 오히려 수기만 더해준다. 고로 학식 과인하고 인격은 고
결하나 평생 수재로 지냈다.

己 丁 甲 壬
酉 巳 辰 午

둘째 사주는 식신생재격으로 일주와 재성이 왕성하나 년간
의 관성과 시지의 재성이 불통하여 축재는 비상하였으나 과거
에 여러 번 응시했으나 끝내 등과하지 못했다.

甲 壬 庚 戊
辰 申 申 申

셋째 사주는 일주가 왕성하고 수기(秀氣)를 유행시키는 식신
이 시간에 있으나, 태왕한 편인을 억제할 화기(火氣)가 사주에
없어 평생 수재로 지냈는데, 자신이 교육시킨 제자는 많이 등과
(登科)하였다.

제5장

수요(壽夭) 및 질병(疾病)

1. 장수(長壽)할 사주

장수할 사주는 다음과 같다.

- 오행을 모두 구비하고 서로 균형된 것,

- 사주에 충극(沖尅)이 없는 것,

- 합이 된 것은 모두 사주상 필요치 아니하는 한신이거나 합이 되어 희신으로 화하는 것,

- 충거(沖去)되는 것은 모두 기신인 사주,

- 일주가 왕성하나 태과하지 않는 것,

- 신왕하고 관살이 약하나 재성이 있는 것,

- 신왕하고 재성이 약하나 식상이 있는 것,

- 신왕하고 식상이 있어 수기가 유행된 것,

- 일주가 약하고 인수가 있는 것,

• 대운이 용신 및 희신과 상극되지 않는 것,

```
丙 甲 癸 辛
寅 子 巳 丑
```

첫째 사주는 오행을 모두 구비하고 사주가 주류무체(周流無滯)로 되었다. 일주는 寅에 건록을 만나고 癸, 子수가 생조하고, 丙화는 寅에 장생을 만나고, 癸수는 子에 건록이 되고, 辛금은 丑토가 생존하여 천간에 투출된 사간(四干)이 모두 왕성하다. 고로 백세의 수명과 인간 오복을 구비한 사주다.

```
戊 丙 乙 己
子 寅 亥 酉
```

둘째 사주는 戊, 己토가 酉금을, 酉금이 亥, 子수를, 수가 乙, 寅목을, 다시 목이 丙화를 생하여 오행을 모두 구비하고 관살과 일주가 모두 왕성하다. 고로 120세까지 장수하였다.

```
庚 己 庚 丁
午 巳 戌 亥
```

셋째 사주는 현 자유중국 장개석(蔣介石) 총통의 사주이다. 일주인 己토가 午, 巳화에 건록 및 제왕을 만나 강하고, 월령이 戌월 금왕지절이므로 용신인 庚금, 즉 상관이 왕성하다. 일주가 왕성하고 식상이 수기를 유행시키고 있다. 년지의 亥수가 군토(群土)를 습누(濕漏)시키고 丁화를 억제하여 화금상극(火金相剋)을 완화시키고 있다. 현재 77세의 고령을 누리고 있다.

2. 단명(短命)할 사주

다음과 같은 사주는 단명하거나 요사(夭死)한다.

- 일주가 심히 약한 사주,
- 용신 및 희신이 미약하고, 기신이 왕성하거나 지지에 심장(深藏)되어 있는 것,
- 월지와 시지, 년지와 일지가 서로 형충된 것,
- 용신 및 희신이 합거(合去)되어 약화되고 기신이 충거되지 아니한 것,
- 신약하고 인수 및 편인만 태왕한 사주,
- 신왕이면서 극루(剋漏)가 전혀 없고 외격에 속하지 아니하는 사주,
- 신약사주에 식상이 중첩될 때,
- 사주가 금한수냉(金寒水冷)하고 습토만 있어 과습할 때,
- 사주가 목화(木火)로만 되고 조토가 있어 과조(過燥)할 때,

• 초, 중년 대운이 용신과 심히 상극될 때,

> 乙 癸 甲 癸
> 卯 巳 寅 卯

　　첫째 사주는 일본의 사주가 〈다기기씨(高木氏)〉로 하여금 다
년간의 신문기자 생활을 그만두고 운명학으로 전심케한 요사한
장남의 사주이다. 일주가 극히 미약하므로 종아격이다. 10세 이
후 癸丑 대운인데, 왕성한 목기를 누출시키는 巳화와 丑이 삼합
하여 기신으로 화하고, 17세 己未년운이 용신과 극히 상반되어
요사했다.

> 癸 辛 己 壬
> 巳 丑 酉 辰

　　둘째 사주는 일주가 강하고 壬, 癸수가 있어 수기가 유행되어
사주는 양호하다. 그러나 초년에 丁未 대운을 만나 용신인 壬,
癸수와 극진됐다. 고로 19세 庚戌년에 북망산으로 가버리고 말
았다.

> 丁 丙 癸 辛
> 酉 子 巳 丑

　　셋째 사주는 신약하고 재관이 왕성하다. 월지에 巳화가 있으

나 丑토와 삼합하여 용신이 기신으로 화하였고, 시간의 丁화는 월간의 癸수에 의해 파극되었다. 설상가상으로 초년에 壬辰 대운을 만나 12세 辛亥년에 요사하였다.

3. 흉사(凶死)할 사주

사람의 명이 끝나는 이상 매한가지겠으나, 액사(縊死) 익사(溺死), 소사(燒死), 객사(客死) 등 흉사는 면하고 싶은 것이 인지상정(人之常情)이다. 다음과 같은 사주는 흉사할 사주다.

- 사주에 양인이 여러 개 있을 때,
- 사주에 편관이 태왕하나 식상에 의하여 견제되지 못할 때,
- 역마와 양인이 있을 때는 객사하기 쉽다.
- 도화, 목욕, 양인, 편관 등이 모인 사주는 색정(色情)으로 인하여 횡사한다.
- 월지에 관살이 있고 충극된 때,
- 양인과 상관이 동주한 때,
- 사주에 괴강이 많을 때,
- 사주에 형충이 많을 때,
- 왕성한 오행을 충극하거나 충극당할 때,
- 신약하고 인성이 약한 사주에 재성이 태왕할 때,

```
甲 戊 辛 辛
寅 申 丑 巳
```

첫째 사주는 중화민국 초기 봉천군(奉天軍) 사령관이던 강등선(姜登選)의 사주이다. 사주에 삼형이 있다. 고로 손에 병권(兵權)을 잡고 위세가 충천하였으나 丙申운 丙寅년에 삼형을 형충하여 횡사하였다.

```
戊 壬 癸 癸
申 子 亥 未
```

둘째 사주는 외격(外格)에 속하는 사주로, 사주 중의 관살은 미약하여 용신으로 삼을 수 없으며, 왕성한 수기에 순종하여야 한다. 己未 대운은 조토가 수기를 충극하여 일가 오인(五人)이 모두 소사(燒死)하였다.

```
丁 甲 癸 壬
卯 戌 卯 子
```

셋째 사주는 여자 사주인데, 용신과 희신인 戌토와 丁화가 수, 목기에 의하여 파극되었다. 시주에 상관과 양인이 동주하고, 월지와 시지에 도화(桃花)가 있어 辛亥 대운 중 癸酉년에 간통하다가 살해되었다.

4. 사망 시기

간명법(看命法)상 사망 시기는, 우선 사주의 격극에 의하여 수명의 장단을 정하고, 이를 대운과 년운의 길흉과 비교하여 정한다.

대운과 년운이 사주상의 용신을 극해(剋害)하면 반드시 생명의 위험이 닥쳐온다.

이를 부연(敷衍)하면 다음과 같다.

- 대운과 년운의 길흉은 용신과의 상극 여하에 의하는데, 중점은 대운보다도 년운에 있다. 보통 신수(身數)의 길흉을 정함에 있어 중점은 대운에 있으나, 사망 시기를 정함에 있어서는 년운을 중심으로 정한다. 이것은 간명법상의 하나의 활용 법칙이다.
- 천간(天干)이 일기(一氣)인 사주는, 사주에 식상이 왕성하지 않는한 재운을 만나면 군비쟁재(群比爭財)가 되어 십중구사(十中九死)한다.
- 신약사주는 재관 및 식상운을 만나면 생명이 위험하다. 특히 비겁이 용사이면 관살운, 인수 및 편인이 용사이면 재운에 조심해야 한다.
- 신강하고 재성이 약한 사주는, 정재가 있으면 겁재운, 편재가 있으면 비견운을 조심해야 한다.
- 일주가 태왕한 사주는 인수 및 편인운을 만나면 생명이 위험하다.
- 사주에 흉신(凶神), 즉 기신 또는 기신을 생조하는 구신(仇神)이 있으면, 그 흉신이 생왕해지는 대운 또는 세운에는 생명이 위험하다.

　　첫째 사주는, 토기가 중첩하여 일주가 태왕하므로 용신은 申
금이다. 壬戌 대운은 壬수가 군비에 의하여 파극되고 午戌이 삼
합하여 화로 변하므로 생명의 위험이 있다. 丙午년에 식신용신
이 편인을 만나 졸하였다.

　　둘째 사주는 천간이 수기(水氣) 일색이며 지지에 양인이 있어
수기가 태왕하다. 丙辰 대운은 군비쟁재가 되어 사신(死神)을 피
할 길이 없다. 庚午년에 불귀의 객(客)이 되었다.

　　셋째 사주는 일주인 庚금이 지지에 통근(通根)하지 못하고 년
간의 辛금이 무력하여 종관살격(從官煞格)이다. 그러나 시지에
子수가 있어 기신(忌神)이 심장된 셈이다. 고로 庚寅 대운은 길
운임에도 壬申년에 기신을 생조하여 병몰(病歿)하였다.

5. 질병(疾病)

(1) 평생 무병자(無病者)　오행은 하늘에 있어서는 오기(五氣)가 되고, 땅에 있어서는 오행(五行)이라 하고, 인체에 있어서는 오장(五臟)이 된다. 우리 인간이 만물의 영장인 소이도 오행을 모두 구비한 까닭이다. 고로 오행이 조화(調和)되면 질병이 없고, 평생 건강하게 지낼 수 있다. 여기서 오행의 조화란 생극(生剋)을 말하는 것이 아니라 사주상 오행이 안전되어 결손(缺損)이 없는 것을 말한다. 강약을 억부(抑扶)하고 태왕(太旺)을 누설(漏洩)시키고 태약(太弱)을 억제하는 것도 오행의 조화이다. 이 법칙에 합당한 사주는 평생 아무 질병 없이 지낼 수 있다.

```
庚 戊 甲 癸
申 戌 寅 未
```

첫째 사주는 戊土가 甲寅월에 출생하여 토가 허약한듯하나 일지에 통근하고 년지의 未土가 癸수를 억제하여 신살상정(身煞相停)이 되었다. 고로 구순(九旬)이 넘도록 이목이 총명하고 거동이 자유로왔다.

```
庚 戊 甲 癸
申 戌 寅 丑
```

둘째 사주는 앞의 사주와 년지의 未土 대신 丑土가 있을뿐 그

외의 팔자는 동일하다. 그러나 未토는 조토라 癸수를 억제할 수 있으나 丑토는 습토라 癸수를 오히려 생조한다. 고로 편관이 왕성하고 일주가 약해져 오행의 조화가 잡히지 아니한 사주가 되었다. 원인은 년지가 습한데 있으므로 노년에가 머리에 큰 종기가 생겨, 그로 인하여 죽고 말았다.

乙 癸 丙 甲
卯 亥 子 子

셋째 사주는 왕성한 수기를 乙, 卯목이 누출시키고 사주에 금이 없어 목기가 왕성하다. 고로 오행이 조화되었다. 구순이 가깝도록 건장하여 50대의 장년으로 보였다.

(2) 어떤 병(病)에 걸리기 쉬운가? 만가지 질병은 오행의 부조화에 의하여 생기는데, 오행이 태강(太强)하거나, 태약(太弱)하면 질병에 걸리기 쉽다. 각 오행의 인체상 소속을 밝히면 다음과 같다.

甲乙 ─ 간장(肝臟), 담(膽), 신경 계통 특히 정신병, 두면(頭面).
丙丁 ─ 심장(心臟), 소장(小腸), 안목(眼目).
戊己 ─ 위장(胃臟), 비장(脾臟), 복부(腹部), 피부(皮膚).
庚辛 ─ 폐(肺), 대장(大腸), 근골(筋骨), 사지(四肢).
壬癸 ─ 신장(腎臟), 방광(膀胱), 혈액(血液).

사주의 격극에 목이 태과하거나 불급(不及)하면 간장 등에 질병이 있고, 화기가 태과 또는 불급하면 심장 등에 병원(病源)이 있다.

금일생으로 일주가 약하거나 용신인 금이 쇠약하고 불이 왕성하면, 그 운에 가서 폐병(肺病)에 걸린다.

일주인 토가 허약하거나 용신인 토가 쇠약하고 목운을 만나면 위장병이 생긴다.

사주에 금목(金木)이 상쟁(相爭)하면 골절(骨折)이나 신경통에 걸리기 쉬우며, 수화(水火) 상극이 되면 시력이 약해지거나 안질(眼疾)이 생긴다.

건록(建祿)이 극해(剋害)되면 냉증(冷症)이 생긴다.

금일생으로 사주에 수기가 많을 때, 사주가 과하게 습하거나 기신인 丙, 丁화가 섞이면 해소(咳嗽)가 생긴다.

사주 중의 토기(土氣)가 과하게 건조하거나 과하게 습하면, 피부병이 생긴다.

```
丁 癸 丙 癸
巳 亥 辰 酉

庚辛壬癸甲乙
戌亥子丑寅卯
```

이 사주는 재다신약격이다. 월지의 辰土가 누화생금(漏火生金)하여 일주를 생조하므로 길신이다. 乙卯, 甲寅 대운은 왕목

(旺木)이 亥 중의 甲목과 辰 중의 乙목을 인출하여 辰을 극해하고, 누수생화(漏水生火)하여 위장병과 신경 계통의 질환으로 신음하였다. 그러나 癸丑 대운 이후는 씻은 듯이 완쾌하였다.

```
戊 辛 乙 辛
子 卯 未 亥

辛 庚 己 戊 丁 丙
丑 子 亥 戌 酉 申
```

辛금이 未월토왕지절에 출생하고, 일간의 戊토와 년간의 辛금이 일주를 생조하고 있으나, 未토는 삼합하여 목으로 화하고 辛, 戊는 모두 목과 수기에 억제되어 무력하다. 고로 己亥 대운 이후는 정신병에 걸려 약효조차 못보고 있다. 장차 辛丑 대운에는 辛금이 목을 억제하고 일주를 생조하여 완쾌할 것이다. (여자의 사주)

```
丁 戊 戊 辛
巳 戌 戌 未

壬 癸 甲 乙 丙 丁
辰 巳 午 未 申 酉
```

이 사주는 조토(燥土)로만 되어 있어 과조(過燥)한데다가, 시주에 丁, 巳화가 있어 더욱 심하게 되었다. 고로 초년에는 폐가 나빠 가래가 그치지 아니하였으나 申, 酉금이 있어 큰 해는 없었다. 乙未, 甲午 대운에는 목이 화를 생조하여 사주가 더욱 건조되어 심한 피부병에 걸려 고생하던 끝에, 癸巳운에 癸가 사주 중의 戊와 간합하여 화로 화하고 巳화가 이를 더욱 부채질하여 죽고 말았다. 폐와 신장이 나빠진 게 원인이었다.

```
甲 甲 癸 庚
戌 午 未 寅

己 戊 丁 丙 乙 甲
丑 子 亥 戌 酉 申
```

이 사주는 목화상관격(木火傷官格)으로, 년간의 庚금이 인수를 생조하여 사주가 순수하다. 고로 공부(工夫)에는 천재였으나 지지에 寅午戌 삼합이 있어 庚금과 癸수를 파극하여 폐와 신장이 약화되어 丙戌 대운에 죽었다.

(3) **평생 다병자(多病者)** 평생을 통해 다병다재(多病多災)한 사주는 오행이 상배(相背)되고 불순(不順)하거나 기신이 지지에 심장(深藏)된 것이다.

오행이 불순하다 함은 사주의 간지가 좌우상전(左右相戰)하고 상하상극(上下相剋)하며, 오행 상호 간의 균형이 전혀 잡히지 아니한 것을 말한다.

甲 丙 丁 壬
午 申 未 寅

癸 壬 辛 庚 己 戊
丑 子 亥 戌 酉 申

丙화가 未월 화왕지절에 출생하고, 사주에 목화(木火)가 왕성하다. 년간의 壬수와 일지의 申금은 그 거리가 너무 떨어져 있어 상호 생조하지 못하며, 壬수는 丁과 간합하여 목으로 화하여 버렸다. 고로 어려서부터 폐가 나빠 고생하더니 庚戌 대운에 그로 인하여 죽고 말았다.

壬 辛 辛 丁
辰 未 亥 亥

乙 丙 丁 戊 己 庚
巳 午 未 申 酉 戌

辛금이 맹동(孟冬)에 출생하였고 사주에 수기가 왕성하여 신약이다. 월간의 辛금은 丁화에 의하여 파극되었고, 용신은 未, 辰토이다. 그러나 亥未 삼합하여 목으로 화하였고, 未나 辰의 지장간에 乙목이 들어있어 기신이 심장되었다. 고로 어려서부터 위장이 허약하여 십일(十日)을 편안히 지내지 못하더니 丁未운에 그로 인하여 사망하였다.

제6장

성격(性格)

1. 오행(五行)에 의한 성격 판단

사주추명학은 오행으로써 인간의 부귀, 빈천, 질병뿐만 아니라 그 성격까지 판단한다.

오행은 하늘에 있어 오기가 되고, 사람에게 있어서는 오상(五常), 즉 인의예지신(仁義禮智信)이 된다. 인은 목이고, 의는 금이고, 예는 화이고, 지는 수이며, 신은 토이다.

오행이 중화순수(中和純粹)하면 성격도 겸손(謙遜)하고 성실하며 자비심이 있는데 반하여 태과되거나 불급되면 성격상 결점이 있다.

사람의 성격을 일주(日主)의 오행별로 설명하면 다음과 같다.

(1) **목성(木性)**　목성은 인(仁)이다. 고로 목일(木日)생으로 사주에 목기가 왕성하면, 성질이 인자(仁慈)하여 측은지심(惻隱之心)이 있다.

태과(太過)하면 마음이 어질지 못하고 질투심이 있으며, 변덕스럽고 마음이 잘다.

불급(不及)하면 심회(心懷)가 부정하고 하는 일에 절도가 없으며, 인색하다.

목일생으로서 사주에 식상이 태과할 때, 금수 또는 습토가 있어 왕성한 식상, 즉 화기를 수습하면 겸손하고 예의 바르나, 이것이 없으면 자신이 총명하다고 자만(自慢)하고 변덕심이 많고 처사가 잘다.

丙 甲 甲 丙
寅 申 午 戌

甲목이 午월에 출생하고, 화국삼합(火局三合)이 있어 화기가 태왕하다. 비록 申금은 있으나 수기가 없어 화기를 억제하지 못하고 있다. 고로 남의 은혜를 감사할줄 모르며, 매사에 의심이 많고 결단심이 없으며, 소리(小利)를 탐내어 대리(大利)를 놓쳐 한평생 한 가지 사업도 성공시키지 못했다.

(2) 화성(火性) 화성은 예(禮)이다. 고로 화일생으로 화기가 왕성하면 예의 바르고, 성격이 민속(敏速)하고 언변(言辯)도 빠르며, 명랑하고 화식(華飾)을 좋아한다.

태과하면, 성질이 조급(燥急)하고 혹독하며, 울기도 잘하고 웃기도 잘한다.

불급하면, 잔재주에 능하며, 예의 바르고 언변이 좋으나 결단심이 부족하다.

화일생으로 화기가 태왕한 사주에 일점 금이나 수지가 있으면 왕신(旺神)을 충격하여 성질이 황폭, 조급하여 무례(無禮)하다. 반대로 습토가 있어 이를 수습하면 겸손하고 예의를 안다.

```
甲 丙 甲 辛
午 子 午 巳
```

丙화가 午월에 출생하고, 사주에 午巳가 많으며 甲목이 화기를 생조하여 화기가 태왕하다. 일점 子수와 辛금은 무력하여 화기를 억제하지 못하고 있다. 고로 어려서부터 호투방탕(好鬪放蕩)하여 동리 무뢰한의 두목이 되었다.

(3) **토성**(土性) 토성은 신(信)이다. 고로 일주가 토이고 사주에 토기가 왕성하면, 성격이 신의(信義)가 있으며 충성심과 효심(孝心)이 있고, 중후(重厚)하여 조용한 것을 좋아한다.

태과하면, 고집불통으로 사리판단이 현명치 못하고 고박(古朴)하다.

불급하면, 처사가 온당치 못하고 타인과 싸우기 좋아하며, 인색하고 괴벽스럽다.

(4) **금성**(金性)　금성은 의(義)이다. 고로 일주가 금이고 사주에 금기가 왕성하면 명예를 중히 여기고, 의로운 일에 용감하고 위엄이 있으며 결단성이 있다.

태과하면, 욕심이 많고 잔인하며, 용감하나 무모하다.

불급하면, 생각은 많으나 결단심이 없으며, 시비(是非)를 좋아한다.

금일생으로 사주에 금수가 공히 왕성하면 지용(智勇)을 겸비하여 능소능대하나, 금기가 쇠약하고 수기만 왕성하면, 처사가 기발(奇拔)하나 협잡심(挾雜心)이 많다.

```
丙 庚 壬 壬
子 辰 子 申
```

庚금이 子월, 수왕지절에 출생하고 수국삼합(水局三合)이 있어 금은 쇠약하고 수기만 왕성하다. 중년에 파산한 후 사기협잡으로 반평생를 보냈다.

(5) **수성**(水性)　수성은 지(智)이다. 고로 수일생으로 수기가 왕성하면 총명하고 계교가 깊다.

태왕하면 의지가 약하며 움직임을 좋아하고 다능(多能)하나 호색이다.

불급하면 반복무상(反覆無常)하고 용기가 없으며 총명치 못하다.

수일생으로 사주에 수기가 왕성하고 목기로 누출시키면 덕지(德智)를 겸비한 인격자가 되나, 일점(一点) 토기나 화기가 섞이면, 왕신을 충극한 것이 되어 인예지심(仁禮之心)이 없으며, 고집이 세고 처사가 매번 사리와 어긋난다.

丙 壬 庚 癸
午 子 申 亥

이 사주는 왕성한 수기를 庚申금이 생조하여 태왕하게 되었다. 사주의 화기가 왕수(旺水)를 충극하여, 위인이 고집불통이고 무례(無禮)하다. 뒷날 유부녀를 강간하다 타살(打殺)되었다.

2. 육신(六神)에 의한 성격 판단

사주상의 용신(用神)이 어떤 육신에 해당하느냐에 의하여 성격을 판단하는 법이다. 그러나 월지(月支)에 있는 육신도 이를 참작해야 한다.

(1) 비견(比肩) 비견이 용신이면 온건하고 화평하나, 비견이 많으면 자존심이 강하고 비사교적인 성격을 갖게 된다.

월주의 천지성이 모두 비견이면, 성질이 좀 난폭하다. 비견을 충하면 대인관계가 원만치 못하며 시비를 좋아한다.

(2) 겁재(劫財) 겁재가 용신이면 솔직하고 외식(外飾)이 없다. 그러나 사주에 겁재가 많으면 인격이 졸렬하고, 겉으로는 웃음을 가장하나 내심은 사악(邪惡)한 사람이다. 양인이 있을 때는 이런 경향이 더욱 강하다. 또 겁재와 양인이 여러 개 있으면 성질이 고강(高强)하고, 겁재와 상관이 있으면 성질이 흉악하다.

(3) 식신(食神) 식신이 용신이면 성질이 온후하고 명랑하다. 그러나 사주에 식신이 많으면 분발심이 없으며 발전성이 없는 성격이 되기 쉽다. 식신이 왕성하면 마음이 너그럽고 풍류(風流)를 좋아한다. 식신제살격(食神制煞格)은 평생 명랑하며 낙천가(樂天家)이다.

(4) 상관(傷官) 상관이 용신이면 다재다능(多才多能)하고 행동이 민첩하나 자존심이 강하다. 사주에 상관이 많으면 교만하나 숨기는 것이 없으며 다변(多辯)이다. 사주에 관살이 없으면 사술(詐術)에 능하나 뜻이 크고 거만하다. 재성이 없으면 잔재주에 능하며, 양인이 있으면, 간사하나 기고(氣高)하고 자부심이 강하다.

(5) 편재(偏財) 편재가 용신이면 매사에 민첩하고 기교(奇巧)가 있

으면서도 빈틈이 없다. 그러나 편재가 많으면 안일(安逸)에 빠지기 쉬우며, 욕심이 많으면서도 돈을 쓸 때는 잘 쓰기도 한다.

편재가 천간(天干)에 투출되면 경재호의(輕財好義)하고 남의 일에 참견하는 것을 좋아하며 말이 많다. 또 술이나 여자를 좋아한다.

편재격은 신왕이면 재산으로 인한 시비가 많으며, 신약이면 재산이나 여자로 인하여 재해(災害)를 받는다.

(6) 정재(正財) 정재가 용신이면 정직하고 성실하며, 세밀하고 조심성이 있고 부지런하다. 그러나 사주에 정재가 많으면 반대로 게으르고 결단심이 없으며 수전노가 되기 쉽다.

재성의 간합이 많고 일주가 쇠약하면, 외관은 춘풍(春風) 같아도 내심은 간사하다. 일주가 강하고 정재 또한 왕성하면 인내심이 강하고 가정의 안태(安泰)를 생각하는 사람이다.

사주에 정재와 편관이 여러 개 있으면 경솔한 경향이 있으며, 재다신약격은 처에 의지하는 성질이 있고, 재성이 약하고 겁재가 많으면 유랑(流浪)하는 것을 좋아한다. 정재와 묘가 동주하면 성격이 검소하다.

(7) 편관(偏官) 편관이 용신이면 총명하고 과단성이 있으나, 권세를 믿고 타인을 능가하기 좋아한다. 의협심이 있으나 편기(偏奇)하고 모험을 좋아한다. 한편 타인과의 교제를 즐기며 목적을 위해 이용하

기도 잘한다. 일주가 약하고 편관이 중첩되면 타인에게 의존심이 있다. 일주가 강하고 편관도 왕성하고 식상이 없으면 성질이 바람같이 급하나, 식상이 있어 편관이 잘 억제되면 인격과 위엄(威嚴)을 겸비한다.

일주가 강하고 편관이 약하면 매사에 불실(不實)하고 게으르며 자만심만 강하다. 신살상정(身煞相停)하면 총명 활발하고 항상 남에게 지기를 싫어한다. 살인상생(煞印相生)하면 이지(理智)와 재간(才幹)을 겸비하고 정직하다. 대체로 편관보다 인수가 강하면 실행력은 있으나 사려(思慮)가 부족하고, 반대로 인수보다 편관이 강하면 과언(寡言)이면서 계려(計慮)가 많다.

(8) 정관(正官) 정관이 용신이면 온후독실(溫厚篤實)하고 정직하여 매사에 지성(至誠)이 있다. 그러나 정관이 많으면 의지가 견고(堅固)하지 못하다. 정관격은 인자관대(仁慈寬大)하여 화평함을 좋아하는 인격자이며 풍모도 미려하다.

정관이 형충되면 표류지명(漂流之命)이며 관록이 있더라도 오래가지 못한다. 정관이 일위(一位)뿐이고 형충이 없으면 군자(君子)이며, 강직염명(剛直廉明)하고 순수하다. 인수가 있을 때는 더욱 묘하다.

그러나 정관과 편관이 혼잡되면 호색이며 잔꾀에만 능하다.

정관과 재성이 있으면 총명하고 교지(巧智)하다.

(9) 편인(偏印) 편인이 용신이면 성격이 활발하고 일을 처리함에 있어 종횡무진하게 재능을 발휘한다. 그러나 편인이 너무 많으면 처음에는 근면하나 나중에는 태만하며 성질도 탐란(貪亂)하다.

편인격은 재능이 있고 민첩하나, 매사를 용두사미(龍頭蛇尾)격으로 처리하기 쉽다. 따라서 학예(學藝)를 즐기나 성과가 적다.

인수와 같이 있으면 한 가지 일에만 전념(專念)하지 못하고 변덕을 부린다.

편인, 겁재, 양인이 있으면 외관은 겸손하고 인정이 있는 듯하나, 내심은 잔인혹독(殘忍酷毒)하다.

(10) 인수(印綬) 인수가 용신이면 총명, 단정(端正)하고 인자하다. 그러나 인수가 많으면 게으르며, 매사에 자기 본위가 되기 쉬우며 인색하다.

인수격은 지혜가 많으며 너그럽다.

인수와 양인이 있으면 백계(百計)의 재능이 있으며, 인수가 충되면 마음이 고정되지 않아 분망(奔忙)하게 나날을 보낸다.

인수와 겁재가 있으면 인격자이며, 상관과 동주하면 허영에 흐르기 쉽다.

3. 종합판단(綜合判斷)

　사람의 성격은 이상 설명한 오행과 육신에 의하여 종합적으로 판단하여야 한다. 어느 일방에 치우쳐서는 아니된다.

　순서는 우선 사주격극의 오행의 청탁(淸濁), 순잡(純雜), 편정(偏正)을 살핀다. 오행이 청순하고 기세가 정대하면 현인(賢人)이고, 편경혼탁(偏傾混濁)되면 흉우(凶愚)한 사람이다. 또 성격 판단에 있어서 다음과 같은 것도 가미참작(加味參酌)하여야 한다.

　• 외격(外格)의 성격상 특징은 다음과 같다.

　화격(化格)은 지혜롭고, 종관살, 종재, 종아 및 종세격은 선량하다. 종강격(從强格)은 일반적으로 강건(剛健)하며, 종강격 중 사주에 목기가 많으면 인후(仁厚)하고, 토기가 많으면 자비하고, 금기가 많으면 예리하고, 수기가 많으면 원활하고, 화기가 많으면 호상(豪爽)한 성격도 겸비한다.

　• 일주(日主)의 강약 및 억부(抑扶)의 유무에 의하여 다음과 같은 성격상 차이가 난다.

　1. 신강(身强)하나 잘 억제되어 중화된 사주는, 천성이 명백하고 이지(理智)를 구비하였으며, 뭣이든 원만히 처리한다. 또 명랑하고 다정다의(多情多義)하여 의심이 적다.

　2. 신강할뿐 억제되지 아니한 사주는, (단 외격에 속하지 아니

한 사주) 횡폭하여 싸움을 좋아하며, 성질이 무상(無常)하여 변덕이 심하다. 사리에 어두워 위험을 고려치 아니하며, 선악(善惡)을 분별치 못하고, 세력을 믿고 약자를 괴롭힌다.

3. 신약(身弱)하나 일주를 생조하는 육신이 있으면, 천성이 검소하고 남의 인격을 존중하여 예절에 밝다. 신세와 은혜를 잊지 아니하며, 매사를 심사숙고(深思熟考)하여 경솔치 아니하고 함부로 사람과 사귀지도 아니한다.

4. 신약이고 일주를 생조하는 육신이 없는 사주(외격에 속하지 아니한 때)는, 말에 허위가 많고 마음이 음사(淫邪)하여 정리(正理)를 무시하고 기이(奇異)한 것을 좋아한다. 천성이 게으르고 아첨을 잘하면서도 쓸데없이 고집이 세나 결단심이 없다.

• 사주에 양인이 있고 일주가 강하면 다소 고만(高慢)하고, 반대로 일주가 약하면 매사에 의구심이 많다.

• 사주에 용신이 많으면 변덕이 심하고, 용신이 미약하면 의심이 많아 결단성이 없다.

제7장

여자(女子)의 운명(運命)

1. 여자 사주의 특수성(特殊性)

사주추명학이 완성된 봉건시대(封建時代)에는, 현재는 야만적(野蠻的) 유습(遺習)으로만 여겨지는 남존여비(男尊女卑)의 사회적 관습이 당연시되고 철칙(鐵則)으로 고수되었다.

고로 여자의 사명은 생남(生男)하여 혈통의 계승을 보존하고 가정을 보살피는데 있었으며, 여자의 사회적 활동이란 상상조차 할 수 없는 것이었다.

그러나 개화(開化)된 오늘날 여성의 사회적 진출이 활발하고, 사회적 활동이 환영되고 있다. 따라서 오늘날과 사회적 실정이 전혀 다른 봉건시대에 이루어진 여성에 관한 사주상의 제법칙 그대로 받아들일 수는 없다.

전통적인 주장은, 여성의 사주는 남자의 사주와 달리 신약이어야 하며 신왕이면 하천(下賤)하다 하고, 사주상 남편을 표시하는 관살과 자식을 나타내는 식상의 성쇠(盛衰)에 의하여, 부자(夫子)의 길흉은 물론 자신의 부귀빈천(富貴貧賤)까지 판단한다는 것이다.

여성의 사주가 신약이어야 한다는 원칙은, 여자는 비활동적이어야 가정에 충실할 수 있고, 따라서 결혼생활도 원만히 지속할 수 있을 것이라는데 근거를 둔상 싶으나 원수산(袁樹珊)이 명리탐원(命理探原)에서 지적한 바와 같이, 오늘날 이 원칙은 실제로 응험(應驗)하지 아니한다.

여자의 사주를 판단하는 방법도, 남자의 사주를 판단하는 방법과 다른 바 없다. 생화극제(生化剋制)가 잘 되어 중화되어야 수복(壽福)이 있으며, 청순(淸純)해야 존귀(尊貴)하다. 관살이 왕성하면 무조건 귀명(貴命)이라 하고, 관살을 억제하는 식상이나 양인이 있으면 부덕(夫德)이 없다고 판단해서는 아니된다. 다만 남자의 간명법(看命法)과 조금 나른 바는, 남자의 사주는 용신과 처(妻)를 동일시하지 아니하는데 반하여, 여자의 사주에서는 남편과 용신을 동일시하며, 남자 사주보다 훨씬 더 중화될 것을 요한다는 점이다. 그것은 실제 경험상 관살만이 반드시 남편을 표시하는 것이 아니며, 용신의 성쇠와 남편의 길흉(吉凶)이 일치하기 때문이다.

이하 여자 사주의 남자 사주와 다른 특수한 점을 설명한다.

2. 남편(男便)

(1) 부운(夫運)의 길흉(吉凶)　남성들의 사주에 있어서는 재성(財星)이 처첩을 표시하나, 여성들의 사주를 판단함에 있어서는 관성(官星)이 반드시 남편을 표시하는 것은 아니다. 남녀 간의 그 배우자에 대한 예속도(隷屬度)가 다른 탓일는지 모르겠다.

여성의 사주에 있어서는 그 용신인 남편을 표시한다. 따라서 용신이 희신에 의해 생조(生助)되거나 기신이 미약함에 의하여 왕성할 때는 남편 덕이 있고, 반대로 용신이 쇠약할 때는 남편 덕이 없다.

그리고 남편의 부귀(富貴)와 등급(等級) 등은 곧 자신의 부귀와 등급 등을 의미하는 것이 되므로, 여성 자신의 사주의 청탁(淸濁), 순잡(純雜) 등에 의하여 남편의 빈부귀천(貧富貴賤)을 판단하게 된다. 그러나 관살이 나타나 있는 사주에서는 관살의 동태도 참작해야 한다. 이런 점을 강조하여 전통적 주장은 부덕(夫德)의 유무를 관살 중심으로 한 모양이다. 청상과부(靑孀寡婦)나 한평생 미혼으로 지내는 여성의 사주는 대개가 용신(用神)이 될 수 없는 미약한 일점관성이 사주에 나타나 있다.

원칙적으로 용신이 남편을 표시하는데, 이를 부연하면 다음과 같다.

· 관살이 왕하여 식상이 용신인 사주에서는, 식상이 남편을 표시한다. 따라서 식상이 유력(有力)하면 부덕(夫德)이 있고, 무력(無

力)하거나 부족됨이 있으면 남편 덕이 없다.

• 관살이 희미한 사주에서는 재성이 용신이며, 남편을 의미한다.

• 재관(財官)이 없고 상관이 태왕하면 인성이 용신이다.

• 관살이 태왕하고 비겁이 없으면 인성이 용신이다.

• 관살이 미약하고 식상이 있는 사주에서는 재성이 남편을 표시
한다.

• 비겁만 왕성하고 인성이나 관살이 없는 사주는 식상이 용신이
므로 식상이 유력하면 부덕이 있다.

• 관살이 약하고 인성이 왕성한 사주는 재성이 용신이다.

• 또 일지(日支)가 배우자를 표시하는 사주상 위치이므로, 일지의
육신이 용신을 생조하면 부덕이 있고, 파극하면 부덕이 없다.

```
乙 癸 戊 丁
卯 丑 申 巳

甲 癸 壬 辛 庚 己
寅 丑 子 亥 戌 酉
```

癸수가 申월에 출생하였으나 재관과 식신이 왕성하다. 그러
나 재성이 관성을 생조하고, 관성이 다시 인수를 생조하여, 사
주 전체가 연연불식(連連不息)하고 오행이 균정(均停)하여 중화
되었으며 청순(淸純)하다. 고로 재상(宰相)의 부인이 되었으며,
자식들 또한 대귀(大貴)하였다.

己 戊 庚 癸
未 午 甲 丑

丙乙甲癸壬辛
寅丑子亥戌酉

이 사주는 식신생재격(食神生財格)이다. 신왕이므로 용신은 식신이며, 또한 남편을 의미한다. 용신이 강력하고 사주가 청진(淸盡)되었으므로, 비록 농가(農家) 출신이나 귀부(貴夫)를 만나 부귀를 누렸으며, 아들 사형제도 모두 출세하였다.

壬 壬 丁 丁
寅 寅 未 巳

癸壬辛庚己戊
丑子亥戌酉申

이 사주는 丁壬이 간합되고 목기가 성하므로 화격(化格)이다. 그러나 未월생이므로 실시(失時)하였으며 과누(過漏)되었다. 초중년은 토금운이라 목기와 상충되어 이롭지 아니하였으며, 庚戌운에 과부가 되었다. 그러나 그 뒤 수운(水運)은 목기를 왕성하게 하므로, 일개 부녀자로서 막대한 축재를 하였다.

(2) 극부지명(剋夫之命) 여성의 최대 행복은 단란한 가정을 이루고 이를 지속시키는데 있으나 모든 여성이 다 바랄 수 있는 것은 아니

다. 개중에는 배우자와 사별 또는 생이별하거나, 또는 어떤 불가피한 사정으로 내연(內緣)의 처가 되거나, 때로는 한평생 가정을 이루지 아니하는 여성도 있다. 이런 불행한 여성의 사주를 본항에서 설명한다.

이런 불행한 숙명을 타고난 여성의 사주는 한 마디로 말해서 용신이 파극된 경우이나 이를 부연하면,

- 관살이 미약하고 재성이 없으며, 일주가 왕성하고 식상이 강하면 극부(剋夫)한다.
- 관살이 미약하고 재성이 없고 비겁이 왕성하면, 남편에 대하여 불만을 갖고 이별하기 쉽다.
- 관살이 희미하고 재성이 없으며 일주가 왕성하면서 다시 인성이 중첩되면 극부한다.
- 관살이 극히 미약하고 재성이 태왕하고 신약인 사주는 재혼한다.
- 관살이 태왕하고 인성이 경미한 경우도 부부 이별한다
- 비겁이 왕성하고 관살이 없는 사주에, 식상이 경미하고 인성이 왕성하면 극부한다.
- 식상이 많고 관살이 경미하고 인성이 있더라도 재성에 의해 파극되면 부부 해로를 못한다.
- 일지에 관살이 있고 일지가 충되면 부부 해로하기 어렵다.
- 사주에 戌, 辰이 있으면 부부 사이에 풍파(風波)가 많으며, 기타 형충(刑冲)이 많을 때도 또한 같다.

- 사주에 비겁 및 양인이 여러 개 있거나 간합 및 육합이 많을 때도 부부 사이가 해롭다.
- 년주의 간지와 일지의 간지가 동일할 때도 십중칠팔은 부부해로가 어렵다.
- 사주에 비견 또는 겁재가 있고 관살이 있으면, 남편이 축첩(蓄妾)한다. 비견이 관살과 합이 되거나 일주가 약하고 비겁이 왕성하면, 남편이 첩을 정처로 삼거나 또는 자신이 첩이 되기 쉽다.
  일주가 지나치게 왕성하고 관살이 없든지, 관살혼잡되고 사주가 탁하든지, 상관이 태왕한 사주도 첩지명(妾之命)이다.
- 편관과 도화가 동주하거나 목욕과 동주하여도 남편의 외도로 인하여 부부 사이가 항상 원만치 못하다.

丁 壬 甲 戊
未 寅 寅 申

戊 己 庚 辛 壬 癸
申 酉 戌 亥 子 丑

　壬수가 寅월에 출생하고 사주에 목기가 왕성하여 년간의 편관이 파극되었으며 재성이 있으나 시주에 있어 통관의 역할을 못하고 있다. 사주가 극루교가(剋漏交加)되어 일주가 태약하며, 일주를 생조할 申금은 왕성한 목기에 의하여 파극되었다. 남편을 표시하는 관성이나 용신이나 모두 파극되었으므로 초년에 과부가 되자, 곧 자식들을 버리고 재혼하였다.

戊 癸 戊 戊
午 酉 午 子

壬 癸 甲 乙 丙 丁
子 丑 寅 卯 辰 巳

癸수가 수월에 출생하였고 사주에 재관이 왕성하나, 년지에 건록이 있고 일지에 편인이 있어 일주를 생조하므로 미상불 중화되었다. 그러나 남편을 표시하는 戊토가 셋이나 있어 간합되었다. 고로 남편이 여러 명임을 표시한다. 乙卯 대운에 용신인 酉금이 충거되어 남편이 병사하자 그 뒤 음란하여 수치를 모를 정도였다.

壬 癸 壬 癸
子 巳 戌 未

戊 丁 丙 乙 甲 癸
辰 卯 寅 丑 子 亥

이 사주는 년, 월, 일지에 관살이 있고, 일주는 여러 비겁에 의해 생조되어 관살이 강하고 일주 또한 강하여 호명(好命)인듯 하나 관살이 혼잡되고 천간에 비겁이 많아 부부 사이가 원만치 못하다. 필경 남편이 축첩하거나 자신이 첩이 될 것이다. 일주는 巳화에 약화되고 시주의 겁재는 子수에 제왕을 만났으므로 자신이 첩이다. 즉 첩의 사주다.

3. 자식(子息)

여성의 사주를 판단함에 있어, 자식 운의 길흉은 식신 및 상관의 동태에 의한다. 한편 희신(喜神)과 시주(時柱)의 육신도 자식을 표시하므로, 이것도 참작해야 한다.

이를 상술하면 다음과 같다.

- 일주와 식상이 왕성하고 인성이 없고 재성이 있으면 자식이 많고 귀(貴)하게 된다.
- 일주와 식상이 모두 왕성하고 재성과 인성이 없으면 자식복이 많다.
- 일주가 왕성하고 식상이 경미하며 인성이 있으나 재성이 왕성하면 자식이 많고 부자가 된다.
- 일주가 왕성하고 관살도 왕성하면 자식이 많고 현량(賢良)하다.
- 일주가 왕성하고, 식상과 관살이 없고 재성이 왕성하면 자식이 많고 다능(多能)하다.
- 일주가 약하고 식상이 많아도 재성이 없고 인성이 있으면 반드시 아들이 있다.

- 일주가 약하더라도 식상이 경미하고 재성이 없으면, 아들이 있다.
- 일주가 약하고 관살이 왕성해도 관인상생(官印相生)되고, 재성이 없거나 있어도 미약하면 자식이 있다.
- 일주가 약해도 관살이 없고 식상만 있으면, 자식이 있다.
- 일주가 왕성하고 인성(印星)이 있고 재성이 없으면 자식이 적다.
- 일주가 왕성하고 비겁이 많고 관살이 없고 인성이 있으면 자식이 드물다.
- 일주가 왕성하고 인성이 중첩되고 재성이 없으면 자식이 없다.
- 일주가 약하고 식상이 왕성하고 인성이 없거나 있어도 경미하면 자식이 없다.
- 일주가 약하고 재성이 중첩되면 인성이 있어도 자식이 없다.
- 일주가 약하고 관살이 왕성하고 인성이 없으면 자식이 없다.
- 사주가 과하게 습하거나 건조하여도 자식이 없다.
- 사수팔자에 인성만 중첩되거나, 재관이 태왕하거나 식상만 있으면 자식이 없다.
- 일주가 태약(太弱)하거나 태왕(太旺)해도 자식이 없다.

이상 자식이라 함은 주로 아들을 말하며, 기타 자식에 관한 사항은 「제3편 응용」「제1장 육친」「8. 자식」을 참고해주기 바란다.

```
丙 甲 癸 己
寅 辰 酉 亥

己 戊 丁 丙 乙 甲
卯 寅 丑 子 亥 戌
```

이 사주는 토가 금을 생하고, 금이 수를 생하고, 수가 목을, 목이 다시 화를 생하여 사주가 연연상생(連連相生)하였다. 재성이 정관을 생하고 癸수와 丙화가 甲목을 사이에 두고 대치(對峙)하여 식신이 쇠약되지 않았다. 일주, 관성 및 식신이 모두 균등하게 왕성하므로 부자(夫子)가 모두 대귀하고 인간 오복을 누렸다.

```
壬 戊 辛 己
戌 辰 未 酉

丁 丙 乙 甲 癸 壬
丑 子 亥 戌 酉 申
```

戊토가 未월 토왕지절에 출생하고 사주에 비겁이 중첩되어 신왕이나 辛, 酉금이 있어 수기를 유행시켰다. 그러나 용신인 壬수가 辛금과 떨어져 있고, 비겁에 의해 파극되어 남편 덕은 없고 희신이 왕성하여 자식 덕만 있는 사주가 되었다. 癸酉 대운에는 길운이라 남편이 출세하고 생남(生男)하였으나, 甲戌 대운은 戌토가 용신인 壬수를 파극하여 상부(喪夫)하였다. 그 뒤 수절(守節)하여 자식의 교육에만 힘써 丙子 대운에는 아들이 과거에 급제하여 요직에 올라 그로 인하여 자신도 수봉(受封)되었다.

```
辛 己 庚 己
未 未 午 亥

丙乙甲癸壬辛
子亥戌酉申未
```

앞의 사주와 마찬가지로, 己토가 午월 화토왕절(火土旺節)에 출생하고, 사주에 비견이 많으며 庚, 辛금이 투출되어 있다.

그러나 사주에 습토가 없어 토가 금을 생조하지 못하며, 庚, 辛금은 지지에 뿌리가 없고 왕성한 화기에 의해 극해되었다.

년지에 亥수가 있으나 이것도 토기에 의해 파극되었다. 고로 이 사주는 자식 덕은 물론 남편 덕도 없다. 한평생 무자식하였으며, 甲戌 대운 이후 남편과도 이혼하고 고고(孤苦) 속에서 여생을 보냈다.

4. 결혼(結婚)

(1) **결혼 시기**   여자의 결혼 시기도 남자의 경우와 마찬가지로, 반드시 언제 한다고 단정할 수 있는 시기는 없다.

가장 적당한 시기는 남편을 표시하는 용신(用神)이 왕성한 대운 또는 세운이다. 또 이런 시기에 가장 많이 결혼을 하게 된다. 그 다음은 관살에 해당하는 세운 또는 일지와 삼합, 육합되는 해이다.

남자의 경우와 마찬가지로 결혼 시기를 정함에 있어, 사주의 구조가 조혼할 것인가, 만혼할 것인가를 알아봐야 한다. 여자 사주에 관살이 왕성하고 천간에 명백히 노출되어 있거나, 일지에 있거나 또는 초년 대운이 관살에 해당하면 조혼한다. 사주에 간합, 삼합, 육합이 많으면, 일찍 결혼하기 쉬우나 결혼에 실패하기도 쉬우며, 비록 관살이 명백하더라도 혼잡되면 또한 불행한 결혼을 하거나 그렇지 아니하면 만혼하게 된다.

만혼할 사주는 천간에 비겁이 여러 개 있거나, 관살이 혼잡되거나, 사주에 관살이 전혀 없거나, 대운이 불리한 것 등이다. 관살이 사주에 전혀 없더라도 외격(外格)에 속하거나, 용신이 강력한 사주는 예외이며, 관살이 없고 다시 사주에 합이 많으면, 후처(後妻)가 되기 쉽다.

또 일지가 길신(吉神)이면 결혼운이 좋으며, 기신(忌神)에 해당하면 결혼운이 나쁘다.

(2) 어떤 남성과 결혼할 것인가?　배우자가 어떤 남성일 것인가는 여자 자신의 사주에 의하여 판단할 수 있다. 즉 여자 자신의 사주에 청기(淸氣)가 있으면 배우자가 관록있는 사람임을 알 수 있고, 사주에 재관(財官)이 아름다우면 남편이 행정관임을 알 수 있다.

이와 같이 여자 자신의 사주에 의하여 배우자의 부귀수요(富貴壽

天), 직업, 성격 등을 알 수 있는데, 이를 판단함에 있어 다시 다음과 같은 사항을 참작하여 종합적으로 판단해야 한다.

- 戊午, 丙子일생은 배우자가 미남이며, 용신 또는 일지가 정관인 때도 미남이다.
- 용신 또는 일지가 식신이고 사주에 편인이 없으면 배우자의 신체가 비대하고 마음이 너그럽다.
- 일지 또는 용신이 정관이면 배우자의 상모(相貌)가 돈후(敦厚)하고 장엄하다.
- 관살과 천월덕이 동주하면 남편이 자비롭다.
- 일지 또는 용신이 인수이면 남편이 현명하다.
- 신약하고 일지가 비견에 해당하면 남편이 다능다재(多能多才)하다.
- 용신이 지지에 건록을 만나면 배우자의 신체가 건강하고 부귀한다.
- 관살이 귀인과 동주하면 배우자가 수미(秀美)하다.
- 용신이 장생을 만나면 배우자가 학식이 풍부하다.
- 용신 또는 일지가 편관에 해당하면 배우자의 성질이 까다롭다.
- 일지가 충파되거나 사주에 양인이 많으면 배우자의 신체가 허약하거나 다병하다.
- 관살과 목욕 또는 도화와 동주하면 남편이 외도(外道)를 잘하며

사주에 비겁 또는 식상이 많을 때도 같다.

- 용신이 합(合)이 되어 기신으로 화하면 배우자에게 외정(外情)이 있다.

- 관살 또는 일지에 고신, 과숙이 있거나 화개가 있으면 배우자가 고독한 사람이다.

- 종관살격(從官煞格)은 배우자가 명문 출신 아니면 부귀할 사람이다.

(3) 시부모(媤父母)와의 관계 봉건적 인습을 완전히 불식(拂拭)치 못한 우리 사회에서는, 결혼생활에 있어 특히 여성은 시부모와의 관계를 중요시 아니할 수 없다.

이하 여성과 시부모와의 관계를 살펴보면 다음과 같다.

- 사주에 재성이 약하고 비겁이 중첩된 사주를 가진 여성은 시부모와의 관계가 원만치 못하며, 재성이 비겁에 의해 완전히 파극되면 시부모 중의 어느 일방 또는 쌍방이 없는 가정에 입가(入嫁)한다.

- 재성과 일지가 형충되면 시부모와의 관계가 원만치 아니하다.

- 재성이 기신인 경우 시부모의 성질이 까다롭다.

- 한편 재성이 시어머니만을 의미하고, 비겁이 시아버지만을 의미하기도 하므로, 사주에 관살이 태왕하면 시아버지와의 관계가 나쁘거나 편모(偏母)만 모시고 있는 배우자와 결혼한다. 단

관살이 왕성하더라도 외격(外格)에 속할 때는 예외이다.

• 사주에 재성만 태왕하면 상모(喪母)한 배우자와 결혼한다.

• 사주에 인성(印星)이 태왕하면 시부모와의 사이가 원만치 아니
하거나 시부모를 모실 수 없다.

• 사주가 양호하여 시부모와의 관재가 원만하더라도 대운 또는
세운이 비겁에 해당하면 시부모와의 관계가 원만치 못해지거나
작고(作故)하는 수가 생긴다.

(4) 연애결혼(戀愛結婚)할 사주　연애결혼할 사주는 남자의 경우와
대략 같다. 즉 지지에 있는 관살이 삼합 또는 육합되는 경우, 사주에
도화가 있거나 목욕이 여러 개 있는 경우, 사주에 육합이 여러 개 있
는 경우, 사주 전체가 전부 양간지(陽干支)로만 되어 있는 경우, 사주
에 수기(水氣)가 태왕한 경우, 관살혼잡되고 삼합이 있는 경우이다.

그 외에 홍염살(紅艶煞)이 여러 개 있는 경우도 포함된다.

홍염살이란 년간 또는 일간이 표준으로 해서 보면, 다음과 같은 지
지등이다.

甲, 乙 — 午　丙 — 寅　丁 — 未

戊, 己 — 辰　庚 — 戌　辛 — 酉　壬 — 子　癸 — 申

5. 정숙(貞淑) 및 미모(美貌)

여성 최대의 미덕은 정숙과 미모에 있다. 미모는 물론이요, 정숙함도 사주팔자에 타고나야 하는 모양이다.

정숙한 사주는 오행이 중화안정(中和安靜)되고 청순하다. 정신기(精神氣) 삼자가 균정(均停)되고 편중(偏重)되지 아니하였으며, 관살및 인성(印星) 등이 혼잡되지 아니한 사주를 말한다. 특히 정관, 정재, 인수가 있거나, 신약이면서 식상과 인성이 있거나, 신강하고 재성도 왕성한 사주는 미모이면서도 정결(貞潔)하고 총명하다.

미모인 사주를 열거해 보면, 다음과 같다.

- 앞서 말한 신약이면서 식상과 인성이 있거나, 신왕재왕하거나 정관, 정재, 인수가 있는 사주는 총명하면서도 미모이고 정결하다.
- 금수식상격(金水食傷格) 즉 금일생으로 사주에 수기가 많은 사주에 관살이 있으면 미인이다.
- 사주에 식신이 왕성하면 상모(相貌)가 수미(秀美)하고 상관(傷官)이 많아도 같다. 그러나 식상이 태과하면 미모이나 경조부박(輕佻浮薄)하다.
- 일지(日支)에 도화가 있으면 미모이면서 청수(淸秀)하고, 녹방도화(祿榜桃花)는 양귀비(楊貴妃)의 미모가 있다고 삼명통회(三命通會)에 기술되어 있다. 녹방도화란 도화와 건록이 동주함을 말한다.

- 수화기제(水火旣濟), 즉 사주에 수화가 상정(相停)되거나, 화기가 왕성한 사주도 미모이다.
- 관살이 겹쳐서 육합되면 교미(嬌媚)하다.
- 甲乙일생으로 甲寅이나 乙卯가 있으면 미발(美髮)을 가졌다.
- 사주에 寅목이 많으면 용모(容貌)가 아름답고, 亥수가 많으면 자색(姿色)이 아름답다.

6. 음천(淫賤)

부정(不貞)하거나, 외첩(外妾)이 되거나, 화류계에 종사하거나, 음란(淫亂)한 사주를 일관하여 본항(本項)에 수록했다.

음천한 사주는 다음과 같다.

- 일주가 왕성하고 관성이 미약하며 재성이 없을 때,
- 일주가 왕성하며 식상이 중첩되고 재성이 없을 때,
- 일주가 왕성하며 관살이 약하고 일주의 기운이 식상으로 화한 때,
- 일주가 왕성하고 관성이 약한데 일주와 합이 되어 일주와 동기(同氣)가 된 때,
- 일주가 왕성하고 관성이 약한데 관성이 합이 되어 타육신(他六神)으로 화해버린 때,
- 일주가 왕성하고 재성이 없으며 관살이 경미하고 식상이 왕성

한 때,

• 일주가 왕성하고 관성이 무근(無根)하며, 재성이 있으나 관성을 생조하지 않을 때,

• 일주가 약하고 식상이 왕성하며 인성(印星)이 경미한 때,

• 일주가 약하고 인성이 없으며 식상이 중첩되고 재성이 있을 때,

• 사주팔자의 대부분이 식상으로 되고 재성이 없고 외격에 속하지 아니한 때,

• 팔자의 대부분이 관살로 되고 인성이 없으면서도 외격에 속하지 않는 때,

• 사주팔자의 대부분이 비겁으로만 되고 식상이 없을 때,

• 사주팔자의 대부분이 인성으로 되고 재성이 없을 때,

• 사주의 대부분이 관살로 되거나, 식상으로 되거나, 사주에 수기(水氣)가 태왕하거나, 일지와 시지에 도화가 있거나 간합, 육합, 삼합 등이 많고 사주가 혼탁(混濁)하면 전형적인 화류계 여자의 사주이다.

다음 사주는 모두 화류계 여성의 사주이다.

乙	乙	己	乙
酉	亥	卯	未

첫째 사주는 乙목이 卯월 목왕지절에 출생하고 목기삼합이

있어 종강격(從强格)인 듯하나, 酉금이 왕목(旺木)을 충하여 외격
이 못되고 정격이 되었다. 그러나 정격이면 酉금이 너무나 미약
하다. 고로 정부(正夫) 없는 기녀(妓女)가 되었다.

```
丁 庚 癸 丁
亥 子 丑 未
```

둘째 사주는 일주가 태약하고 식상이 태왕하여 년간의 시간
의 정관이 파극되었다. 고로 비록 미모이나 풍진창기(風塵娼妓)
의 신세를 면할 수 없었다.

```
癸 甲 乙 戊
酉 申 丑 戌
```

셋째 사주는 관인상생(官印相生)하여 사주에 일점 청기(淸氣)
가 있을 듯하나, 재성이 태왕하여 인수가 무력하게 되었다. 고
로 초혼에 실패한 후 홍등가에 투신했다.

제8장

행운(行運) 및 기타

1. 대운(大運)

사람의 부귀빈천(富貴貧賤)은 사주팔자에 있으나 그 궁통(窮通)은
행운에 있다. 비록 사주팔자 자체는 대부귀(大富貴)할 격국(格局)이더
라도 행운이 불길하면 범용(凡庸)하게 한평생을 보내고 만다. 명호불
여운호(命好不如運好)하는 말과 같이, 격국의 길선(吉善)에 앞서 행운
이 양호하여야 길복(吉福)이 있다.

己 乙 丙 甲
卯 卯 寅 午

庚 辛 壬 癸 甲 乙
申 酉 戌 亥 子 丑

己 乙 壬 丁
卯 卯 寅 未

戊 丁 丙 乙 甲 癸
申 未 午 巳 辰 卯

　이상 두 여인의 사주는, 사주의 기간이 되는 일시가 동일하고 모두 신왕이므로 수기(秀氣)를 유행시키는 화기(火氣)가 용신이다.

　첫째 사주는 월간에 丙화가 투출되고 寅에 장생 午에 제왕을 만나 용신이 강력하며, 丙화를 극파하는 수기가 사주에 없어 인간오복(人間五福)을 구비한 팔자이다. 그러나 불행하게도 대운(大運)이 일로 수금운(水金運)이라, 비록 위인은 미모, 단정하나 아들 하나를 낳고 중년에 죽고 말았다.

　둘째 사주는 용신인 丁화가 년간에 투출되었으나 壬수와 간합하여 목으로 화하였고 지지(地支)에 통근(通根)하지 못했으므로 용신이 미약하다. 그러나 대운이 일로 남방화지(南方火地)이므로 집안이 부유(富裕)하고 슬하에 아들도 많았으며 장수였다.

　이상 설례(設例)에서 본 바와 같이 행운이 중요하나, 그렇다고 행운의 길흉(吉凶)에만 치우쳐서는 아니된다. 즉

　사주팔자가 최선이면 길운(吉運)에는 부귀가 무한량일뿐 아니라 평운(平運)에도 부귀가 몸에서 떠나지 않는다. 그러나 평범한 사주팔자는 길운에는 부귀하나 평운에는 부귀치 못한다. 따라서 사주를 감정함에 있어서 격국의 선악과 행운의 길흉을 세밀히 비교교량(比較

較量)하여 부귀빈천을 정해야 한다.

대운을 정하는 법은 「입문편」에서 설명하였으므로, 여기서는 생략하겠으나, 행운의 길흉을 감정함에 있어 간지(干支) 중 어느 쪽에 중점을 둘 것인가 문제이다.

어떤 논자는 간(干)만 그 대운에 해당하는 10년 중 앞의 5년, 지(支)만 뒤의 5년씩을 관장(管掌)한다고 주장하고, 어떤 논자는 간지를 종합하여 판단하되 지(支)에 중점을 둬야 한다고 주장한다.

그러나 가장 정확한 것은 위천리(韋千里)가 명학강의(命學講義)에서 주장한 바와 같이 간지를 종합하여 판단하되, 앞의 5년은 간을 칠할(七割), 지를 삼할(三割), 뒤의 5년은 간을 삼할, 지를 칠할 정도로 종합하여 판단하는 방법이다.

乙 辛 丁 甲
未 亥 丑 子

이 사주는 辛금이 甲乙과 子亥를 만나 식상생재격이나 신약이다. 고로 수목운(水木運)은 흉하고 토금운(土金運)은 길하다. 甲戌 대운은 앞의 5년은 甲목, 즉 흉신(凶神)이 칠할이고 戌토, 즉 길신(吉神)이 삼할이므로, 이를 종합하면 소흉운(小凶運)이고, 뒤의 5년은 甲목이 삼할이고 戌토가 칠할이므로 소길운(小吉運)이다.

다음에 행운의 길흉을 상술한다.

- 행운이 용신(用神)을 생조하면 길운이다. 그러나 사주팔자 중의 타육신에 의하여 극거(剋去)되거나 합이 되어 타육신으로 화하면 길운이 평운(平運)으로 변한다.

- 행운이 용신을 파극하거나 누설(漏泄)시키면 흉운(凶運)이다. 그러나 사주팔자 중의 타육신에 의하여 극거되거나 합이 되어 타육신으로 화하면, 흉운이 평운으로 변한다.

- 일반적으로 신약사주는 인성 또는 비겁운을 만나면 길하고, 신왕할 때는 사주에 재성이나 관살이 있으면 재관운이 길하고, 사주에 재관이 없으면 식상운이 길운이다.

- 외격(外格)에 속하는 사주, 통관(通關), 조후(調候)로 보는 사주는 「제2편 원리」「제2장 용신 및 격국」및 「제3장 간명비법」에서 설명한 용신 또는 희신에 해당하는 행운이 길운이고, 용신과 상반되는 행운은 흉운이다.

- 사주의 대부분, 특히 지지(地支)의 대부분을 차지하고 있는 동일한 오행을 충하면 급흉(急凶)을 당하기 쉽다.

- 천간의 전부가 비견 또는 겁재로 되어 있고 사주에 식상이 왕성하지 못하면 재운(財運)을 만나면 군비쟁재(群比爭財)가 되어 재성이 길신이더라도 종명(終命)하기 쉽다.

- 사주와 행운이 관살혼잡이 되거나 인수와 편인이 교집(交集)되

면 불리(不利)하다. 관살이나 인성이 흉신인 때는 특히 심하다.

• 남자는 관성입묘(官星入墓)하면 자식에게 해로우며, 정재입묘(正財入墓)하면 처가 해롭고, 편재입묘(偏財入墓)하면 부친이 해롭다. 입묘(入墓)라 함은 대운의 지지가 각육신의 십이운성의 묘(墓)에 해당하는 것을 말한다.

• 여자는 식신이 입묘하면 자식에게 해로우며, 관성이 입묘하면 남편이 해롭다.

• 행운이 일지와 형충파해되면 부부간이 이롭지 못하며, 월지와 형, 충, 파, 해되면 육친에게 해로운 일이 생긴다. 비록 길신이 일월지를 형충하더라도 다사분주함을 면치 못한다.

2. 년운(年運)

년운의 길흉을 감정하는 법은 사주의 격국뿐만 아니라 행운과의 관계도 고려하여야 하므로, 토정비결(土亭秘訣) 보는 식으로 간단하지 아니하다.

년운 자체의 길흉은 행운의 경우와 마찬가지로 년의 간지가 용신을 강화하면 길하고, 약화시키면 불길하다. 또 년의 간지가 사주 중의 육신과 충거되거나 합이 되면 평운(平運)이 된다.

행운과 년운과의 관계는 다음과 같다.

- 행운이 좋고 년운도 좋으면 대길(大吉)하고, 행운이 나쁘고 년운도 나쁘면 대흉(大凶)하다.
- 년운이 좋고 행운이 이를 생조하면 더욱 길하고, 년운이 나쁘고 행운이 이를 생조하면 더욱 불길하다.
- 년운이 좋으나 행운이 파극하면 소길(小吉)하고, 년운이 나쁘나 행운이 이를 파극하면 소흉(小凶)하다.
- 년운이 좋으나 행운이 나쁘면 길 중에 소흉(小凶)이 있고, 년운이 나쁘나 행운이 좋으면 흉 중에 소길(小吉)이 있다.

  년운을 감정함에 있어 당년(當年)의 간지 중 천간에 중점을 둬야 한다는 주장이 있으나, 천간 및 지지를 종합하여 판단하는 것이 가장 정확하다.

  따라서 당년의 간지가 모두 용신에게 이로우면 그 해 년운은 대길이고, 모두 불리하면 그 해 년운은 대흉이다.

  만일 천간 및 지지의 어느 한쪽이 이롭고 한쪽은 불리하면, 그 해 년운은 길사(吉事)와 흉사(凶事)가 겹친다. 그 외의 경우는 평운이다.

  년운을 정함에 있어 다음과 같은 사항도 참작해야 한다.

- 당년의 지지와 사주의 일지 또는 월지와 형, 충이 되면 구설(口舌), 이별(離別), 변동, 쟁투(爭鬪) 등이 있다. 특히 일지와 형충되면 부부간에 변동이 있고, 월지와 형충되면 육친에게 변동이 있기 쉽다. 행운의 경우와 마찬가지로 년운이 길하더라도 월 또는

일지와 형충되면 사사분주함은 면치 못한다.

- 사주팔자 및 대운과 당년간지가 삼합 또는 육합되면 타인과의 융합 협력이 잘 된다.

일본의 사주추명학의 대가(大家) 〈아베(阿部)〉씨는 사주의 월지의 육신을 표출하여(월지가 비견이나 겁재에 해당할 때에는 사주상 가장 유력한 타육신에 의함) 당년의 천간의 육신이 월지를 생조하면 길년이고 파극하면 흉년이라고 감정한다. (단 사주가 신약인 때는 인성 및 비겁에 해당하는 년운은 월령의 육신과 관계없이 길하다고 한다.) 그리고 년지(年支)는 형, 충, 파, 해, 합 등을 고찰한다. 따라서 정관격이면 재성에 해당하는 해는 길년이고, 식상에 해당하는 해는 흉년이라고 한다.

그리고 당년에 여하한 길흉사(吉凶事)가 있는 가는 당년천간의 육신의 성정(星情)에 의한다. 즉

- 비견 — 친구, 육친, 배우자, 분가(分家), 사업 등에 대한 길흉이 있다.
- 겁재 — 재산상 손해, 배우자와의 이별, 쟁투(爭鬪), 구설(口舌) 등의 흉사가 있으나 사주상 또는 대운에 관살이 있으면, 이를 면한다.
- 식신 — 재산, 건강, 유흥, 여색(女色) 등의 길흉사가 있다.
- 상관 — 재산상의 길흉 외에는 고민, 병환, 재해, 타인의 중상,

신용 타락 등 불길한 일 뿐이나, 사주 또는 대운에 인수가 있어, 이를 억제하면 면한다.

- 편재 ― 재산, 정사(情事), 건강 등의 길흉이 있다.
- 정재 ― 재산, 사업, 신용, 결혼 등의 길흉이 있다.
- 편관 ― 투쟁, 병해, 이별 등의 흉사가 있으나 사주 또는 대운에 식상이 있으면, 이를 면한다고 한다.
- 정관 ― 권위, 신용, 명예, 자손 등의 길흉사가 있다.
- 편인 ― 학술적인 발전 외에는 명예손상, 질병 등의 불길한 일뿐이나 사주나 대운에 재성이 있으면, 이를 면한다. 일반적으로 식소사번(食少事煩)한 경향이 있다.
- 인수 ― 학술, 명예, 사업 등의 길흉이 있다. 인수가 왕성한 해는 자식에게 불리한 일이 많다.

3. 월운(月運) 및 일진(日辰)

매월의 길흉도 년운의 길흉을 판단하는 방법과 같다. 즉 용신에게 이로운 달은 길하고, 불리한 달은 흉하다. 그리고 형·충·파·해가 있으면 불길한 것도 마찬가지다.

일반적으로 월운은 천간에 중점을 둬야 한다고 하나, 이것은 매월의 지지는 매년 정월은 寅, 2월은 卯의 순으로 일정하기 때문에 생긴 주장인 듯하나, 년운의 길흉을 감정할 때와 마찬가지로 간지를 모두 종합하여 월운을 판단하여야 한다.

일진(日辰), 즉 매일매일의 운수도 년운이나 월운을 감정하는 방법과 마찬가지다. 그러나 종내부터 결혼, 이사 등의 택일(擇日)에는 천덕귀인일(天德貴人日)과 월덕귀인일(月德貴人日) 및 덕합일(德合日)을 택하는 방법이 행하여지고 있다. 고로 이것도 참작하면 좋을 것이다. 덕합일은 천덕일, 또는 월덕일과 간합 또는 육합되는 날짜를 말한다. 즉 음력 정월생은 천덕일이 丁일이고, 월덕일은 丙일이다. 고로 덕합일은 壬일 또는 辛일이다.

2월생은 申일과 甲일이 천덕 및 월덕일이므로, 덕합일은 巳일 및 己일이다.

甲	甲	癸	戊
子	午	亥	申
41	31	21	11
戊	丁	丙	乙
辰	卯	寅	丑

이 사주는 월주에 수기가 왕성하고 년주의 재관이 무력하므로 용신은 일지의 午화이다. 子午상충되어 용신이 무력해지고 사주에 탁기(濁氣)를 남겼으나, 희신인 甲목이 시간에 있어 좀 완화되었다.

20세 전 乙丑 대운은 乙목은 희신이나 丑토가 생금(生金)하여 수기를 왕성하게 하므로 소길운(小吉運)이다. 따라서 빈곤 속에서 학업을 계속했다.

21세 이후 30세까지는 丙寅 대운이다. 희신이 용신을 생조하는 대길운이므로, 대학에 진학하여 甲戌年에 고등고시에 합격했다. 당년 지지가 일지 및 대운의 지지와 삼합하여 화국(火局)이 되어 용신이 극히 왕성하고 년간이 희신인 까닭이다.

31세 이후 丁卯 대운도 丙寅운과 마찬가지로 대길운이다. 丁卯 대운의 년운을 열거하여 보면, 다음과 같다.

31세(戊寅年) — 戊토가 癸수를 억제하고 寅목은 생화(生火)하여 천간이 모두 용신에게 이로우므로 대길년(大吉年)이다. 고로 득남하고 승진했다.

32세(己卯年) — 전년과 동일한 길년이나 卯목은 午화와 삼합못하므로 寅목보다 용신을 생조하는 힘이 부족하다. 고로 큰 길사는 없었으나 1년을 희희낙락(喜喜樂樂)하게 보냈다.

33세(庚辰年) — 庚금이 희신인 시간의 甲목을 파극하고 지지는 수국삼합(水局三合)하여 용신을 파극하므로 본래 대흉년(大凶年)이나 대운의 丁화가 庚금을, 卯목이 辰토를 억제하여 소흉년 정도로 되었다. 고로 관직에 머물러 있었으나 자식이 큰 병에 걸리고 자신은 1년 내 적은 근심이 그치지 아니하였다.

34세(辛巳年) — 천간은 용신에게 불리하나 대운의 丁화가 이를 억제하고 지지가 용신에 해당하므로 길년이다. 고로 영전했다.

35세(壬午年) — 천간은 용신에게 불리하나 지지는 이로우므로 소길년(小吉年)이다.

36세(癸未年) — 전년과 마찬가지다.

37세(甲申年) — 천간은 희신이나 지지가 불리하다. 그러나 대운이 길년이라 무사했다.

38세(乙酉年) — 전년과 마찬가지나, 子午卯酉 사충(四沖)에 해당하여 크게 놀란 일이 있었다.

39세(丙戌年) — 천간과 지지가 모두 용신에 해당하는 해이므로 대길년이다. 고로 승진했다.

40세(丁亥年) — 지지가 용신에 불리하여 평년이다.

4. 형벌(刑罰) 받을 사주 및 그 시기

형벌 받을 사주는 (1) 용신 또는 희신이 형, 충되거나, (2) 일주가 약하고 재성이 인수를 파극하거나, (3) 상관이 정관을 파극하거나, (4) 일주가 약하고 관살이 혼잡된 것 등이다.

이상의 사주는 형벌 받을 사주이나, 그 시기는 (1) 사주팔자와 행운 또는 세운이 형충되거나, (2) 재성 또는 식상행운 또는 세운을 만나 재성이 더욱 왕성해지거나, (3) 상관이 왕성해지는 대운 또는 세운이거나, ⑷관살행운 또는 세운이다.

또 괴강이 사주에 많거나 양인이 여러 개 있고 재성이 미약한 사주도 흉운(凶運)을 만나면 형벌 받을 가능성이 많다.

壬	丙	乙	庚
辰	戌	酉	午

첫째 사주는 월간의 인수가 간합되어 재성으로 화하였고 午화 홀로 일주를 생조하고 있다. 午화가 있으므로 종세격은 못되고 재다신약격(財多身弱格)으로 인수가 파극되고 일시 상충된 사주이다. 戊子 대운에는 재성이 더욱 왕성해지고 용신인 午화가 충거되었으며, 辛丑년 戊戌월 재성은 극성하고 삼형이 겹쳐 구속되어 형벌을 받았다.

壬	乙	癸	庚
午	丑	未	午

둘째 사주는 천간은 관인상생(官印相生)하여 양호하나, 지지가 전부 화토로 되어 천간의 인수 및 정관은 무근일 뿐만 아니라 파극당하고 있다. 丙戌 대운은 화토가 성하는 대흉운이고, 辛丑년 戊戌월은 삼형이 겹쳐 형벌을 받았다.

辛 庚 辛 辛
巳 申 丑 巳

셋째 사주는 팔자의 대부분이 금으로 되어 년지와 시지의 巳
화가 용신일 것 같으나 巳申육합이 되고 巳丑삼합이 되어 종강
격(從强格)이다. 고로 토금수운은 양호하고, 화목운은 불길하다.
乙未 대운은 군비쟁재가 되는 흉운이고, 甲戌년은 丑未戌 삼형
이 되어 형벌을 받았다.

5. 여행(旅行)은 언제 하는가?

사주추명학이 완성될 당시 여행은 인마(人馬)의 노고에 의하여 행
하여졌으며, 막대한 노력과 비용이 소용(所用)되고 여정의 위험성으
로 인하여 대사(大事)로 여겨졌다. 따라서 그 횟수도 적었다.

그러나 교통기관이 극도로 발달된 오늘날 여행을 다반사로 생각
하게 되었고 그 횟수는 봉건시대에 비해 비교가 안될 정도로 빈번하
다. 따라서 종래의 법칙을 인용함은 무의미한 일인듯 싶으나, 아직도
대여행 등에는 적용될 여지가 있으므로 여기에 기술한다.

평생을 통해 여행이 빈번할 사주는 사주팔자에 역마가 있든지, 甲
乙일생으로 사주에 壬癸수가 많든지, 丙子, 丁亥일생으로 사주에 수
화가 많든지, 壬癸일생으로 사주에 수기가 많거나, 수화상극되거나,

사주에 편재(偏財)가 많든지 신왕재약격(身旺財弱格) 등이다.

여행할 시기는 역마에 해당하는 행운 또는 년월운이다. 역마는 사주의 일지 또는 년지를 표준으로 해서 정하는 것이 원칙이나, 사주에 삼합(三合)이 있으면 우선 그 오행을 표준으로 해서 정한다. 즉 사주의 지지에 亥未, 즉 목국삼합(木局三合)이 — 반드시 삼자가 모두 있음을 요치 아니한다 — 있으면 역마는 巳이다.

역마에 해당하는 경우 외에도 사주의 일주 및 월주와 천간이 상극(相剋)되거나 지지가 상충(相沖)되는 년월(年月) 및 사주의 일지(日支)와 동일한 지지에 해당하거나, 대운 또는 유년(流年)의 지지와 상충되는 년월에도 많이 여행을 하게 된다.

실제 감정(鑑定)

1. 사주 감정(鑑定)의 순서

사주추명학의 원리는 오행의 생화극제(生化剋制) 및 태과불급(太過不及)을 구명(究明)하고 육신과 십이운성을 찾으며 제합과 제살을 참작하므로, 운명 감정은 자연 복잡다단해질 듯하나, 다음과 같은 사주 감정의 순서에 따르면 용이하고 간단하다.

1. 우선 일주(日主)의 강약(强弱) 및 왕쇠(旺衰)를 정한다.
2. 월지(月支)를 기준으로 하여 사주의 격국(格局)을 정하고, 외격(外格)에 속하는지 여부를 판단한다.
3. 용신(用神)을 찾고 희신(喜神) 및 기신(忌神)을 정한다.
4. 용신, 희신 및 기신 외에 육신 및 십이운성과 제살(諸煞)을 종합하여 육친, 직업 및 성격 등의 길흉선악(吉凶善惡)을 판단한다.

5. 끝으로 행운(行運), 세운(歲運) 및 월운(月運)의 길흉을 감정한다.

이상의 순서에 따라 육친, 사업, 성격 등을 감정함에 있어어 앞서 설명한 바와 같이 오행의 생화극제(生化剋制)와 용신법(用神法)을 기준으로 할 것이며, 육신의 성정(星情)과 제살(諸煞) 등은 부차적(副次的)으로 참작해야 할 것이다.

2. 실례(實例)

● 모 건축회사 부장의 사주

서기 1933년 1월 13일(음력) 辰時(남성)

戊辰	甲辰	甲寅	癸酉
쇠, 금여	쇠, 자형, 금여	건록, 공망	태, 도화

51세	41세	31세	21세	11세	1세
戊申	己酉	庚戌	辛亥	壬子	癸丑

(1) 용신 및 격국

일주(日主)인 甲목이 寅월에 출생하였으므로 기(氣)가 왕성하고, 년지(年支)의 酉금이 인수를 생조하고 인수가 다시 비견을 생조하여 일주가 왕강(旺强)하다. 고로 戊, 辰토가 용신이다.

용신인 戊, 辰토는 시간과 시지 및 일지에 있고, 戊토는 寅에 장생이 되므로 용신 또한 강하다.

일주 및 용신이 모두 강한 사주이므로, 사주팔자는 대길(大吉)하다.

(2) 육친(六親)

편재(偏財)와 인수가 간합이 되어 부모가 장수하고 해로(偕老)하겠으나, 인수가 기신(忌神)인 비견을 생조하며 도화 및 병 — 이것은 인수인 癸를 기준해서 십이운성을 정한 것이다 — 과 동주(同柱)하므로 모친에게 질병, 이별 등 곤란스러운 일이 종종 있을 것이다.

용신이 강하고 시주를 차지하고 있으므로, 아들은 많고 모두 장성할 것이다.

처궁(妻宮)은 용신이 편재이고 일지(日支)를 차지하고 있으므로 양호하나, 편재와 일지가 자형(自刑)이 되고 편재가 많으면서도 왕성한 비견과 접근해 있어 일차(一次) 정도의 변동은 면치 못할 것이다.

(3) 성격

용신이 편재이므로 다정다감(多情多感)하고 일주인 甲목이 왕성하면서도 태과되지 아니하였으므로 인자(仁慈)할 것이다.

(4) 사업(事業)

신강하고 재성이 강하므로 크게 부귀(富貴)할 것인데, 년지의 일점 관성이 재성과 상통되지 아니하고 수기(水氣)로 화(化)하였으므로 실업계(實業界)로 진출하게 될 것이다. 사업은 청부업(請負業), 무역, 금융업 등이 적합하나 오행상(五行上) 토건업(土建業)이 가장 양호할 것이다.

(5) 세운(歲運)

일주가 왕성하고 용신이 토(土)이므로, 수목운(水木運)은 불길하고, 토금운(土金運)은 길하다. 화운(火運)도 용신을 생조하는 희신운(喜神運)이므로 양호하다.

20세 전 癸丑, 壬子 대운은 수운이나 戊토가 이를 억제하여 부모의 비호(庇護)가 두터웠겠으며 학업도 무난했을 것이다. 그러나 15세 이후 子운에는 비단 시간의 戊토가 이를 억제하지 못할뿐 아니라, 辰과 삼합하여 수기가 왕성해지므로 가업(家業)이 쇠퇴하고 자신의 학업도 부진했을 것이다.

20세 이후 10년간 辛亥운은, 천간(天干)은 양호하나 지지(地支)가 亥이므로 월지의 寅목과 육합이 되어 목기가 성해진다. 고로 가정내 변동과 경제적 곤란이 25세 후 30세 전에 있었을 것인데, 세운(歲運)을 살펴보면, 丁酉, 戊戌년은 세운이 길하여 재산상 이득이 많았겠으며 己亥년은 평평하다.

庚子년은 년간이 금이나 년지가 수(水)이므로 금수상생이 되어 수기만 더해줄 뿐이며 또 대운의 辛, 즉 정관(正官)과 관살혼잡(官煞混雜)이 되어 년운이 불길하다. 부부 이별 또는 손재(損財)가 있었을 것이다.

辛丑년은 길년(吉年)이고, 壬寅년은 손재, 병고(病苦) 등이 있었을 것이다.

31세 이후 대운이 일로 토금운(土金運)이므로 부귀자래(富貴自來)할 것이나 庚戌 대운은 천간이 일간(日干)과 상극되고 지지가 일지(日支)와 상충되므로, 일신상 변동은 많을 것이다.

31세 癸丑년은 허명(虛名)뿐이지 실속이 없는 해이며, 정이월(正二月)은 되는 일이 한 가지도 없었을 것이며, 삼사월은 대인관계로 인한 이득이 많겠으며, 오뉴월은 금전상 이익이 크겠으며, 칠팔월은 길(吉)하며, 구시월은 일진일퇴(一進一退)를 거듭할 것이며, 세말(歲末)에는 매사에 신중을 기(期)해야 할 것이다.

32세 甲辰년은 대운과 극충(剋冲)되고 육신(六神)이 비견이므로 사업상 독립하거나 해외여행을 하게 될 것이며, 내외로 분주다사(奔走多事)할 것이다.

(이하 세운 감정은 앞의 경우와 같은 원칙에 의한 것이므로 생략한다.)

● 모 은행원의 사주

서기 1932년 2월 29일(음력) 辰시생(남성)

庚辰	乙未	癸卯	壬申
관대, 양인	양	건록	태, 귀인, 천덕

51세	41세	31세	21세	11세	1세
己酉	戊申	丁未	丙午	乙巳	甲辰

(1) 용신 및 격국

乙목이 卯월에 출생하였으므로 신왕이며, 사주에 각각 두 개씩의
관성(官星)과 재성(財星)이 있으나 관인상생(官印相生)되어 일주(日主)
가 강하다.

사주의 천간에 인성이 두 개 투출되어 정관을 인화(印化)시키므로
용신은 재성이다.

사주팔자 중 사위(四位)를 재관이 차지하고 있어 신강하고 재관 또
한 왕성하여 사주가 중화되어 길하나 卯未 삼합되어 용신이 좀 약하
다.

(2) 육친

인성이 용신과 상반되나 초년 대운이 양호하여 부모 덕은 무난한 편이나 모친은 두 분 모실 팔자이다.

자식복은 시주(時柱)에 정관이 투출되고 재성이 이를 생조하여 양호하겠으나, 인성이 정관의 기운을 누출시키고 대운이 정관과 상반되므로 아들은 좀 늦을 것이다.

재성이 정관을 생조하고 일지에 재성이 있어 처는 현숙(賢淑)하겠다.

(3) 성격

재성이 정관을 생조하고 일주가 왕성하므로 온후독실(溫厚篤實)하여 군자(君子)의 풍격(風格)이 있겠으나, 총명과 교지(巧智)도 또한 구비한 성격일 것이다.

(4) 사업

천간에 정관이 투출되어 인성으로 화(化)하였으므로 청기(淸氣)가 부족하여 관계(官界)로 진출하기에는 좀 곤란하며, 사주에 용신을 생조할 식상(食傷)이 없으므로 실업계보다 금융계통이 적합할 것이다. 그러나 대운이 양호하므로 부업 정도로 사업을 시작하면 이윤이 많을 것이다.

(5) 세운

화토운(火土運)은 양호하고, 수목운(水木運)은 불길하다. 금운(金運)

은 수(水)를 동반하면 불길하나, 토(土)를 동반하면 길하다.

15세 전 가업이 번창하고 부모의 애고(愛顧)가 지극했겠으나, 17~18세 때 모친과 이별했겠으며 부친 사업도 부진했을 것이다.

21세 이후 매사가 순조로웠으며, 27~28세에 결혼했을 것이다. 29세 庚子년은 대운과 극충(剋冲)되고 수국삼합(水局三合)이 되며, 또 월지(月支)와 형(刑)이 되어 가내(家內)에 전도(顚倒)가 있었겠으며, 30세 辛丑년은 일주와 극충되고 관살이 혼잡되어 이별, 실직 등 불길한 일을 면치 못했을 것이다. 壬寅년은 손재(損財)가 적지 아니하였겠으며 癸卯년 또한 손재, 질병, 불화 등을 조심해야 할 것이다.

癸卯년 정이월은 친구, 형제 등과의 불화, 손재 등이 있었겠으며, 삼사월과 오뉴월은 편안하다. 칠팔월은 동분서주하겠으나 성과가 없겠으며, 구시월은 자녀의 우환을 조심할 것이며, 세말(歲末) 두 달은 배우자 및 형제와의 불화를 조심할 것이다.

33세 甲辰년은 타인을 신용치 말고 매사에 소극적인 자세를 취하면 무난한 해이고, 34세 乙巳년은 새로운 사업을 시작할 것이며 적으나마 성과는 있을 것이다.

35~36세 丙午, 丁未 양 년은 재산상 이익은 있겠으나 자신 및 자녀의 건강에 주의할 것이다.

37세 戊申년은 직책이 오르겠으며, 40대에는 관계로 진출하여 활약할 것인데 41세 및 43~44세는 처의 건강을 조심해야 할 것이다.

● 모 실업가의 사주

서기 1918년 7월 14일(음력) 巳시생(남성)

己 巳 재 왕, 공 망, 역 마	己 亥 태	庚 申 목욕, 금여, 천을귀인	戊 午 건록

56 세 丙 寅	46 세 乙 丑	36 세 甲 子	26 세 癸 亥	16 세 壬 戌	6 세 辛 酉

(1) 용신 및 격국

일주 己토는 午에 건록이 되고 巳에 제왕이 되며, 사주상의 네 비겁 및 인성에 의해 생조되어 왕강(旺强)하다. 고로 용신은 왕성한 토기(土氣)를 누출시키는 庚, 申금, 즉 상관이다.

용신은 월령(月令)을 차지하고 있어 왕성하며, 일지의 亥수가 조토(燥土)를 적셔서 생금(生金)시켜 더욱 강해졌다.

용신이 왕강(旺强)하고 진신(眞神)과 일치하니 천하의 부귀를 장중(掌中)에서 희롱할 사주이다.

(2) 육친

월주에 용신이 있고 16세 이전의 초운이 양호하나, 사주에 비겁이 많아 부모 덕은 평범하고 부친과의 인연이 좀 박했을 것이다.

일시 상충되어 결혼은 늦게 함이 길(吉)하고 상관이 일지의 정재를 생조하여 부인이 현숙(賢淑)할 것이며, 용신이 상관이고 강하므로 자녀들도 부귀할 것이다.

(3) 성격

상관생재격(傷官生財格)이므로, 성질은 명민(明敏)하고 지망(志望)이 클 것이며, 토기(土氣)가 중후(重厚)하여 언동(言動)에 신의가 있을 것이다.

(4) 사업

용신과 진신이 부합되고 상관생재격이므로, 대기업을 일으킬 것이며, 대재벌로 실업계에 군림할 것이다. 사주에 습토가 없고, 巳亥 충이 되어 정계 진출은 크게 기대될 바 없다.

(5) 세운

초년 부모 덕은 평범하나 21세 이후 6~7년간 곤궁했겠으며, 30세 전후하여 기업을 일으켜 일장월취(日將月就) 했겠으며, 그 뒤 33~34세 및 37~38세의 대소곤경(大小困境) 외에는 별 기탄없이 금일에 이르렀을 것이다.

장차는 48세 가내(家內)의 우환을 조심할 것이며, 49세 자녀들의
일로 인한 걱정 외에는 평길(平吉)하겠으며, 51~52세에 새로운 기업
을 일으켜 대성공을 거둘 것이다.

57세 이후는 은퇴함이 좋을 것이다.

● 모씨 부인의 사주

서기 1934년 3월 24일(음력) 戌시생(여성)

壬	戊	己	甲
戌	寅	巳	戌
묘	장생	건록, 고신	묘

51 세	41 세	31 세	21 세	11 세	1 세
癸	甲	乙	丙	丁	戊
亥	子	丑	寅	卯	辰

(1) 용신 및 격국

일주 戊토가 巳월에 출생하였고 사주에 비겁이 중첩되어 신왕이다.

용신은 왕성한 토기를 억제하는 寅목이다. 시간의 편재가 용신인
편관을 생조하나 비견에 의하여 파극되어 용신이 미약함을 면치 못

한다. 그러나 대운이 일로 목수운(木水運)이므로 미약한 용신이 3년 한발(旱魃)에 감우(甘雨)를 만난 격(格)이 되었다.

(2) 육친

편재가 월지에 천을귀인을 만나고, 초년운이 양호하여 부친이 사회적 지위는 있었겠으나, 편재가 비겁에 의하여 파극되어 부친과 별거하였거나 항상 병약했을 것이며 이복형제도 있었을 것이다.

사주가 좀 편고되고 월지에 편인이 있으며, 일지에 편관과 장생이 동주하므로 배우자는 의사, 변호사, 대학교수 등 편업(偏業)에 종사하나 사회적 물망이 있는 사람일 것이다. 그러나 寅戌 삼합되어 편관이 기신(忌神)으로 화하였으므로 종종 가정 풍파는 면치 못할 것이다.

비록 희신이 무력하더라도 대운이 양호하여 자식 덕은 있을 것이다.

(3) 성격

일지에 편관이 있어 영리할 것이며, 토가 왕성하여 신의(信義)를 중히 여기겠으나 대인관계가 원만치 못할 것이다.

(4) 세운

20세 전은 마장(魔障)은 있었겠으나 부모의 비호(庇護) 속에 자랐을 것이며, 21세 후 대운의 지지(支地)가 편관이므로 일찍 좋은 배우자를 만나 결혼했을 것인데, 甲午년 또는 丁酉년이 결혼에 길하다. 己亥년 또는 庚子년에 득남했을 것이며, 辛丑년은 왕금(旺金)이 목을 억제하여 불길하며 일차(一次) 가정 풍파를 면치 못했을 것이다.

壬寅, 癸卯년은 부부 화목하고 가업도 번창할 것이며 甲辰, 乙巳 양 년은 평길할 것이다. 丙午, 丁未년은 부군(夫君) 및 자녀의 건강에 유의할 것이며, 戊申, 己酉년은 가정의 화목에 각별히 조심해야 할 것이다.

41세 이후 명리쌍전(名利雙全)할 것이며 자녀들의 건강 및 공부도 여의(如意)할 것이다.

● 모 양의 사주

서기 1935년 10월 27일(음력) 戌時生(여성)

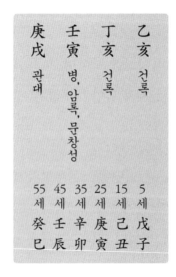

(1) 용신 및 격국

일간의 壬이 丁과 간합(干合)되고 월령이 亥월이고 일지에 寅목이 있어 화격(化格)이다. 그러나 시주에 목기(木氣)와 상극되는 토금기(土金氣)가 있어 진화격(眞化格)이 되지 못하고 가화격(假化格)이 되었다. 화격 치고는 목기가 부족하므로, 용신은 목(木)이며 희신은 수(水)이다.

(2) 육친

가화격이므로 부모 덕이 없으며 어려서 부모와 이별하여 고고(孤苦) 속에 자랐을 것이다. 그러나 중년운이 양호하여 늦게나마 좋은 배우자를 만나게 될 것이다.

기신이 시주에 있어 자식복은 없을 듯하나, 亥월 수왕지절(水旺之節)에 출생하였으므로 아들은 반드시 두게 될 것이다.

(3) 성격

비록 가화격이나 亥월에 출생하고 일지에 寅이 있어 천성이 영민(英敏)하고 명랑할 것이다.

(4) 세운

가화격이므로 수목운(水木運)은 길하고, 토금운(土金運)은 불길하며, 화운(火運)은 기신(忌神)을 억제하므로 양호하다.

어려서 6, 7세에 모친을 이별하고 15~16세 이후는 호부모(呼父母)

를 못해봤을 것이다. 그러나 월령(月令)과 일지(日支)에 수목기(水木氣)가 성한 탓으로 곤경 속에서도 근학(勤學)하여 의학, 양재(洋裁) 등 일정한 기술을 몸에 지니게 될 것이다.

15세 이후 간난신고(艱難辛苦)는 면했겠으며, 28세는 독립하여 사업을 일으키고, 혼담도 여러 번 있었을 것이나 결혼은 31~32세가 길하다.

31세 이후 유복한 생활을 할 수 있을 것이며 지나간 고생은 모두 옛 추억이 되겠으나, 34~36세에 일차 풍파는 면치 못할 것이며 결혼 후에도 일정한 사업을 자영(自營)함이 좋을 것이다.

3. 사회 저명인사의 사주

사주추명학을 미신이라고 믿고 있는 사람들이 많고, 극단적으로는 혹세무민(惑世誣民)하는 것이라고 오해하는 사람이 있는 오늘날의 사회적 실정이므로, 사주추명학이 경험 및 통계과학에 입각한 것임을 실증할 필요가 있을 것이다.

세상에 공지(公知)된 사회 저명인사의 운명을 사주추명학의 제법칙에 의하여 실증해보자.

다음에 게제한 인사들의 운명 감정은 어디까지나 실증을 위한 것이고, 또 본인들에 대한 결례(缺禮)를 피하기 위해 세상에 공지된 사실이 간명법칙(看命法則)에 적합하느냐 아니하느냐만 설명하기로 한다.

(1) 전 국회의장(國會議長) 이기붕(李起鵬)씨

서기 1896년 12월 20일(음력) 辰시생

庚辰	庚辰	辛丑	丙申
양, 괴강, 천월덕	양, 괴강, 천덕	묘, 귀인, 월	건록, 공망

54세 丁未	44세 丙午	34세 乙巳	24세 甲辰	14세 癸卯	4세 壬寅

사주 전체가 庚, 辛, 申, 丑, 辰 등 한습지기(寒濕之氣)로만 되어 있어 조후(調候)에 의하여 용신을 정해야 할 것이다. 년간의 丙화는 간합되어 수(水)로 화하였다. 따라서 청국(淸國)의 중흥명신(中興名臣) 팽옥린(彭玉麟)의 사주와 마찬가지로 남방화지(南方火地)를 만나야 부귀(富貴)할 사주이다.

34세 乙巳 대운 이래 화기(火氣)를 만났으나 巳丑삼합하여 금으로 화하였고, 44세부터 5년간 丙운은 사주의 월간의 辛과 간합되었다. 고로 관운(官運)은 午, 丁, 未 15년간이다. 64세 이후 戊申 대운이므로 계관(掛冠)할 것이나, 이기붕씨 일가의 비극(悲劇)이 일어난 1960년 4월의 행운은 戊申(대운), 庚子(년운), 庚辰(월운)이다. 대운, 년운, 월운이 전부 한습하고 수국삼합(水局三合)이 사주팔자와 행운 간에 서로 겹쳐 있어 북국(北極)의 빙원(氷原)처럼 일점 난조(暖燥)한 기운을 찾기 힘들다.

씨(氏)의 사주가 괴강일 괴강시생이므로 극단에서 극단으로 흐르기 쉬우나, 가권(家眷)의 참사는 씨의 사주만으로 언급할 바 못된다.

끝으로 첨언하고 싶은 것은 세상에서는 씨의 성격을 혹은 나약하다고 보고, 혹은 국민 방위군 사건(國民 防衛軍 事件) 등을 들어 강단(剛斷)하다고 하나, 사주추명학에 비추어 판단하면 후자가 옳으며, 또 사주가 과습(過濕)하여 난세(亂世)에 처신할 권모(權謨)도 쓸 줄 알았을 것이다.

1918년 7월 13일(음력) 寅시생

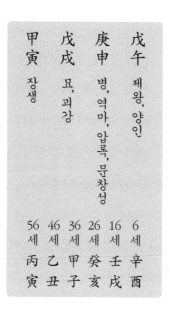

국내의 대소(大小) 영화상을 위시하여 전후 3차에 걸쳐 아세아 영화제의 남우주연상을 받은 명배우 김승호(金勝鎬)씨는 과연 어떤 사주팔자를 타고 났을까?

앞에 게재한 바와 같이 살강식왕(煞强食旺)하고 일주(日主) 또한 왕성하여 일견(一見)하여서는 판서(判書)감의 사주이다. 그러나 진가참차(眞假參差)되어 정계(政界)나 실업계 이외의 타방면에 진출하여 제일인자가 될 팔자이다.

그의 탁월한 연기는 월주(月柱)의 왕성한 식신과 일지의 화개(華蓋)

에 의한 것이겠으나 지지(地支)에 인수(印綬) 삼합(三合)이 있어 소위 순수예술이 씨의 본령(本領)일 것이다.

용신(用神)은 일주가 강하고 식신이 왕성하므로 시주(時柱)의 편관(偏官)이며, 행운(行運)은 수목운(水木運)이 가장 길하다.

26세 이후 癸亥 대운은 수운이므로 본래 길할 것이나 癸는 사주의 戊와 간합(干合)되고 亥는 午와 암합(暗合)하여 오히려 불길하며, 36세 甲子 대운부터 길운이다. 특히 子운은 월지(月支)의 申과 삼합하여 식신과 편관 사이를 통관시켜 가장 길선(吉善)하다.

46세 이후 乙丑 대운은 관살혼잡되어 본래 불길할 것이나 사주의 월지에 庚이 있어 무방하다. 고로 씨의 명성은 유지되겠으나 일신상 변동이 많겠으며, 내년 甲辰년은 가내(家內)의 변동을 조심해야 할 것이다. 시상편관격(時上偏官格)이므로 아들은 늦게 하나 두겠으나 귀(貴)하게 될 것이다.

(3) 영친왕(英親王) 약혼녀 민갑완(閔甲完) 규수(閨秀)

1897년 9월 25일(음력) 亥시생

명문(名門)의 자손으로 태어나 11세에 영친왕과 약혼하였으나 일제의 강압으로 10년 후에 파혼당하고, 모략(謨略)이 두려워 중국으로 망명하여 명분을 위해 한평생을 수절(守節)한 민갑완 규수(閨秀)의 고고(孤高)한 생애는 5년 전 동아일보에 보도되어 세인(世人)을 크게 감명시킨 바 있다.

민규수의 사주는 년간에 용신이 될 수 없는 일점(一點) 관성(官星)이 있어 일견(一見)하여도 결혼운이 불길하여 평생을 미혼으로 지낼 것임을 알 수 있다.

사주의 격국(格局)은 신강(身强)이므로 수기(秀氣)를 유행시키는 亥수가 용신이다. 년간(年干)의 丁화는 미약하므로 용신이 될 수 없으며, 용신이 될 수 없는 이상 극진(剋盡)되어야 한다.

초년은 일로(一路) 수운(水運)이므로 가도(家道)가 번창했으나, 중년 이후 목운(木運)에는 목이 화(火)를 생조(生助)하여 불길하다.

영친왕과 약혼이 성립된 11세는 辛亥 대운 중의 丁未년이다. 부군(夫君)을 표시하는 관성(官星)이 일지(日支)와 삼합(三合)하고 있다. 파혼(破婚)된 21세는 壬子 대운 중의 丁巳년으로 관성이 일지와 상충(相沖)되는 해에 해당한다.

35년간의 고고(孤苦)한 망명생활을 말해주는 일, 시주의 역마(驛馬) 및 고신(孤神)은 고사하고 황족(皇族)들의 사주에 흔히 볼 수 있는 금여(金輿)가 일, 시지에 있음을 지적해도 견강부회(牽强附會)는 아닐 것이다.

(4) 여배우 손미희자(孫美喜子) 양

1941년 5월 27일(음력) 申시생

甲申	庚子	甲午	辛巳
건록, 고신	사	목욕, 도화	장생, 공망, 암록

55세	45세	35세	25세	15세	5세
庚子	己亥	戊戌	丁酉	丙申	乙未

여배우 손미희자 양은 미모와 재능을 겸비한 재원(才媛)으로 1960년에 미스코리아 진(眞)에 당선하고 61년에 영화계에 데뷔한 후 수다한 작품에 출연하여 호평을 받았으나 62년에는 저조(低調)였었다는 것은 누구나 다 아는 사실이다.

손 양의 사주는 재성이 생조하는 왕성한 관살(官煞)을 일지의 상관이 잘 억제하고 있으며, 바록 극루교가(剋漏交加)되어 일주(日主)가 심히 약하나, 대운(大運)이 일로(一路) 금토지지(金土之地)이므로 길(吉)한 사주가 되었다.

행운의 희기(喜忌)를 살펴보면, 토금운(土金運)은 길하고 목화운(木

火運)은 불길하며, 수운(水運)은 관살을 억제하므로 양호하나 신약이므로 길한 중에도 심신(心身)의 노고는 면치 못한다.

15세 이후 丙申 대운으로 지지의 申금이 약한 일주를 방조하여 길운인데, 1960년 庚子년은 년간은 일주를 방조하고 년지(年支)의 관살을 억제하여 대길년이며, 또 년지가 사주의 일지와 동일하고 월주(月柱)와 극충되어 여행할 해이다. 고로 미스코리아에 당선하고 미국에서 개최된 미스유니버스 선발대회에 참가차 도미한 것이다. 61년 辛丑년은 토금운이므로 길년(吉年)이며, 62년 壬寅년은 수목운이고 대운과 극충되어 불길하다. 그 결과는 앞에 적은 바와 같다. 금년 癸卯년도 수목운이므로 호운(好運)은 못되나 내년 甲辰년은 길년이다.

「제7장 여자의 운명」「5.정숙 및 미모」에 금일(金日)생으로 사주에 수기(水氣)가 많고 관살이 있으면 미모라고 기재되어 있는데, 손 양의 사주는 庚금일 생으로 일, 시주에 수기(水氣)가 왕성하고 년, 월, 지에 관살이 있으므로 바로 이에 해당된다.

손 양의 영화계 진출은 일지의 상관과 월지의 도화에 의한 것이겠으나, 영화인으로서의 지위는 앞으로 4~5년간은 기복을 면하기 힘들 것이며, 28세 이후의 활약에 기대되는 바 크다.

비전秘傳
사주정설四柱精說

초판 1쇄 발행 2023년 8월 16일
초판 2쇄 발행 2024년 3월 6일

저   자 | 백영관(白靈觀)
발행자 | 김동구(金東求)
디자인 | 이명숙·양철민
발행처 | 명문당(1923. 10. 1 창립)
주   소 | 서울시 종로구 윤보선길 61(안국동)
　　　　 국민은행 006-01-0483-171
전   화 | 02)733-3039, 734-4798, 733-4748(영)
팩   스 | 02)734-9209
Homepage | www.myungmundang.net
E-mail | mmdbook1@hanmail.net
등   록 | 1977. 11. 19. 제1~148호

ISBN 979-11-91757-86-6 (03150)

25,000원